한국 온천 이야기

한일 목욕문화의 교류를 찾아서

지은이 다케쿠니 토모야스竹國友康

1949년 효고 현에서 태어났으며, 1972년에 교토대학 문학부를 졸업했다.
현재는 카아이 학원의 오사카 분교에서 현대문학을 가르치는 교수로 재직 중이다. 저서로는 『리틀 도쿄 이야기』, 『현대문과의 격투』, 『한일 역사의 기행』, 『진해의 벚꽃』 등이 있다.

옮긴이 소재두

1963년 전북 남원에서 태어났으며, 전주 영생고등학교와 성균관대학교 동양 철학과를 졸업했다.
일본 게이오대학 방문 연구원을 거쳐 현재 논형 출판사 대표를 맡고 있다.

한국 온천 이야기

한일 목욕문화의 교류를 찾아서

지은이 | 다케쿠니 토모야스
옮긴이 | 소재두
초판 1쇄 인쇄 | 2006년 1월 20일
초판 1쇄 발행 | 2006년 1월 31일
펴낸곳 | 논형
펴낸이 | 소재두
편집 | 최주연
표지디자인 | AD 솔루션
등록번호 | 제2003-000019호
등록일자 | 2003년 3월 5일
주소 | 서울시 관악구 봉천2동 7-78 한립토이프라자 6층
전화 | 02-887-3561~2
팩스 | 02-886-4600

ISBN 89-90618-16-9 03900
값 14,000원

한국 온천 이야기

한일 목욕문화의 교류를 찾아서

다케쿠니 토모야스 지음 · 소재두 옮김

논형

韓國溫泉物語

日朝沐浴文化の交流をたどって

岩波書店

한국어판 서문

명명할 수 없는 '모든 사물'에 대하여 - 관계로서의 '한일'

현재 한국과 일본 사이의 언론 상황을 보면, 일본과 한국에 대하여 마치 '실체'가 있는 가상의 구조물로 생각하고 논의를 진행하는 것으로 생각된다. 예를 들어 '이것은 일본 문화다'라거나, '일본 문화의 뿌리는 한국이다'는 주장이 그런 것이다. 그러나 나는 그처럼 '순수'하게 '실체'를 상정하는 듯한 발상에는 친숙해질 수가 없다. 오히려 한국과 일본 '사이'에 만들어져 지금도 생생하게 교류하고 있고, 어느 쪽의 것이라고 나눌 수 없는 인간의 활동, 즉 문화의 역동성에 눈을 돌리고자 한다. 거기에는 개인적인 사정이 조금은 관계되어 있을지도 모른다.

나의 아내는 재일 한국인 2세다. 아내와의 결혼과 아이들의 탄생 -'한국'과 '일본'을 빼놓고 설명할 수 없는 살아있는 인간의 문제로서 교차하는 삶 속에서, 나는 내 자신의 사고의 틀을 전환하고 좀 더 확대할 수 있다고 생각한다. 예를 들어 부모 중 한 명이 일본인이거나 한국인인 아이는 '일본인'일까요, '한국인'일까요. 그 어느 한쪽으로 나눌 수가 없는 것이다. 생명은 하나다. 그리고 그 생명을 부모에게서, 또 부모의 부모에게서 물려받은 것이라면, 그것은 그나 그녀 '개인(이라고 하는 실체)'에게만 귀속되는 것은 아닐 터이다. 이처럼 안이하게 명명되는 것을 거부하는 존재(모든 사물)가 살고 있는 '현장'에서, 한일 간의 역사를 되돌아보면 무언가 보이는 것이 있을 것이다. 언제부터인가 나는 그런 생각을 하게 되었다.

한국과 일본이 관계하는 '현장', 그리고 사람을 '개인'이나 '민족 · 국가'로 나누지 않고, 사람으로서 만날 수밖에 없는 '현장'에 관심을 가져 온 내 눈길은 '진해의 벚꽃'이나 '한국의 온천'을 만나면서 멈추게 되었다.

전작인 『일한 역사의 기행, 진해의 벚꽃』에서는 경남 진해를 역사의 무대로 하면서, 예를 들어 '벚꽃의 원산지가 한국인가, 일본인가'라는 기원 논쟁에서 알 수 있듯이, 모든 것을 '민족'이나 '국가'라는 틀 안에 억지로 맞추려고 하는 실체론적인 논쟁의 소모성을 밝히고, '어디에서 왔건 좋은 것은 좋다'라는 발상을 제시할 수 있었다.

이번 『한국 온천 이야기』에서는 그런 발상에다가 '좋은 것은 좋다'라는 말을 서로 공감할 수 있도록 한국과 일본 사람들의 감수성과 가치 의식이 각각의 사회의 어느 차원에서 기인한 것인가 하는 문제의식에서 전개하여 조금은 파고 들 수 있었다고 생각한다. 이런 문제를 고찰하기 위해 '국가 · 민족'이라든가 '개인'이라는 근대적인 사고의 틀이 형성되기 이전의 시대로 거슬러 올라가 볼 필요가 있었던 것이다. 그 안에서 나는 고려시대나 조선시대의 문인들의 시구에 마음을 기울였고, 시공을 초월하여 그들과 사람으로서 만나게 되는 행복한 한 때를 보낼 수 있었다. 지금 되돌아보면 그 시대의 자료를 수집하고 해독해 나가는 작업은, 두 사회가 지금부터 나아가서 어디서 어떻게 만날 수 있는지를 전망하는 미래를 향한 '여행'이기도 했다.

그런 의미에서 이 역사 기행이 '반도의 사람들'과 '열도의 사람들'이 미래 지향적으로 만나는 '광장'으로 여행을 떠나기 위한 작은 안내서가 된다면, 나에게 있어서 기대한 것 이상의 기쁨이라고 생각한다. 아울러 이 책의 출판과 번역까지 애써준 '논형'의 소재두 선생에게 감사의 인사를 드린다.

마지막으로 본서를 경상도 출신인 장인 장모의 영전에 바칩니다.

2005년 12월

다케쿠니 토모야스

책머리에

동래온천을 가서

한국을 여행하고 온 일본인들이 모이면, 반드시 한국에서의 입욕 체험에 관한 이야기들로 떠들썩해진다. 한결같이 대중목욕탕이나 온천에 가보고 깜짝 놀랐다고 말한다. “한국 사람들은 목욕탕에서 앞을 가리지 않아요!”라는 말을 하는 것인데, 분명 그것은 사실이다.

최근에는 ‘한국식 에스테’라고 불리는 한증막(사우나)을 체험하려는 일본 여성 관광객들이 많아졌는데, 여자들도 이런 이야기가 나오면 끼어든다. 들어보면 사우나에서 나온 후에는 미용 코스의 하나인 때밀이를 하는데, 몸에 아무것도 걸치지 않은 채 때밀이용 베드 위에 눕는다고 한다. 그녀들은 이때의 광경을 떠올리면서 될 대로 돼라는 기분으로 몸을 맡겼다면서 웃는다. 이것만으로도 목욕탕 이야기는 충분히 우리들에게 개방적인 마음을 만들어 준다.

한국에서 내가 처음 가 본 온천은 부산에 있는 동래온천이었다. 동래온천은 부산항을 중심으로 도심부에서 북쪽으로 약 15km, 지하철을 타고 30분 정도가 걸리는 도시 속의 온천이다. 동래구 온천동 일대는 일반 상업시설과 함께, 호텔이나 공중목욕탕 등의 온천시설이 많이 모여 있다.

동래온천의 '허심청'
일본의 온천 건강 랜드와 같은 온천시설.
1991년에 개업하여 동래온천의 '얼굴'이 되었다(2001년 촬영).

이 온천지의 일각에 둥근 모양을 한 큰 지붕이 유난히 눈에 띄는 건물 하나가 있는데, 이 건물이 허심청虛心廳이다. 온천에 들어갔을 때의 안락함과 해방감을 표현하는 '허심탄회'라는 말에서 유래된 명칭인 듯하다. 허심청은 일본에서 말하는 '온천 건강 랜드'와 같은 대형 온천시설로 1991년 10월부터 영업을 시작했다. 5층 건물로 4층, 5층에 입욕시설이 있으며, 3,000여 명의 손님을 동시에 수용할 수 있다고 한다.

내가 찾아간 날이 평일 오후여서 크게 붐비지는 않았다. 탈의실에서 옷을 벗고, 타월을 받아 대욕장으로 들어갔다. 몸 전체를 탕에 푹 담그고 쉬는 사람, 욕조 밖에서 쉬고 있는 사람, 떨어지는 폭포수 물줄기에 몸 이곳저곳을 마사지하는 사람, 면도하는 사람, 사우나 실과 욕조 사이를 바쁘게 왔다 갔다 하는 사람 등, 행동은 다양했다. 일본의 입욕시설에서 볼 수 있는 광경과 크게 다르지 않았다. 그러나 앞에서 말한 것처럼 한국에서는 타월로 앞을 가리는 사람이 없다. 타월은 어디까지나 몸을 닦기 위한 도구에 지나지 않아, 그 용도를 다하면 세면통에 던져두면 그만이다(여탕에서도 거의 같다고 한다). 한국 사람들은 타월로 앞을 가리지 않고 당당하게 욕장 내부를 활보하거나, 망설이지 않고 휴식용 긴 의자에 맨 몸으로 드러누워 단잠을 잔다. 5, 6명이 이와 같은 모습으로 일렬로 누워있는 모습은 그야 말로 '장관'이다.

한국 사람은 왜 타월로 앞을 가리지 않는 것일까? 생각하며 탕 안에 잠겨있었는데 "일본 사람입니까?"하며 누군가 일본어로 말을 걸어왔다. 목소리의 주인공은 초로初老의 남성이었다. 나의 입욕 행동에서 일본인 이미지가 풍긴 것이었을까? 아니나 다를까 내 머리 위에는 접힌 타월이 놓여있었다. 말을 걸어온 사람은 재일 교포였는데, 부산에 오면 반드시 동래온천을 찾는다고 한다. 그러면서 "옛날에는 이곳에 일본 여관이 아주 많았지요!"라고 알려 주었다. '일본 여관이 많았다!'는 사실은, 한글로 넘쳐나는 현재의 온천가의 광경으로는 도저히 상상이 안 되었다. 다소 의외라는 느낌이 들었다. 이런 저런 이야기를 듣고 나서 폭포수 마사지와 노천탕을 즐기면서 한국에서의 첫 온천 기행을 충분히 만끽했다.

욕탕에서 나와 돌아가려는 길에 '허심청' 안 통로에 전시되어 있는 동래온천의 옛 모습이 담겨진 사진을 보게 되었다. 대부분의 사진들은 해방 전의 것들이었다. 멀리서 온천장을 바라본 풍경, 동래온천과 부산 시내를 잇는 철도, 활짝 핀 벚꽃 가로수의 온천 거리, 일본식의 온천여관 등이었다. 그리고 한국어로 간단하게 해설이 쓰여 있었다. 조금 전에 들었던 이야기처럼 동래온천은 예전부터 일본 사람들이 많이 찾아오는 온천지였다. 일본인들도 목욕을 하며 온천을 즐기기 때문에 일제시대에는 일본인들이 동래온천을 비롯하여 한반도 각지에 있는 온천지를 개발한 것도 어쩌면 당연한 일일지 모른다.

일본에 돌아와서도 동래온천에서 한 체험이 가끔씩 떠올랐다. 그러면서 한국의 입욕 풍습과 일본과 관련이 있다고 생각되는 온천지의 역사에 관한 흥미를 점점 더 키워갔다. 그리고 몇 년 후 다시 동래온천에 가보기로 했다. 나는 부산에 도착해서 이 지역 사람들의 이야기를 듣거나 대학이나 도서관에 가서 한국의 온천과 입욕에 관한 자료를 조금씩 수집하기 시작했다. 그러나 입욕을 평범한 생활습관으로 생각한 탓인지, 각지에 있는 온천지의 연혁을 간단하게 설명한 자료는 있어도 조선의 입욕 문화의 역사를, 그것도 일본과 관련지어 체계적으로 정리해 둔 자료는 발견할 수가 없었다. 이렇게 계속 조사를 해 보았더니, 19세기말 조선에 만들어진 일본인 거류지에서는 초창기부터 일본인들이 '탕집(공중목욕탕)'을 영업하고 있었다는 것을 알 수 있었다. 또한 조선 사람들도 점차 탕집에 와서 목욕을 함으로써, 일본식 입욕시설이 조선 사회에 널리 퍼지게 되지 않았나 하는 것을 엿볼 수 있는 자료도 발견할 수 있었다. 또한 동래온천을 비롯하여 일본인들이 각지에서 재개발(개발)한 온천지에는 일본 사람들 이상으로 조선 사람들도 많이 이용하였다는 사실을 알 수 있었다.

일본에서 한국에 온 여행자들이 공중목욕탕이나 온천에 들어가 보면, 입욕시설이 일본의 입욕시설과 굉장히 흡사하다는 사실을 느낄 것이다. 이 때문에 '앞을 가린다, 안 가린다'는 문제를 제외하면, 입욕할 때 특별한 위화감은 느낄 수 없다. 대부분 한국의 대중목욕탕의 배치구조는 일본의 것과 흡사하다. 복도가 있는 탈의실이 있고, 그곳을 지나 욕장 안으로 들어가게 되어 있다. 욕장 안으로 들어가면 한 복판이나 벽 쪽에 욕조가 배치되어 있고, 그 옆 또는 주변의 벽을 따라 개인용 거울과 샤워 꼭지가 달린 세면대가 있다. 이 같은 시설의 형태도 예전에 일본인들이 경영하던 공중목욕탕에서 유래된 것이다. 일본과 조선의 입욕 문화는 이런 점에서 현재도 교류하고 있었다.

한편 필자는 예전에 한국에서 벚꽃으로 유명한 진해鎭海라는 곳을 조사한 적이 있었다.* 부산 서쪽에 자리한 진해는 러일전쟁 후, 일본의 군항도시로서 계획적으로 건설되었다. 시가지는 방사선 형태이고, 길 옆에는 일본 해군이 심어 놓은 '군국의 꽃'인 수만 그루의 벚꽃이 심어졌다. 이 때문에 4월에는 진해 전체가 벚꽃으로 뒤덮인다. 일본 군국주의 이데올로기의 표상으로서 벚꽃이 심어진 이유로 조선은 해방이 되자마자 대대적으로 벚나무를 베어버렸다. 그러던 것이 진해시가 1960년대가 되어 벚꽃을 관광자원으로 상품화하기 위해 수많은 벚나무를 심어 '진해 벚꽃'은 다시 부활하게 되었다.

어느 한국 사람의 '벚나무는 죄가 없다!'는 말은 지금도 자주 떠오른다. 일본의 식민지 지배를 받은 역사(한국에서는 일제시대라고 한다)는 결코 잊을 수 없겠지만, 그 말의 의미는 '어디에서 왔건 좋은 것은 좋은 것이다!'는 뜻일지 모른다. 1960년대에 벚나무를 심을 때에는, 진해에 연고를 둔 재일 교포들이 많은 힘을 기울였고, 진해에 거주했던 많은 일본인들도 적지 않은 협력을 했다고 한다. 진해에 심은 20만 그루가 넘는 벚나무가 일제히 꽃을 피우는 4월 초에는 벚꽃 축제가 성대하게 열리며 진해 군항제, 전국에서 백만 명 이상의 관광객이 찾는다.

한국의 입욕 문화에 대해서도 이와 같이 말할 수 있지 않을까 생각한다. 일본의 통치하에 있었지만, 온천욕이나 공중목욕탕에서의 입욕은 조선 사람들에게 있어서도 하나의 건강법이었으며 오락이기도 했을 것이다. 현재 진해에 해방 이전보다 더 많은 규모의 벚나무가 심어져있는 것처럼,

---

* 한일 역사의 기행, 진해의 벚꽃, 1999년

해방이 된 후 일본인들이 경영하던 온천시설이나 공중목욕탕도 한국인들이 이어받아, 더욱 발전시킨 것이다. 그 중에는 재일 교포들이 일본의 온천 경영의 기법을 한국에 들여온 경우도 있었다. 이 책에서는 그러한 '뜨거운 물'에서 찾아 볼 수 있는 한국과 일본의 입욕 문화와 그 교류의 역사를 상호 간의 대립과 갈등까지 포함하여, 자료와 인터뷰를 통하여 짚어보려고 한다.

이 책의 구성은 다음과 같다. 1부 '한일 목욕문화의 뿌리를 찾아서'에서는 조선의 전통적인 목욕 문화를 살펴본 다음 일본과 한국의 목욕풍습을 비교해 본다. 그리고 19세기에 개항한 후 일본식 공중목욕탕이 조선 사회에 수용되는 과정을 밝혀 보려고 한다. 2부 '동래온천 이야기'에서는 동래온천에 초점을 맞추어 19세기말 부산에 일본인 거류지가 만들어졌을 때부터 일본인들이 진출하기 시작하여 그 후 일본 통치기에 동래온천이 명실공이 조선 최고의 온천지가 되는 과정을 자세하게 설명하려고 한다. 중세부터 일본과 깊은 관계를 맺은 동래온천의 역사를 규명하는 것은 조선과 일본의 온천 문화교류의 역사 전체를 바라보는 것이기 때문이다. 물론 동래온천 외에도 한국에는 많은 온천지가 있다. 3부의 '한국의 온천을 찾아서'는 필자가 방문해 본 한국의 온천지 몇 곳을 예로 들어, 그곳의 현재를 과거와 관련지어 소개하려고 한다.

당장 현지에 가서 조사하기는 어렵겠지만 북한에도 많은 온천이 있다. 따라서 가능한 한 한반도 '전체'를 시야에 놓고 기술하려고 한다.

일러두기

1. '조선朝鮮'이라는 단어는 현재의 국가 명으로서가 아니라, 한반도 전체를 가리키는 경우, 또는 조선왕조(1392~1910)를 가리킬 때 사용한다. 또 '한국'은 '대한민국大韓民國, 1948년 8월 15일 수립'을 칭하며, '대한제국大韓帝國(1897~1910)'을 칭하여 사용한 경우도 있다. '조선사람', '한국사람'에 관해서도 동일하다. '조선민주주의인민공화국朝鮮民主主義人民共和國(1948년 9월 9일 수립)'은 한국에서 사용하는 호칭에 따라 '북한'이라고 한다.
2. 일본어 문헌은 될 수 있는 한 원문을 그대로 인용을 하였으나, 젊은 독자들이 쉽게 읽을 수 있도록, 옛 한자는 새로운 한자로, 옛 글자는 새로운 글자로, 또 정확하게 읽는 법의 표기나 구두점을 붙이는 등, 일부 표기를 바꾼 부분도 있다. 또 인용문이나 필자의 주석 등을 덧붙인 경우는 그 부분을 (　)로 표시하였다.
3. 조선 문헌, 한국 문헌에서 인용한 한문은 일본어 어순으로 고쳐서 문장화했으며, 그밖에 모든 글은 현대 일본문으로 해석했다. 게다가 본문 중의 인용문에 첨부되어 있는 출전 등은 가능한 한 간소화하여 표기했다.
4. 일본어 자료에서는 명확하게 민족적인 편견이나 경시 등이 들어있다고 판단되는 표현도 역사적 자료인 것을 감안하여 그대로 서술한 부분이 있다. 한국, 조선의 자료에 관해서도 같다.
5. 지명이나 인명 등의 한국어는 원칙적으로 한자를 아는 것은 한자로 표기하였으며, 절마다 처음 제시할 때 토씨를 달아서 표기하였다. 이것은 어디까지나 편의적인 표기에 지나지 않으므로, 같은 명사가 한 절에 다시 나오는 경우는, 두 번째 이후는 한자로만 표기하였다.

한국의 온천 이 책에 기재한 것을 중심으로

동래온천가 지도

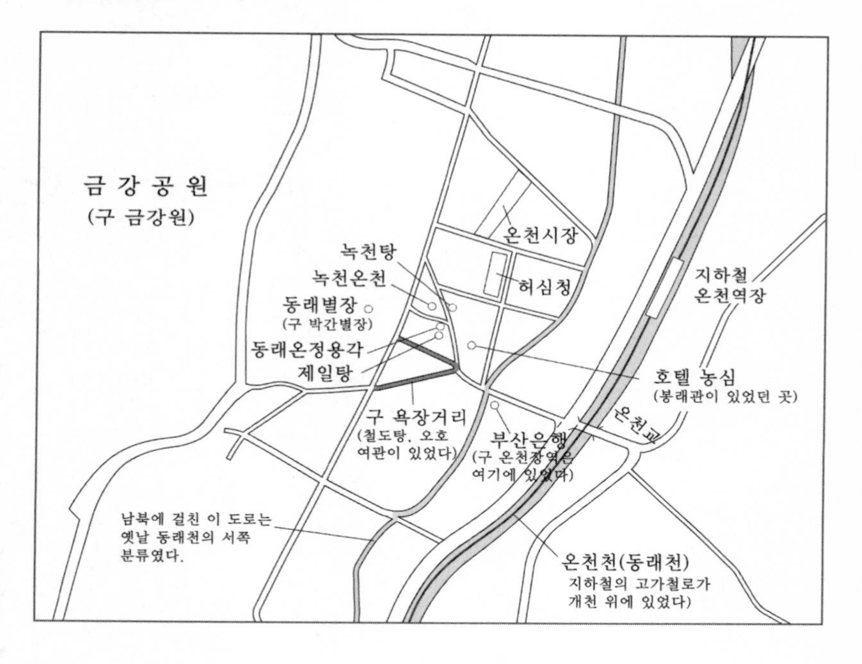

금 강 공 원
(구 금강원)
온천시장
녹천탕
녹천온천
허심청
지하철
온천역장
동래별장
(구 박간별장)
동래온정용각
제일탕
호텔 농심
(봉래관이 있었던 곳)
구 욕장거리
(철도탕, 오호
여관이 있었다)
부산은행
(구 온천장역은
여기에 있었다)
온천교
남북에 걸친 이 도로는
옛날 동래천의 서쪽
분류였다.
온천천(동래천)
지하철의 고가철로가
개천 위에 있었다)

부산광역시 관련지도

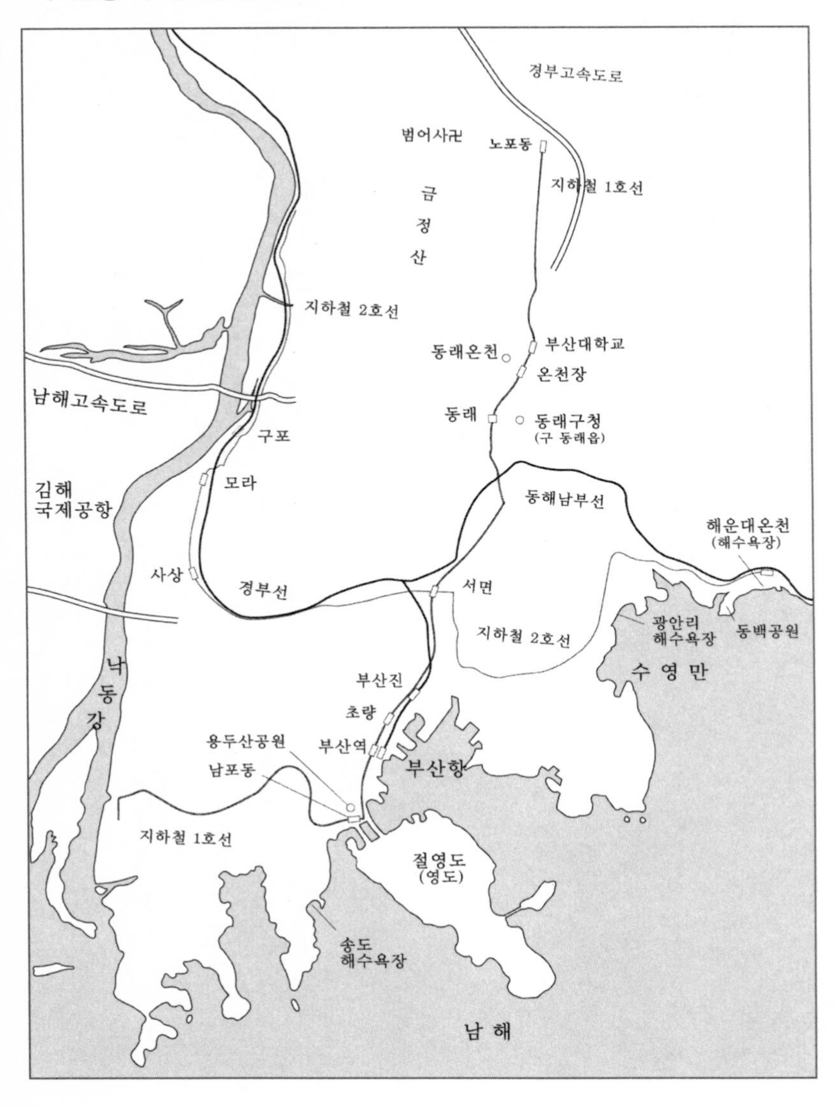

경부고속도로
범어사卍
노포동
지하철 1호선
금
정
산
지하철 2호선
부산대학교
동래온천
온천장
남해고속도로
동래
동래구청
(구 동래읍)
구포
모라
김해
국제공항
동해남부선
해운대온천
(해수욕장)
사상
경부선
서면
광안리
해수욕장
동백공원
지하철 2호선
낙
동
강
부산진
수 영 만
초량
용두산공원
부산역
남포동
부산항
지하철 1호선
절영도
(영도)
송도
해수욕장
남 해

1부

한일 목욕문화의 뿌리를 찾아서

1. 조선의 목욕문화

입욕과 목욕

조선의 옛날 목욕습관에 관하여 정리된 형태로 기술된 자료는 거의 없다. 목욕이 무척 일상적인 것이라 새삼스럽게 정리하거나 기록해 둘 필요가 없다고 생각했을 것이다. 이처럼 아무도 눈여겨보지 않은 생활습관에 호기심을 갖는 사람들은 대부분 그 사회의 외부에서 온 사람들일 것이다.

1123년에 중국의 송나라 사람 서긍徐兢은 사절의 일원으로 고려에 파견되어 수도 개성開城에서 약 1개월간 머문 일이 있었다. 서긍은 이때 듣고 체험한 것들을 바탕으로 고려의 국세, 제도, 지리, 풍습 등을 기록한 『선화봉사고려도경宣和奉使高麗図經』('선화'는 송의 연호)이라는 책을 남겼다. 원래는 그림도 포함되어 있었으나 소실되어 문자기록만이 전하고 있다. 이것은 고려 사회의 전반적인 모습을 '외국인의 눈'을 통해서 보고 기록해 둔 귀중한 사료라고 할 수 있다.

그 중에서도 '한탁瀚濯=세탁'이라는 제목을 단 부분에, 고려시대 목욕문화에 관한 설명이 나온다. 이 부분을 살펴보면, '옛 기록에도 나와 있는 것처럼 고려의 풍습은 청결을 즐기며, 고려 사람들은 언제나 입을 열면 청결하지 못한 중국인들을 비웃는다'며, 계속해서 다음과 같이 기록하고 있다.

(고려 사람들은) 일어나면 반드시 목욕을 한 다음 집을 나선다. 그리고 여름에는 하루에 두 번 목욕을 한다. 고려 사람들은 남녀의 구별 없이 강가에 나와 모두 의관을 강가에 벗어놓고 흐르는 물에 몸을 담근다. 그러나 이것이 이상하다고 여기는 사람은 아무도 없다.

서긍은 자신들과 비교하여 고려인들은 '청결을 좋아한다'는 점에 깊은 인상을 받은 듯하다. 여기에서 말하는 '목욕'은 '재계목욕齋戒沐浴'이라는 불교 용어에서 유래하였다. 불교를 호국의 법으로 여기던 고려의 수도 개성에는 수백 개가 넘는 절이 있었는데, 고려 사람들이 매일 한다는 목욕에는 종교적인 의미가 포함되어 있을 것이다. 여름철에는 아침저녁으로 두 번, 대야 등에 물을 떠놓고 몸을 깨끗이 닦았으며, 또 흐르는 물에서는 많은 남녀가 함께 목욕을 했지만 아무도 그런 광경을 '괴이하다'고 여기지 않았던 것이다.

송나라의 손목孫穆이 저술한 『계림유사鷄林類事』에도 '흐르는 물에 사람들이 모여 목욕을 하며, 남녀의 구별이 없다'는 구절이 나오며, 『송사宋史』(원의 탈탈脫脫 등이 편찬한 것)에도 '(고려에서는 남녀가) 하월동천夏月同川, (여름밤 강에서 함께)에 목욕을 한다'는 내용이 서술되어 있다.[1] 이와 같은 목욕문화는 일본에서도 찾아볼 수 있다.

그러나 조선과 달리 일본에서는 중세에서 근대에 걸쳐 실내나 냇가에서만 목욕하는 것에 그치지 않고 도시를 중심으로 한 공공 입욕시설(공중목욕탕)이 들어섰다. 그래서 사람들 사이에 '욕탕에 들어간다'고 하는 조선과는 다른 형태의 입욕 풍습이 확산되어 갔다. 여기에는 사찰의 욕당浴堂, 온당溫堂이라는 목욕시설에서 행해지던 결재욕潔齋浴이나 시욕施浴 등이 영향을 미쳤다고 한다. '결재욕'은 수도승을 비롯하여 사원에서 예불을 드리는 사람

1 조선총독부중추원, 『고려 이전의 풍속관계자료촬요』, 1941년

그림1-1 신윤복의 '단오절 풍경'
단오절에 액땜을 하기 위해, 기녀들이 계곡에서 목욕을 하고 있다. 고려시대, 조선시대의 목욕문화를 엿볼 수 있다. 신윤복은 19세기 초기의 화가다. 『한국의 미 19 풍속화』(1985년)를 참고하여 쓴 것이다.

들이 몸을 청결하게 하기 위한 것이다. 한편 '시욕施浴'은 사원이 불자들에게 부처님의 공덕을 베풀거나, 개인이 적선공양積善供養을 위해 사원에 공양료를 내고 사람들이 입욕을 할 수 있게 하는 것이다.[2·3]

고려시대까지만 하더라도 불교를 중시하여 사원의 건축이 활발하였다. 그러나 14세기 말부터 조선왕조는 유교를 국시國是로 삼고 불교를 배척하였다. 그 결과 남녀가 엄격하게 구분되었으며 사람들에게 살갗을 보이는 행위를 수치로 여겼다. 고려시대의 '남녀가 벗은 옷가지와 관을 강가에

---

2 후지나미 코이치(藤浪剛一), 『동서목욕사화(東西沐浴史話)』, 1931년
3 타케다 후지쿠라(武田勝藏), 『욕탕과 탕 이야기』, 1967년

놓아두고 맑은 냇가에서 함께 목욕을 했다'는 풍경도, 조선시대부터는 점차 찾아보기 힘든 풍경이 되었다. 조선왕조 역대 왕들의 업적을 기록한 『조선왕조실록』에 따르면 1488년(성종19) 사절을 접대한 조선 원접사遠接使 허종은 명나라 사절에게 다음과 같이 항의했다고 한다.

> 우리가 대명大明의 일통지一統志를 보니 우리의 풍습에 대해 '부자가 함께 강에서 목욕한다'거나 '남녀가 서로 자유롭게 교제하여 결혼한다'고 쓰여져 있다. 그러나 이것은 모두 옛말이다. 지금 이 나라에 그런 풍습은 없다(『조선왕조실록』, 성종 19년).

명의 지리서인 『일통지一統志』를 보면, '조선의 풍습에 대해 부자가 강에서 함께 목욕을 한다거나, 남녀가 자유롭게 교제하여 결혼한다고 적혀 있으나 그것은 모두 옛날 (중국의) 역사서의 기술에 근거 한 것이며, 지금의 조선에는 그런 풍습은 일체 존재하지 않는다'며, 이런 내용이 명의 정사正史에 여전히 기재되고 있는 것은 바람직하지 못하다며 사절에게 개정을 요구한 것이다.

사절은 '마땅히 조선의 현재 풍습을 기록해야 한다. 그럼에도 불구하고 옛 역사서의 글을 그대로 게재하는 것은 옳지 않다'고 유감의 뜻을 표명한 것이다. 그런 다음 '실록'을 편찬할 때에는 '조선의 아름다운 풍습'에 대하여 황제께 아뢰어 그것이 기재되도록 노력하겠다고 회답하였다(앞의 책).

유교를 국시로 삼은 조선 왕조는 사람들이 함께 강물에서 목욕을 한다는 예전의 '야만'적인 풍습에 대한 기록을 하루빨리 중국의 역사서에서 삭제하고 싶었을 것이다. 그러나 명의 『일통지一統志』의 『동이 조선국』의 기록(권89)에는 '부자가 강에서 함께 목욕을 한다父子同川而浴'는 문구는 찾아볼 수가 없다. 이것은 허종이 잘못 알고 있었던 것으로 오히려 조선이 그런 기록에 얼마나 민감했는지 알 수 있다.

이렇게 유교를 전면에 내세운 사회 환경에서는 목욕이나 그 시설을 만들기 위한 동기가 생기기 어려웠을 것이다. 또 조선반도의 공기는 일본열도에 비해 건조하다. 이 때문에 조선시대를 통하여 전신욕은 온천에 입욕하는 것을 제외하면 '욕탕에 들어가는 것'으로 발전되지 않았다. 다만, 여름에 해가 질 무렵 사람들의 눈을 피해서 우물이나 맑은 물에 씻는 정도에 머물렀다.

일상생활에서의 목욕(혹은 제사를 지내기 전에 행해진 목욕)은 실내에서 대야 등을 준비해 두고 얼굴이나 손발, 머리, 상반신 또는 하반신 등을 씻는 부분 욕이 중심이 되었다고 한다.[4]

19세기 후반의 개항 이후(1876년 개항), 조선에 온 일본인들도 송나라의 서긍처럼, 조선의 목욕 습관에 관심을 가졌다. 서긍이 관찰하고 쓴 글 중에는 '조선에는 입욕 습관이 없다'는 식으로 판단한 것들이 많다. 그러나 그것은 '욕탕에 들어간다'는 당시 일본의 입욕 풍습의 관점에서 본 것에 불과하다. 그런 문헌에 비하여 다음의 예를 들 조선총독부의 통역관인 니시무라 신타로西村眞太郎의 기록은 당시 조선 사람들의 입욕 풍습에 관하여 냉정하게 관찰을 한 것이라고 볼 수 있다.

> 온욕溫浴을 하는 온천은 옛날부터 온양溫陽이나 동래東萊가 유명하여 각지에서 병자들이 찾아와서 입욕을 한 것으로 미루어 보아, (조선 사람들이)온욕을 전혀 모르는 민족이라고 할 수는 없다. 또, 궁중 등에서도 큰 대야가 있어서 궁녀는 한 달에 2~3번 정도는 온욕을 하였으나, 일반 민중들은 온욕을 하지 않았고 여름철에 계곡이나 강가에서 깨끗한 물로 냉수목욕을 했다고 한다. 다만, 부인들은 항상 반신욕을 했다고 한다(니시무라 신타로西村眞太郎, 『조선의 모습』, 1923년).

조선총독부 중추원이 작성한 『한국인의 의식주』(1916년)에서도, 조선

4 조효순, 『한국복식풍속사연구』, 1988년

사람들은 여름철에는 일을 마친 후 강가에서 몸을 씻거나 온수로 몸을 닦는다고 쓰여 있다. 고려시대와 조선시대를 거쳐 이런 목욕습관은 계속되어 온 것이다.

그런데 조선에서는 대야를 준비해 두고 행수行水를 하는 부분욕이나, 온천에서 몸을 뜨거운 물에 담그는 전신욕을 '목욕한다('목간한다'고도 함)'고 말한다. 사전에도 '목'은 '머리를 감는다', '욕'은 '몸을 씻는다'로 나와 있다. 이처럼 '목욕'이란 반드시 몸을 뜨거운 물에 담그는 것을 의미하지 않았다.

니시무라西村의 기록을 보면 조선에서는 '온욕(전신 온수욕)', '냉수목욕(온몸냉수욕)', '부분욕(부분온욕)'을 모두 '목욕'이라고 하며, 사람들은 다양한 형태의 목욕을 때와 장소에 맞게 즐겼다는 것을 알 수 있다. 바꿔 말하면 '목욕'은 몸을 씻는다는 광의廣義의 의미이며, 그 안에 전신욕이라는 목욕의 형태도 포함되어 있는 것이다. 현재 한국이나 북한에서는 마을에 있는 공중목욕탕을 '목욕탕'이라고 부른다.

이런 의미가 있는 '목욕하다'의 조선어는 오로지 전신의 온수욕을 의미하는 일본의 '입욕한다', '욕탕에 들어간다'는 의미와 상당히 다르다는 것을 알 수 있다. 그래서 이 책에서 조선의 '입욕' 문화에 대해 설명할 때에는 주로 '목욕'이라는 단어를 사용하려고 한다.

한증 – 또 하나의 목욕법

지금까지 보아 온 조선에는 온수욕이나 냉수욕과는 다른 전통적인 목욕법이 있다. 오늘날의 한증막의 원형인 '한증'이라는 증기욕(시설)이 바로 그것이다.

한증에 대해서는 앞에서 예를 든 '조선의 모습'과 '조선의 의식주'에 쉽게 설명되어 있다. 그러나 나카기리 카쿠다로中桐確太郎의 『욕탕』(일본풍

그림1-2 한증시설의 외관
'황해도 해주의 한증소'(1920년)다. 사람의 바로 오른쪽에 돌을 쌓아 만든 '한증' 입구가 보인다. 가마의 지붕은 짚으로 덮여있다. 오른쪽 건물은 휴게소일 것이다(그림1-3・그림1-4와 같이 나카기리 카쿠다로中桐確太郎, 『욕탕(일본 풍속사 강좌 제 10권)』, 유잔카쿠雄山閣에서 출판).

속사강좌, 1929년)은 현지조사를 바탕으로 자세하게 기록되어 있다. 이것에 따르면, 한증의 구조는 돌을 쌓아 흙으로 발라 만든 큰 가마 형이라고 한다. 함경남도 함흥에 있는 한증은 높이가 약 3.3m이고, 직경이 약 4.1m나 된다고 한다. 가마 속에는 소나무나 마른 솔잎 등을 태워 내벽을 뜨겁게 한다. 불이 꺼진 후 15분 정도 그대로 둔 다음 남은 재를 꺼내고 젖은 멍석을 깐다. 그러고 나서 고온의 가마 속에 욕객들이 들어가서 앉는 것이다. 온 몸에서 땀이 날 때까지 기다리다가 땀이 나면 밖으로 나와서 준비해 둔 온수나 찬물을 끼얹고 땀과 함께 때를 벗겨내는 것이다. 말하자면 '석실 사우나'인 것이다.

한증의 분포는 '함경도의 함흥・홍원, 평안도의 영변・평양・중화・진남포, 황해도의 황주・해주・연안・유천, 경기도의 개성・장단・파주, 전라도의 전주・김제, 경상도의 동래・부산(앞의 책)' 등, 북부에 다소

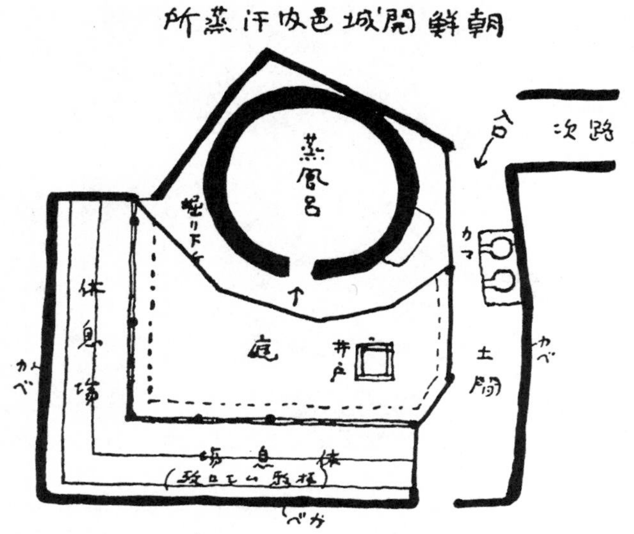

그림1-3 한증시설의 평면도

'조선의 개성읍내 한증소'라고 한다. 한증시설의 개요를 알 수 있다.
곤 와지로今和次郎가 그린 도면이다.

많이 집중되어 있는 것으로 보이지만, 한반도 전체에 분포되어 있다고 해도 틀리지 않다. 한증에는 보통 5명에서 10명이, 조금은 답답하겠지만 많을 때는 20명 정도가 함께 들어가기도 한다. 한증 속은 증기 때문에 참을 수 없을 정도로 뜨겁다. 그래서 한증에 들어가는 사람들은 젖은 헝겊으로 얼굴이나 머리 전체를 감싸 열기를 막는다. 개성의 한증에서는 목욕하는 사람들이 '1관음, 2관음, 3관음…'하고 소리내어 수를 세다가 100까지 세면 밖으로 나온다고 한다. 가마 속에서 나와 땀을 씻어내고, 몸을 닦은 다음 휴게실에서 보리차 등을 마시면서 수분을 보충하거나 담배를 피우며 휴식을 취한다. 그리고 다시 2, 3회 정도 가마 속에 들어가는 것을 반복한다.

이용자가 많은 개성(나카기리가 조사했을 당시에는 한증이 6곳 있었다)이나 해주의 한증에는 영업시간이 정해져 있었다. 오후 11시부터 12시

사이에 불을 피워 오후에 목욕을 했던 것이다. 오후에는 남자, 밤에는 여자로 목욕시간을 구분해 둔 곳과 남성전용인 곳이 있었다. 목욕 요금은 13세부터 15전으로 '다른 물가에 비해 결코 싸지는 않았지만, 개성시민들은 목욕을 즐겼으며, 일단 거기에 맛을 들이면 적어도 이틀에 한 번은 목욕을 하게 된다'(앞의 책)고 기록되어 있다.

한증욕은 온천욕과 같이 병이나 피로, 부인병, 노인의 요통 등에 효능이 있다고 하여 주로 치료가 목적이었다. 그러나 '일단 그 맛을 들이면', 특별히 병이 없어도 건강유지를 위해 버릇처럼 목욕을 하는 사람들도 많았던 것이다.

또 개성처럼 한증을 많이 이용하는 지방에서는 출신 계층과 관계없이 모두 함께 목욕을 즐겼다. 그러나 '전라 김제(현 전라북도 김제시)에서는 하류층 부녀자들은 이것을 즐겼지만, 양반 계층의 사람들은 이것을 즐기지 않았다'(앞의 책)고 한다. 지방마다 이용하는 실태에 다소 차이가 있었던 모양이다.[5]

나카기리가 한증을 조사할 당시(1929년대)에는 이미 일본식 공중목욕탕이 조선의 도심부에 들어와 있었다(1부 3장에서 자세히 설명). 그러나 일본식 공중목욕탕과 함께 조선의 전통 목욕시설도 각지에서 영업을 계속하고 있었다.

좀더 시대를 거슬러 올라가 보면 『조선왕조실록』에서도 한증(소)에 대한 기록을 찾아 볼 수 있다.

한증의 승려라고 불린 대선사 천우을유天佑乙乳 등은 한증을 구병救病이나 인정仁政의 하나라고 하였다. 계묘(1423)년에 들어, 큰 스님인 명호明昊는 병인을 구하기 위해서 온욕하는 집을 지을 수 있도록 주상께 상소하였다. 왕은 이를 기뻐하며

---

5 양반은 고려나 조선시대에 '관료가 될 수 있었던 지배계층'이었다. 『조선을 알기 위한 사전』에서 인용

곧 가옥을 하사하며 욕실을 만들라고 하셨다(『조선왕조실록』, 세종9(1427)년).

계속하여 '승려 명호가 죽은 뒤, 그의 유지를 받들어 다른 승려들이 한증소를 개설하였으나, 돌볼 병자들이 많아 운영이 어려워졌다. 신하들에게 이런 어려운 사정을 들은 세종은 그 한증소에 쌀을 내리고 옷을 하사하고 의인 1명을 파견하였다'는 기록이 있다. 이 기록 외에도 『조선왕조실록』에는 한성 내의 한증소에서 승려들이 병자나 가난한 백성들을 위한 구제사업을 했다는 기록도 나온다. 조선왕조가 수립되어 불교가 배척을 당하였음에도 불구하고, 사람들을 질병의 고통에서 구하라는 불교사상에 근거한 '시욕施浴'의 실천은 사회의 '저변'에서는 여전히 계승되고 있었던 것이다. 앞서 개성 한증에서는 사람들이 '1관음, 2관음…'이라고 수를 세면서 목욕한다고 했는데, 이 수를 세는 방법을 봐도 불교의 영향을 받았다는 것을 알 수 있다.

조선에 온 일본인의 한증 체험기

한증(막)이 관광 코스가 된 현재와는 달리, 개항 때나 일제시대에 조선에 온 일본인들은 한증을 이용하는 일이 거의 없었다. 그러나 '여수거사如囚居士'라는 필명의 일본인이 쓴 『조선잡기朝鮮雜記』에는 당시의 기록에서 거의 찾아볼 수 없는 한증 체험기가 기록되어 있다. '여수거사'의 본명은 혼마쿠스케本間九介로 조선 각지를 돌아다니며 정치공작에 몰두했던, 이른바 '조선장사朝鮮壯士'의 한 사람이다.[6] 1874년은 조선의 지배를 둘러싸고 일본과 청나라가 전쟁을 시작한 해다. 이때는 일본에서 조선에 대한 관심이 높아진 시기(정치적 지배에 관한 관심)며, 현지에 대한 견문록의 하나인 『조선잡기』가 도쿄에서 출판된 것이다. 이 책에 있는 '해주의 욕장浴場'이라

---

6 다카사키 소우시(高崎宗司), 『식민지 조선의 일본인』, 2002년

는 제목의 한 구절을 소개하겠다(이하, ' ' 부분은 『조선잡기』에서 인용한 것이다).

해주는 개성처럼 현재 황해남도에 있는 도시로 '조선의 모습'에서 '해주 사람들은 남녀구분 없이 한증을 즐긴다'고 기록될 정도로 한증이 번창한 곳이다.

1873년 여수거사가 조선 각지를 여행할 때의 이야기다. 조선의 여관에는 욕장시설이 없어 긴 여행 중에 한 번도 목욕을 할 수 없었다. 이 때문에 몸을 '긁으면 때가 손톱에 낄' 정도였다. 해주에 잠깐 들렀을 때, 여관 주인이 '가까운 곳에 '욕장'이 있는데 안내해 줄까요?'라고 하는 게 아닌가! 여수거사는 드디어 목욕을 할 수 있다는 생각에 '즉시 비누를 준비하여 주인을 따라서', '욕장'으로 가기로 했다.

'욕장'에 들어가서 주인 말대로 옷을 벗었다. 실내를 둘러보니 왠지 이상한 느낌이 들었다고 한다. 병자처럼 마른 사람들 수십 명이 쭈그리고 앉아있거나 누워있었던 것이다. 마치 '지옥'이라도 찾아온 것 같아서 의아해하고 있을 때, 여관 주인이 저 사람들은 근교에서 요양하러 온 사람들이라고 가르쳐 주었다고 한다. 그는 '욕실'의 앞 쪽에 있는 작은 쪽문으로 들어갔다. 들어가자마자 밖에서 욕장 주인은 그 문을 닫았고, 내부는 어두워서 아무것도 보이지 않았다. 잠시 후 '한대지방에서 바로 열대지방으로 간 것처럼 맹렬한 열기가 한꺼번에 덮쳤다. 놀란 가슴을 부여잡고 어둠 속에 좌충우돌하면서 온수통(욕조)을 찾아보았다. 그러나 주변의 돌로 된 벽만 잡힐 뿐, 어디에 있나 알 수조차 없었다. 그 안은 뜨거운 열기 때문에 귀가 멍하고 호흡마저 곤란해졌다. 다시 손으로 더듬어서 욕조를 찾아보았으나 어디에도 없었다. 심장 박동이 한계에 이르러 생명의 위험을 느꼈다. 그래서 정신없이 '욕실'에서 도망쳐 나왔다.'

밖에 나와서야 여수거사는 이 '욕장'이 증기욕시설이라는 것을 알게 되었다. 그래서 '욕실' 안에 욕조가 없었구나! 하고 납득하였다. '사실 나는 이런 욕실을 처음 보았다. 여기서 느낀 당황스러움과 놀라움은 이루 말할 수 없었다.'며 여수거사는 그 절을 끝맺었다.

여수거사가 아니라도 '욕장'이라고 하면 당시 일본인은 대부분 전신 온수욕을 하는 '욕탕'을 떠올렸을 것이다. 그러나 흥미로운 사실은 일본의 에도시대 중엽까지 '욕탕'은 주로 온수욕을 하는 '탕실湯室'과는 다른 증기욕 시설을 의미했으며, 습식(=욕탕)이냐 건식(=한증)이냐의 차이는 있지만 한증과도 통하는 측면이 있다고 말할 수 있다.

조선의 한증과 일본의 '돌石 욕탕'

에도시대가 되면서 교토, 오사카 뿐 아니라 에도 전체(일본 전체)에 후로風呂,(증기욕탕) 집이나 탕집들이 생겨났다. 다시 말해 '후로'란 가마에서 물을 끓여 나온 증기를 밀폐된 욕실에 보내는 증기욕탕으로 사찰의 욕당이나 온당에서 유래된 말이다. 한편 '탕집'이나 '탕'이란, 뜨거운 물을 받아둔 욕조에 몸을 담그는 것으로 오늘날의 목욕탕으로 이어지는 입욕시설이다.

『교토역소향대개각서京都役所向大概覺書』(1715년)에는 '교토에는 탕집이 58채가 있고, 증기욕탕집(후로)은 13채가 있다'고 구분되어 기록되어 있다.[7] 탕집에 비해 증기욕탕집의 수가 적은 이유는 증기욕탕집에서는 증기가 새어나오지 않도록 건축을 구조하는 등, 시공 상의 여러 기술과 시간이 소요되기 때문이었다.

애초부터 구조와 입욕법이 다른 '증기욕탕'과 '탕'의 구별이 없어진 이유를 후지나미 코이치는 '증기욕탕집의 구조는 탕집보다 진보된 보온기

7 후지나미 코이치(藤浪剛一), 『동서목욕사화(東西沐浴史話)』

술을 갖고 있다. 탕집은 증기욕탕을 짓는 기술을 탕집을 짓는 데 사용한다. 그 결과 증기욕탕과 유사한 구조의 탕집이 생기면서 두 개의 명칭이 혼동되게 되었던 것이다(앞의 책)'고 설명하고 있다. 반면 증기욕탕에서도 많은 손님들이 드나들면서 욕실 안의 증기가 밖으로 새어나와 온도를 유지할 수 없게 되었다. 이를 막기 위해 욕조에 뜨거운 물을 받아두게 된 것이다. 이렇게 에도시대의 공중목욕탕에서는 상반신을 뜨거운 증기로 데우며 하반신을 뜨거운 욕조에 담그는 '증기욕'과 '탕'을 혼합한 욕장이 주류를 이루었다. 증기욕과 요탕腰湯(반신욕)을 조합한 입욕 형태라고도 할 수 있을 것이다.

한편 증기욕탕의 욕실 입구에는 내부의 증기가 빠져나오지 않도록 상인방上引枋을 낮게 시공하여 욕객은 욕실 안으로 쭈그린 채 들어가야 했다. 이런 입구를 '석류구石榴口'라고 불렀다(44쪽, 그림1-4 참조). 산동경전山東京伝은 석류 즙으로 거울을 닦는 것으로부터 '거울을 만든다는 뜻의 일본어인 카가미이루'와 '욕실에 허리를 굽힌 채 들어간다는 일본어인 카가미하이루'를 섞어서 농담삼아 부르게 된 것에서 유래되었다고 고증한다.[8] 증기욕탕은 사원의 욕당(증기욕시설)에서 유래한 것이므로 석류구의 모양은 특히 교토와 오사카 지역의 사원건축을 흉내낸 파풍破風(건축양식)식으로 만든 것이 많았다. 욕실의 내부는 석류구 때문에 외부의 빛이 거의 들어오지 않았고, 또 증기로 가득 차 있어 어두웠기 때문에 사람의 얼굴조차 식별할 수 없을 정도였다고 한다.

예전에 세토나이카이瀬戸内海의 연안에서는 에도시대의 증기욕탕 이상으로 한층 더 한증과 유사한 '돌욕탕(바위욕탕, 해수탕)'이라고 불리는 욕탕이 널리 분포해 있었다.[9] 돌욕탕은 돌을 쌓아 소금기가 있는 흙을 발라서 건조시킨, 반원 모양의 구멍이 뚫린 가마로 된 증기욕시설이다.

---

8 『씻는 풍속사』, 1984년

9 인나미 토시히데(印南敏秀), 『세토우치의 돌욕탕을 찾아서』, 1987년

구조상으로도 한증과 흡사한데, 해안의 자연동굴을 이용한 것도 있다. 이 가마에는 여러 가지 잡목의 생나무로 불을 지폈다. 그리고 여기에 해조류를 넣게 되면 해조류에서 수증기와 함께 염분이나 요오드 성분이 나온다(이 부분은 한증과 다르다). 나무가 다 탔을 때 재를 꺼내고 그 안에 들어가는 것이다. 몸을 데워 땀이 나게 한 다음 바깥 기운을 쐬는데, 한증과 거의 비슷한 입욕법이라고 할 수 있다.

임진의 난(임진왜란) 때 부상을 당한 오오아마노大海人 왕자가 치료를 했다고 알려진 교토야세京都八瀨의 가마욕탕도 이 돌욕탕의 계통에 포함된다. 또 에도시대에 하카타博多(현재의 후쿠오카)에서는 '카라욕탕(건식욕탕이라고 표기하기도 한다)'이라고 하는 돌욕탕 계통의 입욕시설이 10곳이 있었는데, 그 중에서 2곳은 메이지시대明治時代까지 영업을 했다고 한다.[10]

돌과 점토로 만든 가마를 뜨겁게 달군 후 '지방에 따라서는 가마 속에 해초를 두껍게 깔고 바닷물을 뿌려서 증기를 일으켰지만, 하카타의 경우는 증기욕탕이 아니라 카라욕탕이다'고 모리사키는 기술하고 있다. 또한 하카타의 '카라욕탕'은 세 사람이 들어가면 꽉 찬다는 기록에서 보면 가마가 꽤 작았던 모양이다. 그러나 증기를 피우지 않는 '열기욕시설'이라는 점에서 조선의 한증과 거의 같다고 할 수 있다.

한증을 조사한 나카기리 카쿠다로는 쓰시마對馬에서 세토나이카의 연안에 걸쳐서 돌욕탕이 분포한 것으로 보아, 조선에서 전래한 것이 아닌가하는 추측을 하고 있다. 또한 '돌욕탕'을 '카라욕탕'이라고 한다. 일본어로 카라는 '공空'이라는 뜻으로 속이 비어있다고 해석할 수 있지만, '카라'라는 일본어는 '한韓'을 의미하기도 하기 때문에, 카라욕탕은 조선에서 유래하지 않았을까하고 생각한다고 서술되어 있다.[11]

이렇게 볼 때 일본열도에서 '후로(욕탕)'라고 불리는 시설은 시대에

10 모리사키 카즈에(森崎和江), 『목욕물 온도는 적당한가요』, 1997년

11 나카기리 카쿠다로(中桐確太郎), 『욕탕』

따라 지역에 따라 차이가 있다. 그 중에서도 에도시대의 증기욕탕이나 돌욕탕(현재도 영업을 계속하는 곳이 있다)은 구조나 입욕법이 조선의 한증과 공통된 측면이 있다는 것을 알 수 있다. 만약 세토나이카이의 어부들이나 하카타의 사람들이 당시 조선의 한증에 들어가는 것을 가정할 경우, '여수거사'처럼 그렇게 놀라지는 않았을 것이다.

그런데 일본에서는 여수거사를 포함하여 현재, 많은 일본 사람들이 '입욕', '욕탕'이라는 말에서 떠올릴 수 있는-욕조에 뜨거운 물을 가득히 받아두고 거기에 들어가는 온욕이라는-입욕 형태는 언제부터 정착되었을까?

메이지시대의 '문명개화' 바람은 공중목욕탕에도 파급되었다. 1880년 전후, 도쿄에서는 지방의 온천지에서 온천의 천연물질을 주문해 욕탕에 넣는 이른바 '재생온천'이 성행하였다. 그 와중에는 온천지의 욕장과 비슷하도록 욕조를 평탄하고 깊게 파서 온몸이 잠기도록 뜨거운 물을 가득 담고 석류구를 없앤 '개량욕탕'이 나타났다.[12] 온천과 비슷한 형식의 욕탕이어서 '온천(식) 욕탕'이라고도 불렸다. 자연적으로 솟아나는 온천수를 마음껏 쓰는 온천지에서의 입욕 체험이 도시의 입욕시설 개량으로 이어져 도심에서도 온천과 유사한 체험을 쉽게 할 수 있게 한 것이다.

이 새로운 양식의 욕장은 모두 온수욕이었기 때문에 증기의 유출을 막는 석류구를 설치할 필요가 없었고, 환기를 하기 위해 천장을 높여서 욕장 내부도 많이 밝아졌다. 그 결과 욕조 안의 물이 더러워지면 쉽게 알 수 있었기 때문에 위생면에서도 환영을 받았다. 그 후 이와 같은 온천형식의 공중목욕탕은 전국으로 확산되었다. 주로 온몸을 온수에 담그는 현재의 입욕 형태의 기본이 만들어진 것이다. 이후 일본사람들은 '욕탕에 들어간다'는 것을, 증기욕이나 부분욕이 아닌 전신 온수욕으로 떠올리게 되었다.

---

12 전국공중목욕탕업 환경위생동업조합연합회, 『공중목욕탕사公衆浴場史』, 1972년

2. 입욕 풍습과 나체에 대한 가치관

에도의 붐비는 공중목욕탕

근세 일본에서는 단 한 명이 들어갈 수 있는 욕통에 물을 넣어 끓이는 개인용 욕탕도 있었다. '가마식 욕탕'이라고 불리는 이 욕탕은 나중에 물통과 아궁이가 하나로 된 이동식 소형욕탕으로 개조되어 '철포鐵砲욕탕'이라 불렸다.[13]

조선이 개항한 후 일본의 이런 개인용 욕탕도 들여왔으나 이 책에서는 조선사회 전체에 더욱 큰 영향을 끼친 일본식 공중목욕탕과 그에 따른 입욕 풍습에 초점을 맞춰서 기술하려고 한다. 그렇다면 일본의 옛 공중목욕탕은 어떤 형태였을까?

막부시대 말 천보연간天保年間(1830~1844년)에, 테라카도 세이켄寺門靜軒이 쓴 『에도의 번창기』는 당시의 에도 서민들의 생활상을 묘사한 작품이다. 그 중에서 공중목욕탕에 대해 기술한 '혼당混堂'이라는 제목의 한 구절을 살펴보자.

> 혼당이나 탕집이라고 말하거나 욕탕집이라고도 불린다. …(중략)… 1당(1실)을 나누어 두 개의 욕장을 만들어서 남녀를 나눈다. (『에도江戶의 번창기』, 中村通夫校注)

---

13 요시다 슈지(吉田集而), 『욕탕과 환희』, 1995년

욕장 입구는 남탕과 여탕으로 분리되어 있고 그 속에 들어가면 한 단 높은 '반다이番臺'라는 목욕탕의 카운터가 있다. 이곳에서는 '반토番頭'라는 사람이 요금을 받는다. 탈의실에는 옷장이 있고 마루에는 멍석이 깔려 있다. 탈의실 구석에도 세면대가 있다. 세면대의 한 가운데에는 홈이 파여 있어 씻고 난 물이 하수로 흘러나가도록 되어있다(44쪽, 그림1-4). 세면대에서 석류구를 통해 들어가면 욕조가 있는데 '넓이는 사방 9척(약 사방 2.7m)'이다. 그리고 밖에 있는 가마에서 욕조로 통하는 구멍으로 직접 뜨거운 물을 흘려보낸다.

에도의 생활풍습을 기록한 기타가와 모리사다喜田川守貞가 쓴 『근세풍속지近世風俗誌』의 '목욕'이라는 항목에도 이 같은 내용이 서술되어 있다. 그것을 보면 뒤에 석류구는 없어지고 욕조와 씻는 곳이 같은 곳에 배치된다. 그러나 공중목욕탕 내부의 전체적인 배치는 이 시기에 형성되었다고 해도 좋을 것이다.

그리고 공중목욕탕의 영업시간은 오전 6시부터 오후 6시까지로 일조시간대에 맞추어져 있었다. 불조심을 해야 했고 석류구를 통해 들어간 욕실 내부가 어두웠기 때문이다.

> 들어보니 옛날에는 남녀가 같이 목욕을 하여서 혼잡하고 구별이 없었으나, 현집월공賢執越公(현명한 재상인 마츠다이라 사다노부松平定信)이 그것을 듣고 혼욕을 정지하고 구분을 지었다. 이에 감사하며, 지금 남녀가 다른 탕에서 목욕하는 것은 공의 덕분이다(『에도江戶의 번창기』).

욕장에서 기본적으로 남녀가 다른 욕조를 사용하였으나(욕장이 구분되어 있지는 않았다), 욕조가 하나만 있는 경우에는 욕조 중앙에 남녀를 구분하는 칸막이를 세우거나 남녀의 입욕 날짜를 다르게 정하기도 했다. 그러나 모든 목욕탕에서 남녀가 따로 목욕해야 한다는 것이 엄수되지 않았으므로, 관청에서 개혁의 일환으로 마츠다이라 사다노부 뿐만이 아니라, 막부幕府에서도 가끔 탕집의 남녀 혼욕을 금지하는 명령을 내렸다.

> 마치 여탕은 강과 바다를 바꿔놓은 듯하다(마치 강이나 바다를 서로 맞바꿔놓은 듯이 소란스럽다). 유모와 고약한 할머니가 요란스레 이야기하며, 다 큰 처녀와 젊은 아녀자가 시끄럽게 이야기를 한다(앞의 책).

여탕은 이웃의 소문 등을 이야기하는 여자들로 아주 떠들썩했다. 또 개방된 욕장 2층에서는 차와 과자를 팔며, 벌거벗은 남자 손님들이 바둑이나 장기판에 둘러앉아서 '춘화본春畵本'을 보았다. 여성들에게도 남성들에게도 공중욕탕은 사교와 오락의 장소였던 것이다.

서구 사람들의 눈에 비친 혼욕풍습

에도막부 말기, 일본에 상륙한 미국의 동인도 함대 사령관이던 페리 제독이 쓴 『일본원정기日本遠征記』에는 이즈시모다伊豆下田의 공중목욕탕에 대하여 다음과 같이 기록되어 있다.

> 일본은 나체를 개의치 않고 남녀가 혼욕을 한다. 주민들의 도덕에 관한 한, 미국인에게 호의적인 견해를 갖도록 해 주지 못했다(페리 제독의 『일본원정기』).

그리고 이어서 '이것은 일본 전체에서 볼 수 있는 습관이 아닐지도 모른다'면서도, '일본의 하층민은… 의심의 여지없이 음탕한 사람들이다!' 하고 비평하고 있다.

이와 같이 혼욕에 대한 도덕적인 비판에 비해, 트로이 유적의 발굴로 유명한 슐리만의 서술은 훨씬 더 냉정하다. 그는 1865년 일본을 방문한 후의 여행기에 다음과 같이 기록하였다.

> 욕장은 도로에 접한 쪽이 완전히 개방되어 있다. … 새벽부터 해가 질 무렵까지(욕장의 영업시간)… 남녀노소가 함께 탕에 몸을 담근다. … 일본인들이 예의에 관하여 유럽적인 관념을 갖고 있다고 생각할 수는 없다. 그렇다고 해서 일본인의 이런 행위가 유럽에서 행해지더라도 동일한 결과를 낼 것이라고 생각할 수는 없다. 왜냐하면 인간이란 자국의 습관에 따라서 살아가는 한, 잘못된 행동을 하고 있다고 생각하지 못하기 때문이다. 그곳에서 음란한 의식이 생길 수는 없다(슐리만의 여행기 『청나라와 일본 편』).

페리 제독의 『일본원정기』에는 수행한 독일인 화가 하이네의 삽화가 여러 곳에 삽입되어 있어서 당시 일본의 생활풍습을 유추해 볼 수 있는 귀중한 자료로도 쓰이고 있다. 그 중에 개항한 항구인 시모다의 공중목욕탕의 내부를 그린 것이 있다. 욕장에서 벌거벗은 남녀가 몸을 씻거나 휴식을 취하는 모습이 그려져 있다. 이렇게 사실적으로 묘사된 삽화를 보면서 '일본인은 성적으로 문란하다'고 하거나(『일본원정기』 제 2판의 출판부터 이 삽화는 삭제되었다고 한다), 반대로 '일본의 생활문화는 성에 관해서는 관대하다'는 해석을 종종 한다. 그러나 어떤 해석을 하든 그것의 전후 자료나 그 자체를 깊이 음미해 볼 필요가 있다. 즉 언뜻 보기에는 '사실적'으로 보이는 이런 그림도 근대 서구인들의 '해석의 눈'이 그림을 그린 하이네의 시선에도 혼재되어 있을 것이기 때문이다.

바꿔 말해 당시 일본 사람들도 하이네가 '본' 것처럼 당시의 공중목욕탕을 보았을까? 하는 의문이 생기는 것이다. 이 화가의 '시선'에 대한 문제점에 대해서는 나중에 다시 생각해 보자.

그림1-4 시모다의 공중목욕탕
페리의 『일본원정기日本遠征記』에서 발췌한 그림이다. 씻는 곳에는 다 쓴 뜨거운 물이 흘러갈 수 있는 홈이 파여 있다. 파풍조波風造(일본식 건축양식의 하나)로 만든 석류구로 몸을 구부리고 욕실 안으로 들어가려는 손님의 모습이 보인다. 욕실내의 증기가 빠져나가지 않도록 석류구를 낮게 시공했다는 것을 알 수 있다.

농어산촌에서 사용한 임시 욕탕

페리가 일본에 온 1854~1860년에, 시모다의 인구는 가구수 876호로 3,851명으로, 마을 안에는 공중목욕탕이 6개가 있었다고 기록되어 있다. 마을 인구에 비해 욕장수가 많은 것은 시모다가 에도를 출입하는 선박들이 바람을 피하기 위해 접안하는 항구였기 때문에, 지역주민들만이 아니라 상륙한 선원들도 욕장을 이용했다.[14·15] 시모다에 관한 기록은 에도(도쿄), 교토, 오사카와 같은 대도시만이 아니라, 성 아래의 마을이나 숙박업소가 많은 마을 등, 비교적 인구가 많은 지방의 마을이나 촌락에도 공중욕탕이 서민생활의 하나로 자리잡혀 있었다는 것을 시사한다.

---

14 시모다시 료선사(了仙寺), 마츠이 다이에(松井大英)의 조사
15 박동성(朴東城), 「시모다(下田)의 목욕탕변천담(變遷譚)」, 2000년

한편, 인구가 적은 농어촌이나 산촌에서의 목욕탕 시설은 어떤 형태였을까? 현재도 그렇지만 인구밀도가 낮은 지역에서 공중목욕탕을 경영하기는 쉽지가 않다. 이 때문에 그 시대의 농어촌이나 산촌에 공중목욕탕이 있었다고 생각하기는 쉽지 않다. 농촌의 입욕 풍습에 관해서는 메이지시대의 신슈信州 치쿠마千曲 지방의 예가 전해지는데, 다음과 같은 증언이 있다.

> 요즘에는 독립된 욕탕을 갖고 있는 농가가 매우 드물다. 많은 농민들은 넓은 마당 한구석에 목욕통을 두고, 목욕통 옆에 대야를 둔다. 거기에 길이가 40~50cm의 각진 돌을 놓아두고, 디딤돌로 삼아 욕탕에 들어갔다 나갔다 하였다. 목욕통이 없는 집에서는 친한 이웃사람에게서 빌려와서 물을 데워 목욕을 했다(이런 증언으로 보아 이동할 수 있는 욕통, 즉 쇠로 만든 욕탕을 사용한 것으로 파악된다).
>
> 욕탕물은 겨울에는 우물물이 따뜻하므로 사용하는 경우도 있었으나, 여름에는 거의 강물을 사용했다. 농한기가 되면 3, 4일에 한 번 이웃집에 뜨거운 물을 얻으러 가기도 한다. 또 어떤 집에서든 목욕물을 데우면, '저희 집 욕탕에 오세요!'라며 안내를 하고 돌아다녔다(이토 쇼지伊藤昌治, 『농촌의 생활 카탈로그』, 1987년).

목욕물을 데운 집의 가족이 입욕을 마친 후 이웃 사람들이 계속 들어가기 때문에 물은 더러워질 것이다. 그래도 목욕을 기다리는 동안에 나누는 이런저런 이야기는 재미있었을 것이다. 또 지역에 따라서는 몇 집의 가족이 당번을 정하여 '공동욕탕'을 운영하는 경우도 있었다. 강이나 우물에서 물을 퍼서 나르면서 일상생활에 대한 이야기도 나눈다. 그러나 목욕물을 준비하는 것만으로도 대단히 힘든 노동이었다.[16·17]

메이지시대에서 2차 대전 후 한 동안은 대부분 위와 같다고 보아야 할 것이다. 그렇기 때문에 공중목욕탕을 이용할 수 있는 도시의 주민을 제외하면, 그 이전에는 전신 온수욕을 한다는 것은 사치였다. 따라서 시대의

---

16 모리사키 카즈에(森崎和江), 『목욕물의 온도는 적당한가요?』, 1997년
17 시라이시 타로(白石太良), 「공동욕탕의 분포와 성쇠」, 1999년

차이와 지역차를 고려하더라도 '일본인들이 예부터 굉장히 목욕을 좋아했다!'고 일괄적으로 말하기는 어려울 것이다.

고대에서부터 발달한 온천지

지금부터는 일본 온천지의 발달에 대하여 간단히 살펴 본 후, 조선 사회에 영향을 끼치게 된 일본 온천문화의 개요를 살펴보려고 한다.

『일본서기日本書記』, 『고서기古書記』에는 역대의 천황이나 왕자들이 '이요伊了(도고道後온천)', '아리마有馬(아리마有馬온천)', '무로牟婁(시라하마白浜온천)' 등에 행차하여 요양했다는 기록이 남아 있다. 그리고 '출운풍토기出雲風土記(8세기부터)'에도, 다마츠쿠리玉造온천은 지방관이 조정에 올라갈 때 이곳에서 목욕재계를 했다고 한다. 그리고 남녀노소가 요양을 하러 와서 성황을 이루었다는 기록이 있다.

고대의 온천 경영은 지방관이나 유력한 사원이 행하였고, 중세가 되면서 지방의 호족이 감독하고 영역 내의 사원에 경영을 위탁하는 경우가 많았다고 한다.[18]

카마쿠라막부鎌倉幕府가 성립한 후에는 이즈伊豆, 아타미熱海 등, 동부지역의 온천지도 발전하게 된다. 물론 이전부터 근처의 주민들이 요양하러 다니는 일은 많았지만 현재의 온천 문화의 원형인 서민과 온천의 관계가 엿보이는 것은 에도시대부터의 일이었다. 도시를 중심으로 하는 상품 경제의 발달, 농촌 생산량의 향상, 도로 교통망의 정비, 무엇보다도 평화로운 시대가 계속된 것 등이 배경이 되어 각지의 온천에서는 욕탕이나 온천 여관을 정비하여 자립적이고 독자적인 온천가나 촌락이 형성되었다.

도고온천의 경우, 마츠다이라번松平藩이 온천시설을 정비하고 신분이나 남녀를 구분하여 욕조를 설치했다. 이 공동욕장을 중심으로 하여 생계를

18 야마무라 쥰지(山村順次), 『일본의 온천지』, 1998년

유지하는 온천여관이 가장 많았을 때는 72개나 되었다. 이곳에서 징수되는 '목욕 요금'은 번藩의 수입원이 되었다. 아리마 온천의 경우도 공동욕장을 중심으로 유력한 20개의 온천여관이 있었고 공동탕과 구분해 둔 전용탕을 소유하고 있었다. 이 같은 1구획을 '방坊'이라고 하며, 20개의 온천여관을 다른 이름으로 '20방'이라고도 불렀다. 또 이 20방 이외에도 소규모의 여관이 40여 개 있었으며, 특산품인 바구니나 붓을 파는 토산품점이 130개, 요양객을 위한 식료품, 일용잡화를 취급하는 소매점이 약 50개가 있었다고 한다(앞의 책).

온천 입욕법-에도시대의 아리마有馬온천 기행에서

그런데 당시의 서민은 온천지에서 어떤 요양을 했을까? 1827(문정10)년에 간행된 오네 츠치나리大根土成의 『골계滑稽 아리마 기행』(이타사카 요우코板坂耀子 편, 『에도온천 기행』, 1987년)을 소개하겠다.

교토고죠京都五條에 타로스케太郎助라는 사람이 살고 있었다. 타로스케太郎助는 이전부터 세츠 아리마攝津有馬의 탕湯이 만병통치약이라는 말을 듣고 있었다. 그러나 타로스케에게는 특별한 병이 없었다. 그래서 '과음하는 병이라도 고쳐볼까?' 하며 큰 마음을 먹고, 자신의 집에서 놀고 먹는 사이록쿠歲六와 함께 오사카를 경유하여 아리마에 갔다. 교토에 있는 친구에게 소개장을 받아서, 20방의 하나인 '미즈후네'를 찾았다.

현관에 들어서자 여관집 주인에게 먼저 온천의 입욕 요금에 대한 설명을 들었다. 하나는 '정막탕定幕湯'이라고 하여, 미즈후네가 보유하고 있는 공동욕장인 입욕시설을 전세로 빌리는 것이었다. 요금은 '은화 한 닢'으로 미즈후네가 욕실에 들어가면 입구에 막을 쳐서 다른 사람이 들어오지 못하게 하는 것이다. 또 하나는 '합막合幕'이라 하여 여관의 다른 손님과 함께 욕탕에 들어가는 것인데, 요금은 '은화 2분'이었다. 어느 쪽이든 별 차이가 없을 거라 생각하여 둘은 합막 쪽으로 결정했다.

다음으로는 '방'에 대한 설명을 들었다. 미즈후네에 있는 방과 미즈후네가 빌린 다른 여관방에 투숙할 수 있었다. 다른 여관에서 숙박할 경우에도 미즈후네에서 '하녀'를 보내서 식사 등의 시중을 들어 준다. 둘은 미즈후네 안의 3층에 있는 방으로 안내를 받았다. 6조(일본의 전통 방 단위) 크기와 3조 크기의 방이 잇닿은 곳이었다. 3층에서는 아리마의 마을, 약국, 아리마에서 제일이라는 '고쇼의 여관' 등이 보였다. 타로스케가 마음에 든다고 대답을 하니 하녀가 와서 청소를 해 주었다. 쉬려고 하니 이번에는 심부름꾼이 와서 신발이나 이불, 입욕 시에 물을 머리에 끼얹을 수 있도록 한 바가지 등의 도구, 또 자취하는 데 필요한 쌀, 기름, 소금, 간장, 장작, 숯 등의 주문을 받았다. 필요한 물건을 부탁하고 또 여관에서 이불(상중하 등급이 있음)도 빌렸다.

그러던 중 입욕 시중을 드는 '미야'라는 하녀가 '목욕물을 준비했습니다.' 하며 두 사람을 공동욕장(바깥에 있는 욕탕)으로 안내했다. 여관의 맞은편에는 미즈후네에 할당된 '2개의 탕'이 있었다. 앞에는 옅은 남색 천에 백색으로 '합막合幕'이라고 적힌 천이 걸려 있었다. 둘은 천을 밀어 제치고 안으로 들어갔다. 거기에는 '2개 탕'을 담당하는 하녀와 다른 여관의 하인, 하녀들이 둘러 앉아 있었다. 입욕 중인 손님이 탕에서 나오기를 기다리고 있는 것이었다. 둘이서 탈의실에서 옷을 벗자 하녀인 '미야'가 뒤에서 욕의浴衣를 입혀주었다. 두 사람이 신발을 신고 욕실의 입구까지 오자 미야가 욕의를 받아들고 이번에는 수건을 내밀었다. 욕실 중앙의 구석에는 탕통(욕조)이 놓여 있었고, 세면대에는 발판이 놓여 있었다.

많은 남녀가 탕에 함께 들어 가 있었다. 남자는 '들보(훈도시)'를 입고, 여자는 '유구(입욕시 몸에 감는 천)'를 하고 있었다. 타로스케와 사이록쿠도 온천에 처음 와 본 것이므로 욕조에 어떻게 들어가야 하는지를 몰랐다. 교토에 있는 탕집과는 욕조의 깊이도 달랐다. 그래서 어리둥절해 하고 있는데, 입욕 중이던 손님이 욕조의 구석에 디딤돌이 있으니 그것을 밟고 천천히 안으로 들어가라고 가르쳐 주었다. 함께 간 사이록쿠도 뒤이어 탕에 들어왔는데 '아아, 기분 좋다!'고 무심결에 말을 했다. 뜨거운 물통의 깊이는 '3척 8촌(약150cm)'이나 되었기 때문에 남녀가 선 채로 입욕을 하고 있었다. 욕조 밑에는 돌이 군데군데 놓여 있었으며, 그 사이로 뜨거운 물이 보글보글 솟아나오고 있었다. 다른 여자 손님들과 이야기를 나누었고, 좋아진 기분으로 탕에서 나올 수 있었다.

『골계 아리마 기행』은 그 후로도 흥미진진하게 이야기가 전개되지만, 이처럼 온천여관의 이용법이나 입욕 순서 등에 대해서도 상세하게 서술해 둔 것을 보면, 이 책이 온천여행의 가이드북으로서 읽혀졌을 듯하다. 에도 후기가 되어서는 여행 안내나 온천 안내, 심지어는 온천의 효능, 병을 치료하는 방법 등을 설명한 서적이 다수 출판되었다.[19] 지금처럼 자유롭게 여행을 할 수 있었던 것은 아니지만, 이세미조伊勢講, 후지미조富士講를 비롯하여 서민들도 여행할 수 있게 되었다. 또한 온천 여행 중에는 통행증을 받아 온천치료를 받기 위해 멀리까지 가야 하는 사람이 있는 반면, 『골계 아리마 기행』의 타로스케 일행처럼 온천치료 겸 여행이나 유흥을 위해 가는 사람들도 있었다. 이렇게 근세 후기에 발달한 온천지의 상업적 발전과 온천여행의 다양화 등이 현재까지 이어져 다양해진 일본 온천문화의 기반을 만들었다고 봐도 좋을 듯하다.

---

19 후지마키 도키오(藤券時男), 『온천치료사』, 1943년

혼욕 풍습을 둘러싼 일본의 나체에 관한 가치관

막부 말기의 풍속 사진을 보면, 들보 차림으로 일을 하는 남자들이 상당히 많이 눈에 띈다. 불평등 조약을 개정하는 것이 가장 큰 정치 과제의 하나였던 메이지 정부는 일본이 서구인들에게 '야만국'이라는 오해를 받지 않으려고, 나체 습관을 금지하는 고시를 내렸다(1871년). 그 뿐만 아니라, 만전을 기하여 외국인이 왕래하는 3부(도쿄, 오사카, 교토)와 개항 항구인 5항(요코하마, 고베, 나가사키, 니이가타, 하코다테(후쿠오카))을 중심으로 '위식괘위조례違式詿違條例'를 제정하였다(도쿄가 가장 이르다. 1872년에 공포). 지금의 경범죄에 해당되는 법령이었다. 근로자의 나체에 가까운 모습을 벌하는 것을 시작으로, 공중목욕탕에서의 혼욕금지까지 여러 가지 벌칙 사항을 정한 것이다.

1876년에 도쿄부의 자료에 따르면, 위의 '위식괘위조례'에 의해 벌금형을 받은 사람 중에서, 1위는 '한 쪽 어깨를 드러내고 추태를 보인 자'가 압도적으로 많은 경우로 2,091명, 2위는 '마차를 도로에 정차해 도로를 침범한 자'가 206명, '남녀가 같이 탕에 들어간 자'는 7위로 30명이었다고 기록되어 있다.[20] 현재와 비교하면 신체 노출에 관한 금지가 매우 엄격했다는 증거다.

오오모리大森 조개무덤을 발견한 사람으로 알려진 미국인 생물학자 에드워드 모스가 닛코日光의 유겐湯元온천에서 본 광경을 다음과 같이 글로 남겼다(1877년).

왕래하는 길에 접한 욕장에서 한 부인이 실오라기 한 가닥도 걸치지 않은 모습으로 몸을 씻고 있었다. 모스 일행이 인력거를 7대로 나눠 타고 그 옆을 지나는 데도 부인은 아랑곳없이 모스들을 그냥 바라보기만 했다. 또 인력거를 끄는 마부들

20 『일본 근대사상대계 23. 풍속, 성』, 1992년

중에서 어느 한 사람도 부인의 모습에 신경을 쓰는 사람이 없었다.

나는 급히 닥터 메리의 주의를 환기시켜야만 했다. 그러자 부인은 나의 동작을 알아채고 살짝 등을 돌렸지만, 아마도 우리를 시골뜨기나 야만인이라고 생각했을지 모른다. 아니, 실제로 그때까지 우리는 그랬었다(모스, 『일본에서의 하루 하루』, 이시카와 킨이치石川欣一 역).

한스 피터 듈은 『나체와 부끄러움의 문화사』(후지시로 코이치藤代幸一, 마타니 나오코三谷尙子 역, 1990년)에서 일본의 혼욕 풍습에 대하여 '바라보는 자(일본인)의 시선은 목욕하는 사람을 그냥 무심히 바라보거나, 지나쳐 버릴 뿐 마음에 두고 '본다'는 개념은 없다'고 서술하고 있다. 즉 일본 사람들은 욕장에서 눈앞에 있는 나체를 인식해도, 그 사람(그 사람의 나체)을 결코 빤히 바라보지는 않았다는 것이다. 그러나 모스 일행이 부인의 나체를 의식적으로 바라보았기 때문에 그것을 깨달은 부인은 부끄러워 '다소 몸을 돌려 등을 보였다'는 것이다. 서구인의 '야만'적인 시선은 입욕하는 사람의 나체를 지나치지 않았기 때문에, 시모다下田의 욕장 광경을 그린 하이네처럼 나체를 표면적으로 그리게 된 것이다.

지금까지 나는 일본 사회에서 사람들이 신체 노출을 많이 한다고 써왔지만, 그것은 어디까지나 현재의 옷차림을 '정상'이라고 생각하는 현재 우리들의 기준에 지나지 않는다. 옛 일본 사회에서는 서민의 성년식을 '훈도시(들보) 축제'나 '유모지(허리에 두르는 천) 축제'라고도 불렀다. 성년이 된 남자에게는 훈도시를, 여자에게는 유모지를 보냈던 것이다. 무사 계층을 제외하면 서민들 사이에서는 열대지방처럼 훈도시에 유모지만 걸쳐도 수치심을 느끼지 않았고, 인부, 장인, 어부 등은 훈도시 하나로 살아가는 사람도 많았다.[21]

21 와다 쇼헤이(和田正平), 『나체인류학』, 1994년

그림1-5 목욕용 들보와 허리에 두르는 천
이하라 사이카쿠井原西鶴의 '호색일대남好色一代男'에 나오는 공중목욕탕 내부의 광경을 그린 삽화다. 목욕용 들보를 입은 남성과 욕의浴衣를 걸치고 목욕용 속치마인, 허리에 두르는 유구를 입은 여자들이 있다. 오른쪽 밑에는 탕녀湯女에게 때를 밀고 있는 손님들이 있다(나카기리 카쿠다로中桐確太郎의 '욕탕').

좀 전에 살펴 본 『골계 아리마 기행』의 서술에서도 입욕할 때 탕에서 들보나 목욕 가운을 걸치는 규칙이 있었다는 것을 알 수 있다. 탕에서 이런 것을 몸에 걸치고 있는 한, 알몸이지만 알몸이 '아닌' 것이었다. 일종의 옷을 착용한 상태라고 서로 간주했기 때문이다. 현재의 눈으로 보면 분명한 '알몸' 상태이지만, 당시 사람들은 그렇게 보지 않았던 것이다. 또 『골계 아리마 기행』에서 '타로스케' 일행이 남녀가 혼욕하는 욕조에 들어갈 때에 망설이던 장면이 있는데, 그것은 탕집과 전혀 다른 온천의 깊은 '탕통'에 어떻게 들어가야 할지를 몰랐기 때문이다. 같은 욕조에 여성이 있었기 때문이 아니었던 것이다. 그들이 여성의 알몸에 특별히 관심을 기울이는 모습은 어디에서도 찾아볼 수 없다.

> 나체관은 민족에 따라 미묘한 차이가 있기 때문에 의복 상태만으로 결정할 수는 없다. 1년 내내 나체로 사는 열대지방 사람들은 일종의 장신구, 피부장식, 신체의 개조 등이 없을 때 나체로 간주하며, 그것이 수치심을 불러일으킨다(앞의 책).

와다和田가 여기서 말하는 것은, 예를 들어 전라상태이지만 한 줄의 천을 허리에 매고 있는 한 '알몸'이라고는 간주하지 않는 문화가 정착되어 있다는 것이다. 또한 온몸에 옷을 입고 있는 상태라도 얼굴을 노출하고 있는 것만으로도 '알몸'으로 간주하는 문화도 있다. 말하자면 어떤 상태를 '알몸'이라고 하는지 평가하는 문화적 기준은 사회에 따라 다르다는 것이다.

이렇게 볼 때, 일본의 전통사회에서 들보나 허리에 천을 감는 모습은, 가령 엉덩이나 상반신이 노출되어도 수치심을 불러일으키는 '알몸'이라고는 여기지 않았던 것으로 추측된다. 이 같은 문화적 기준을 이해하지 못한 채, 혼욕 시의 나체 상태에 대하여 '성적인 수치심'을 느껴 얼굴을 찌푸리거나, 반대로 '성적 관대함'에 대하여 예찬하는 것과 같이, 그 모습을 표면적으로만 이해한다면 왜곡된 의미를 만들 수 있다. 이런 견해는 현재의 우리들의 의식으로 과거를 투영하는 것에 지나지 않는다.

나의 경험이지만 학창시절이던 1970년경, 교토의 하숙집 할머니(메이지 출생)가 어느 여름날 초저녁에 목욕을 끝내고 상반신을 벗은 채 쉬고 있는 모습을 본 적이 있었다. 허리에 천을 두른 할머니는 그 때, 자신이 '알몸' 상태라고 생각지도 않았을 것이다. 할머니에게 수치스러운 기색을 전혀 엿볼 수 없었다. 그러나 할머니와 같은 나체관(문화적 규범)을 갖고 있지 않은 나는 그 모습이 당황스러웠다. 또, 산촌에서 살고 있는 나의 할머니(메이지 출생)도 목욕이 끝나면 같은 모습을 하고 있었다. 메이지 정부가 고치려고 했던 일본의 나체 풍습은 그 후 약 100년(3세대에서 4세대)이 걸려 1970년대에 거의 소멸되었다고 볼 수 있다.

조선의 나체관에 대하여

그런데 조선사회에서의 나체에 관한 가치관에 대해서는 다음과 같이 말한다.

> 예절(유교)의 나라라는 것은, 남자는(물론 여자도) 사람 앞에서는 결코 옷을 벗지 않는다. 지금도 조선인은 아무리 더워도 상반신을 벗고 저녁 바람을 쐬거나 사람 앞에서 물을 뒤집어쓰는 풍경은 결코 볼 수 없다(시바 료타로司馬遼太郎, 『거리를 따라 2. 한국 기행』, 1972년).

이런 설명은 맞기도 하고 틀리기도 하다. 사회 전체를 하나의 가치관으로 규제한다는 것은 어떤 시대든 위정자들의 몽상일지는 몰라도, 사람들이 일하고 살아가는 생생한 사회의 실상은 아니다. 위정자나 지식인의 눈에서 좀 떨어져, 사회의 다른 계층이나 다른 측면으로 눈을 돌리면 사회는 다른 표정을 하고 있을 것이다.

1876년에 레가메는 프랑스의 기업가 에밀 기메와 함께 일본을 여행했다. 닛코에 가는 도중 기메 일행이 고용한 인력거를 끄는 사람들이 들보차림(훈도시)을 한 채, 찻집의 화롯가에서 휴식을 취하며 이야기를 나누고 있다.

예를 들면, 조선시대 후기 서민들의 생활상을 생생하게 그린 화가 김홍도金弘道(1745~?)의 풍속화 등에도 볼 수 있듯이, 유교 도덕의 엄격한 규제 속에서도 농업을 비롯하여 노동에 종사하는 남자들은 저고리를 벗어젖히고 일하는 것이 극히 자연스러워 보인다.

또한 같은 시기에 볼 수 있는 아이가 있는 여자들은 짧은 저고리 밑으로 젖가슴을 드러내고 자신이 '어머니'라는 것을 나타내는 풍습도 있었다.

그림1-6 페릭스 레가메의 '휴식 중인, 인력거를 끄는 사람들'

그림1-7 김홍도의 풍속화

김홍도의 '풍속화첩風俗畵帖'에 나오는 그림이다(조선시대 후기). 농민들이 잠시 작업을 중단하고 점심을 먹고 있다. 수유 중인 어머니의 모습도 보인다. 상반신을 벗고 일을 하는 남자들을 그린 작품은 '풍속화첩' 안에 몇 점이 더 있다.

여성들이 가슴을 드러내게 된 것은 조선시대 중기쯤으로 여겨진다. 가슴 노출은 남아를 선호하는 것과 깊은 관계가 있다. 여성이 남아를 낳았을 때 하는 풍습으로 가슴을 드러내는 행위가 행하여졌다. 가문의 계통을 잇는 남아를 낳아, 여성으로서 할 도리를 다 한 당당한 부인이라는 것을 대외적으로 알리는 자부심을 나타내는 시위였던 것이다(정성희鄭誠嬉, 『조선의 성풍속, 여성과 성문화에서 본 조선사회』, 1998년 참고).

게다가 정성희는 이 가슴 노출의 풍습과 함께, 그 시대 여성의 치마가 부풀어 있는 것도 여성의 출산능력과 결부된 하반신을 강조한 것에서 비롯되었다고 지적하며, '유교적인 실천윤리가 사회 전체에 파급된 18세기에 여성 의복에 있어서 성적 능력이 강조된 것도, 남아 출산 등의 현실적인 요구와 무관하지 않다'고 서술하고 있다. 즉, 가문(종족)의 계승을 보증하는 남아의 출생에 큰 가치를 부여한 유교적인 관점이 사회에 침투해 있었기 때문에 나체를 싫어하는 유교적 윤리가 존재했음에도 그것과는 상반되어 보이는 가슴 노출의 풍습이나 치마의 새로운 디자인이 확산되었다고 한다.

시대는 다르지만 일본인에 의해서도 이 풍습은 목격되었다. 『경성안내』(1926년)에서는 조선인 여성이 입고 있는 저고리에 대하여 '여자의 것은 젖가슴이 드러날 정도로 짧아 유아에게 신속하게 젖을 물리기에 편리하다. 겨울에는 꽤 추워 보이지만, 익숙해져서인지 조선의 엄동설한에도 추운 기색을 하지 않는다. 그러나 최근 도시의 부인들은 저고리의 길이를 늘려 남자와 같은 길이로 하고 있다'고 쓰여 있다.

여성들이 짧은 저고리를 입은 채 일을 하거나 많은 사람들이 모인 시장 안을 걸어 다니는 모습은 조선시대의 풍속화(25쪽, 그림1-1 오른쪽 밑의 뒷모습의 여성도 가슴을 노출하고 있다)나 개항기의 사진에서도 다수 볼 수 있다.

그림1-8 가슴을 노출하고 있는 조선의 아낙네들
조선시대 중기부터 남아를 낳았다는 것을 과시하기 위해 젖가슴을 드러내는 풍습이 있었다고 한다(『민족의 사진첩』(1994년)에서 발췌).

먼저 정성희의 논고에서는 가슴을 노출하는 풍습을 유교적 윤리로 해석하고 있다. 그러나 그런 윤리 규범을 더 엄격하게 지키며 살아가는 상류층 여성들은 외출 시에 가마를 타거나 긴 쓰개치마를 써서 사람들의 눈을 피하였다. 이것을 볼 때, 상류층 부인들에게 가슴을 노출하는 일은 '당치도 않은 일'이었을 것이다. 따라서 가슴 노출은 유교적 윤리만으로는 설명을 할 수 없고, 서민생활의 자연스런 문화로 볼 수 있을 것이다. 어느 쪽이든 양반들인 상류층은 상의를 벗고 일하는 현장의 노동자나 가슴을 노출한 여자들 등, 일반 '하층민'의 생활풍습에는 특별한 관심을 갖지 않았을 것이다. 또한 서민들도 그런 모습을 드러냄으로써 사회윤리에 어긋나는 '나체'라고 간주하는 일도 없이, 신체의 노출이 사회적으로 용인되어 있었다고 해도 좋을 것이다.

『한국 민족문화 대백과사전』(한국정신문화연구소, 2001년)의 「목욕탕」

이라는 항목(집필 담당은 역사학자 나종우羅鍾宇)에서는 조선사회의 나체에 관한 가치관에 대하여 다음과 같이 서술하고 있다.

> 한국으로 이주한 일본인들은 목욕에 불편을 느껴 공중목욕탕을 설치하려고 했으나, 한국인들의 강력한 반발에 부딪혀 쉽게 착수할 수 없었다. 왜냐하면, 당시 한국적인 사고방식으로는 많은 사람들이 모여 옷을 벗고 목욕을 한다는 것은 천민들이나 하는 행동이라고 생각했기 때문이다.

분명 조선이 개항한 후, 일본인 거류지 등에서 거의 알몸 상태인 일본인들의 모습에 위화감을 느낀 조선인들이 많았다. 그러나 일본식의 공중목욕탕이 '한국인들의 강력한 반발에 부딪혀 쉽게 착수할 수 없었다'는 것은 다음 장에서 살펴보겠지만, 자료에 입각하지 않은 억측에 불과하다. 그 '강력한 반발'의 근거로 들고 있는 조선 사회에서 나체를 경시하는 '한국적인 사고방식'(유교적인 규제)도 앞서 살펴 본 것처럼 서민생활의 구석구석까지 침투해 있었다고는 할 수 없다. 더욱이 서울을 비롯한 각지의 한증에서는 나종우가 말하는 '한국적인 사고방식'에 완전히 어긋난, 경우에 따라서는 양반(출신)층도 포함하여 '많은 사람들이 모여 옷을 벗고 목욕을 하는 것'이 극히 자연스러운 일이었다(1부 1장).

'조선사회=유교'라는 사회 전체의 조감도를 사회의 세부적인 곳까지 과도하게 적용하면, 일관된 설명의 원리로 짜 맞춘 사회상은 조금의 흠도 없는 '아름다운 결정체'처럼 보일 수 있다. 그러나 그 틀을 우선시한 나머지, 사람들의 생활의 정취가 있는 '예외'나 그 속에서 다양하게 조화를 이룬 생생한 '잡음'까지도 없애버린다면 그 '아름다움'은 공허한 것에 지나지 않는다.

사회가 하나의 결정체가 아닌, 유동적이고 다층적인 살아있는 구성체라고 한다면 한 사회의 '나체관(나체에 대한 기준)'이라는 것도 사회(민족)마다 다르며, 같은 사회라도 계급이나 각각의 장소에 따른 차이도 있을 것이다. 그 위에 다른 문화와의 교류나 사회적인 규제 등에 영향을 받아 시대를 따라 변천해 가는 것이다.

사실, 일본인의 나체에 관한 풍습이 조선인의 풍습에 영향을 미쳤다는 것을 지적한 기록도 있다. 「조선에 사는 일본인의 풍습이 조선의 아동교육에 미치는 영향」이라는 보고[22]에 의하면, 일본인의 풍습이 조선인 아동에게 '악영향'을 미치는 것으로 '피부를 노출하는 습관'을 들고 있다.

> 조선에 사는 일본인의 노출 습관은 조선인이 꺼리는 것으로, 단지 경멸을 불러올 뿐 아니라 부정적인 영향을 끼친다. 그러나 근래 농업실습의 작업 중에 자주 그런 풍습을 따라하는 사람도 생겼다.

학교 농원에서 농업실습을 하는 조선인 아동들 중에는, 일본인이 상의를 벗고 노동을 하는 모습을 보고 따라하는 아이가 생겨났다. 물론 부모에게 살을 드러냈다고 하여 심하게 야단맞은 아이도 있었을 것이다. 그러나 생활풍습이라는 것은 문화적인 경계를 넘어 교류하고 변해 가는 것이다. '좋다, 나쁘다'의 도덕적인 규제로 통제하는 것은 불가능하다.

2002년 월드컵에서 한국의 축구 경기장의 관객석에서는 티셔츠를 벗고, '대한민국'을 외치는 한국인 청년들도 있었다. 백년이 걸려 일본 사람들은 전보다도 좀 더 입으려 하고, 한국 사람들은 좀 더 벗으려 한다고 말할 수 있을지도 모른다(물론 서구 나체관의 영향 등도 고려해야 하겠지만).

22 『조선휘보(朝鮮彙報)』, 1915년 8월호

한국인은 왜 앞을 가리지 않는가?

여기서 '머리말'에서 언급한 타월로 앞을 가리고 안 가리는 문제에 대한 한일 간의 목욕 문화의 차이에 관하여 다시 생각해 보기로 하자.

현재 일본의 공중목욕탕에서 볼 수 있는 타월로 앞을 가리는 행동은 언제부터, 어떻게 시작되었을까?

일본에서는 근세까지 공중목욕탕이나 온천에서 혼욕을 자주 하였으나, 입욕할 때에는 목욕용 들보나 허리에 걸치는 천 등의 목욕용 가운을 입는다는 것은 앞에서 설명했다. 그러나 그 후 목욕용 옷은 욕조의 물을 더럽히는 원인이라 하여 지역이나 온천에 따라 다르지만, 차츰 입욕시에 입지 못하게 되었다.[23] 그 때부터 이제까지 몸을 닦는 데에만 주로 쓰이던 수건이 목욕용 가운의 대체라는 상징적인 역할을 하게 되었다. 입욕할 때에는 수건으로 앞을 가리는 것이 일종의 예의라고 생각했던 것은 아닐까?

시키테이 삼바式亭三馬의 '부세浮世욕탕'에는 '호색의 장부丈夫도 알몸이 되면 앞을 가리며 부끄러움을 안다'는 기록이 있고, 에도의 풍속화에도 입욕시의 그런 모습이 다수 그려졌다.

개항기에 일본에 온 많은 서구인들은 수건을 든 그런 상징적인 행동에는 주의를 기울이지 않은 채, 나체만을 바라보고(사실은 하나의 '해석'이지만) '야만인'이라고 느꼈을 것이다. 그 후 근대가 되면서 혼욕을 금지하고, 남탕과 여탕을 구별하여 동성끼리 입욕하게 되었지만, 수건을 가지고 들어가는 입욕 습관은 그대로 이어져 오늘에 이르고 있는 것이다. 또한 근대적인 개인의식이 새롭게 더해져 동성에 대해서도 작은 수치심마저도 천 한 조각으로 억제했으며, 반대로 그렇게 가리는 것이 지나친 수치심을 만들어내기도 했다.

---

23 『공중목욕탕사(公衆浴場史)』 등

이런 가설을 세워, 입장을 바꿔 생각하면, 한국 사람들이 타월로 앞을 가리려고 하지 않는 행위에 대해서도 추론할 수 있을 듯하다. 그래서 온천이나 한증막 등의 목욕시설에서도 한국인들은 이성의 시선을 의식하지 않는다. 옷을 벗은 시점에서 벌써 '알몸'이 된 이상, 다시 타월로 몸을 가리는 것은 한국인들의 입장에서 보면 과도한 행위로 밖에는 안 보이는 것이다. 또한 이성과 공간이 엄격하게 구분되었다는 것은 반대로 동성과의 공간이 더 친밀한 공간이 될 수 있으며, 그곳에서 개인의 신체적인 인식을 완화한 것일지도 모른다. 지금도 한국의 길거리에서는 젊은 여성들끼리 팔짱을 끼고 걸어가는 광경을 자주 볼 수 있다.

한증을 조사한 나카기리 카쿠다로의 「욕탕」(1929년)에도 한증의 가마에서 나오는 사람들은 '휴게소에서 나체인 채(어떤 때에는 마 조각을 허리에 두른 사람도 있으나) 모로 누워 편안히 쉬고 있다'고 기록되어 있다. 이처럼, 한증시설에서도 수건으로 앞을 가리지 않았다고 한다. 이런 한증에서의 목욕행위가 공중목욕탕에서 온수욕을 하는 경우에도 적용되었다고 볼 수 있다.

한스 피터 듀이 옛 일본의 혼욕 풍습에 관하여 서술한 '바라보기'는 그러나 '마음에 두지 않는다'는 말은 현재의 일본보다 오히려 한국에 살아 있다고 생각된다. 이런 한 차원 높은 방법으로 사물을 바라보면 '한국인은 타월로 앞을 가리지 않는다'는 말도, 본 것을 마음에 두고 공공연하게 언급하는 것은 아마도 모스가 말하는 의미의 '야만'적인 행동일 것이다. 그렇게 생각하면, 처음 간 동래온천의 허심청의 욕실 내에서 타월을 손에 들고 망설이면서 우물쭈물한 나는 닛코 온천에서 우연히 여성의 나체를 보게 된 모스와 같은 '야만인'이 된 것이 틀림없다.

3. 바다를 건너간 일본의 '탕집'

부산의 '일본인 거류지'

전신 온수욕(온천식 입욕)이라는 근대 일본에 정착된 입욕 풍습이 종래에 이런 형태의 목욕을 일상생활에서 거의 하지 않았던 조선사회에 어떻게 침투되었을까? 최초의 교류의 장이 된 것은 부산에 설치된 일본인 거류지였다.

거류지(조계租界)란 개항한 항구 등에 외국인이 거주할 수 있고, 경제활동을 할 수 있도록 인정해 준 일정 지역을 말한다. 같은 시기에 일본의 요코하마横浜나 고베神戶와 같은 개항 항에도 거류지가 마련되었고, 그 외부의 자유 통행구역도 정해져 있었다(나중에 조약개정으로 1899년에 철회되었다). 여기서는 먼저, 일본이 조선에 진출하여 부산에 일본인 거류지를 만든 과정부터 간단하게 살펴보자.

일본의 도쿠가와 막부德川幕府처럼 쇄국 정책을 편 조선정부는 1876년 2월 일본과 '조일(일조)수호조규'를 체결한다. 전년도 9월에 일본은 조선왕조의 수도 한성漢城의 관문인 강화도에 일본의 군함을 접안하도록 했다. 한성은 강화도 부근으로 흘러나오는 한강을 거슬러 올라간 내륙에 위치해 있다. 1870년 전후에 연이어 프랑스와 미국의 함대와 교전한 적이 있는 강화도의 요새는 일본 군함의 이런 도발적인 군사 행위에 대하여 즉각 포격을 했고 일본도 응전했다. 이 강화도 사건을 구실로 일본정부는 구로다

키요타카黒田清隆를 전권대사로 하여 함선단을 병사와 함께 다시 강화로 보내 무력을 등에 업고 개국을 강요했다.

미국 페리 제독의 함포 외교에 의해 개국을 강요당했던 일본이 이번에는 같은 방법으로 조선에게 개국을 요구했던 것이다. 체결한 조약은 12조로 되어 있는데, 부산항 외에도 2개의 항을 개항할 것(후에 원산과 인천이 개항), 자유무역을 할 것, 개항지에 거류지를 만들 것, 일본의 감독 관청을 둘 것, 영사재판권을 인정할 것(치외법권) 등의 내용이었다. 관세도 없이, 또 일본 통화의 사용을 인정할 것 등, 당시 일본이 구미에 강요당했던 '불평등조약'을 더욱 엄격하게 다듬어 조선에 강요하였다. 이는 일본에 일방적으로 유리한 내용이었다.[24]

이 조약을 기본으로 조선 반도에서 최초의 일본인 거류지는 부산의 구왜관舊倭館(에도시대에 조일 무역을 관장하던 기관으로 쓰시마의 영주가 주재함)을 기초로 하여 만들어졌다. 현재 부산을 관광하는 사람이라면 한 번은 가보는 시가지 중심에 있는 용두산 공원의 주변 일대였다(현 부산광역시 중구).

일본 영사관(개항 직후에 '관리청')의 부설 재판소, 경찰서 등 재외정부의 설치가 행해진 것 외에도 무역, 은행, 해운업, 토목건설업, 중개 및 소매업, 여관, 음식점 등이 계속해서 영업을 시작하여, 동본원사東本願寺도 구왜관의 시설을 무상으로 빌려서 개설되었다. 길에는 '혼초本町(현 동광동)', '벤텐초弁天町(현 광복동)', '니시초西町(현 신창동)'처럼 일본식 지명이 붙여졌고, 그 후 부산의 중심지가 되었다. 개항 전에는 겨우 82명에 지나지 않았던 일본인 거주자가 수도 개항 직후인 1878년경에는 약 1508명으로 급증했다. 일본 영사관의 감독 하에 새로운 거류지회('총대역소總代役所'를 거쳐, '거주민단역소居住民團役所'가 된다)가 조직되어, 위임행정사무를 취급

---

24 다카사키 소오지(高崎宗司), 『식민지 조선의 일본인』

하거나, 거류지 내의 여러 가지 규칙을 제정하는 등, 자치적인 기능까지 갖고 있었다.

그 후 1882년에 체결한 한영조약에 준거하여, 거류지 밖 1리 이내에서 토지의 매매와 가옥의 건축이 인정되었다. 거류지가 증가함에 따라 일본인들은 주변의 토지를 더 매수하여, 1901년에는 일본 거류지의 면적이 관유지, 공원, 도로용지, 민유지를 합하여, 538만 평이나 되었다.[25]

이 같은 규모는 구왜관의 대지면적 11만 평의 약 50배에 달한다. 1894년에서 1897년에 걸쳐 조선을 여행한 영국인 이사벨라 버드 비숍(1831~1904년)은 나가사키長崎에서 부산에 입항했을 때의 첫인상을 다음과 같이 기록했다.

> 배가 도착하자 가장 먼저 눈에 들어 온 것은 조선이 아니라 일본이었다. 부산의 외국인 거류지는 정상에는 사원이 있는 급경사지에 위치해 있는데('정상에는 사원'이라는 말의 의미는 용두산 정상에 쓰시마 영주가 당시에 섬기던 금도비나신사金刀比羅神社(곤삐라상)가 지어져 있었음), 임진왜란 당시인 1592년에 심어진 삼나무 숲으로 둘러싸여 있다. 일본인의 마을은 끝없는 산과 바다로 둘러싸인 멋진 마을이었고, 넓은 길에는 일본식 상점이나 다양한 동서양이 절충된 건물들이 나란히 서 있었다. 그 중에 가장 큰 건물은 영사관과 은행이다. 이 일본인 마을에는 엄중한 장벽과 방파제가 있으며, 하수, 조명, 도로설비의 각 공사비용은 마을에서 부담하였다(『조선기행』, 도키오카 케이코時雨啓子 역, 『한국과 그 이웃 나라들』, 이인화 역).

일본 거류지의 확장 건설은 일본이 조선 전역을 식민지화한 1910년 이전부터 급속히 진행되었다. 당시 이미 부산은 식민지화 된 도시처럼 변모해 버렸다. 거류지 부근의 지형은 해안선까지 산으로 둘러싸여 있었기 때문에 대규모의 항만시설과 시가지 건설에 필요한 토지가 충분하지 않았다.

25 『부산부사원고(釜山府史原稿)』, 1937년

그림1-9 일본인 거류지
구왜관을 계기로 거류지가 만들어졌다. 선착장(부산항의 전진) 뒤에 있는 산이 용두산이다. 산허리에 보이는 건물이 일본 영사관이다. 매립하기 전에는 산 바로 앞까지 바다였다(『사진으로 보는 근대 한국』(1986년)에서 발췌).

이 때문에 거류지의 북쪽 해안을 매립하기 위한 공사의 인가를 받기 위해 동분서주하던 사토 준죠佐藤潤象, 다카시마 요시야스高島義恭 등은 정상政商이던 오쿠라 기하치로大倉喜八郎에게 자금을 제공받아 1902년에 부산매립주식회사를 설립했다(사장은 오쿠라 기하치로). 그리고 공사는 이 회사가 위탁을 받아 시모노세키下關에 있는 후지카츠藤勝라는 건설회사에 하청을 주었다. 그리하여 부산의 대안對岸에 있는 절영도絶影島의 토사와 돌, 그리고 거류지에 접한 복병산伏兵山의 토석을 배와 운반차로 운반하여 해안 부근의 매립 공사를 진행했다.[26]

1기 공사는 러일전쟁 중이던 1905년에, 2기 공사는 1909년에 완료하였으며 합계 4만 천여 평의 용지를 만들었다. 이렇게 만들어진 토지에 부산매

26 부산시사편찬위원회(釜山市史編纂委員會), 『부산약사(釜山略史)』, 1968년 참고

립주식회사 간부의 이름을 따서 '오쿠라초大倉町', '사토오초佐藤町', '다카시마초高島町' 등으로 지명을 붙였다. 그리고 이 토지에 세관과 우체국, 선박회사의 영업소 등을 신축했다. 또한 시모노세키에서 출발한 연락선이 접안할 수 있는 부두의 건설에 맞추어 경부선이 매립지까지 연장되어 새로운 시발역인 부산역을 만들었다.

일본이 조선을 식민지화 한 1910년 전후의 부산은 잘 정비된 근대적인 항도의 모습을 갖추었다. 이때부터 부산은 한일 교류의 관문으로서, 그리고 일본의 한반도 지배와 대륙 진출의 거점적인 도시의 하나로 기능하기 시작했다. 1910년에 부산에는 23,000여명의 일본인이 거주하고 있었다.

거류지에 상륙한 '탕집'

일본인들이 한반도에 건너오면서 거류지에는 탕집(공중목욕탕)이 생겨나기 시작했다. 1881년 부산에 있는 일본 영사관의 영사 곤도 신스케近藤眞鋤는 거류지 내에 있는 탕집에 대하여 다음과 같이 고시하였다.

> 여기에서 탕집을 하려는 자는 바깥 벽 등을 소홀히 하여, 입욕하는 사람의 나체를 왕래하는 사람들이 볼 수 있으니 밖에서 보이지 않도록 해야 한다. 지금부터 해당 영업자는 15일 이내에 외벽을 만들어 다른 사람에게 보이지 않도록 할 것은 물론 탕(욕조)은 남녀의 구역을 만들어 난잡해지지 않도록 해야 한다. 이런 취지의 상달을 마친다(『부산부사원고釜山府史原稿』).

이러한 고시는 일본 본국에서도 이미 시행되고 있었던 '위식괘위조례違式詿違條例'를 거의 그대로 답습한 것이었다. 공중목욕탕과 관련된 위식괘위조례는 서구인들이 눈살을 찌푸리는 혼욕을 금지하며, 도로에서 입욕객의 나체에 가까운 모습이 보이지 않도록 출입구의 문을 닫거나, 휴게실이 있는 2층에는 사람의 눈을 피할 수 있는 대발을 설치하는 등의 개선을 요구한 것이었다. 또 도쿄에서는 1878년에 '탕집감시규제'가 제정되어 혼욕을 금지하고 석류구의 개선(철폐)을 명하였다.[27] 이 법령에 따라 온천식의 '개량욕탕'(1부 1장)으로의 전환이 한층 촉진되었다.

부산의 일본인 거류지는 일본의 요코하마나 고베와 같은 개항 항구로, 서구인들의 왕래도 잦았다. 또 피부를 노출하는 것이 무례하다고 생각하는 조선인들 중에는, 왕래를 하면서 그런 모습을 한 일본인들의 모습을 보고, 서구인들이 느낀 것 이상으로 '야만'으로 생각하는 사람들도 있었다. 앞서 언급한 탕집으로 공시문을 내려보내기 전인 1880년, 부산의 관리청(영사관)은 일본인 거주민이 '해관소(세관)'의 주변에서 거의 나체인 모습으로 낮잠을 자거나 배회하는 것을 보고, 대한제국 정부가 고용한 해관장인 서구인이 난처해하므로, 그런 사람을 단속할 것이라고 통고했다. 이 통고문 속에는 풍속을 어지럽히는 자는 '우리나라의 권위를 떨어드리는 행위로 간주하여, 그것이 일반적인 풍습이라 하더라도, 다른 나라의 비웃음을 사지 말아야 할 일'로 규정했다. 이렇게 일본인들의 나체 풍습이 부산의 한국인들에게 경멸을 받고 '조소'를 당하는 일이 없도록 주의를 환기시켰다.[28]

조선에 앞서 '문화적 개화'를 하였다는 일본이 '야만'스럽게 보여서는 면목이 안 선다는 것이었다. 일본의 풍습은 나체를 '야만'으로 간주하는 조선의 유교적인 관점과 서구의 기독교적인 관점 사이에 끼여 부산처럼 일본 본국의 개항항도 '교정'을 받게 된 것이다.

---

27 『공중목욕탕사(公衆浴場史)』
28 『부산부사원고』, 1937년

조선인이 본 일본의 입욕 풍습

시대는 1429년으로 올라가, 아시카가 요시노리足利義教가 6대 장군이 된 것을 축하하기 위해 조선의 박서생朴瑞生이 사절로 교토를 방문했다. 그는 일본에 공중목욕탕이 많은 것을 보고 귀국한 다음, 다음과 같이 보고했다고 한다. 일본에는 성인이든 어린이든 입욕을 하여 청결을 유지하며, 상류층의 집에는 욕실이 갖추어져 있다. 또 각 촌村과 리里마다 공중목욕탕이 있어 물이 끓었다는 호각이 울리면 사람들이 경쟁을 하듯 돈을 지불하고 입욕을 한다. 조선에서도 제생원濟生院(빈곤층의 치료나 미아를 보호하는 기관, 나중에 혜민서惠民署에 병합되었다), 혜민국惠民局, 왜관, 한증, 광통교(서울 청계천의 다리로 많은 사람들이 모이던 장소였다), 민간의원 등 '사람들이 많이 모이는 곳에 욕실을 설치하여 입욕료를 받아 수입을 올리는 것'은 어떻겠는가 하고 제안을 했다.[29]

이 보고는 일본의 목욕 풍습을 긍정적으로 본 것이지만, 그 후 조선왕조가 유교적인 이데올로기가 확립되고 강화되어 가는 과정에서 이것과는 정반대의 평가도 나타난다.

1719년 도쿠가와 요시무네德川吉宗가 장군의 직위에 오른 것을 축하하기 위하여, 475명으로 편성된 조선통신사 일행이 일본을 방문하였다. 이때 제술관製述官으로서 수행한 신유한申維翰은 9개월이나 걸친 여정 기록과 견문록을 『해유록海游錄』으로 정리해 두었다. 이 기록에는 일본의 풍습에 관하여 '음탕하기로 말하면 짐승들과 같아서, 집집마다 욕실을 만들어 두고 남녀가 함께 알몸으로 입욕을 하고, 백주의 대낮에 서로 정을 통하더라(강재언姜在彦 역)'고 서술되어 있다. 신유한申游翰이 각지에서 일본의 문인들과 행한 필담이나 한시를 읊었을 때, 그가 도를 닦는 학자가 아니었다는 사실은 쉽게 알 수 있다. 그러나 '남녀칠세부동석'이라는 유교적인 관념으로 무장

29 『조선왕조실록』, 세종11년

된 조선의 지식인에게 비춰진 일본의 혼욕과 나체 풍습은 성을 연상시키기에 충분했고, '음탕'하다고 여겨졌을 것이다.

그러나 19세기 후반 개화기가 되면서 이념적인 견해에 사로잡히지 않고 사물을 직시하는 지식인들이 나타나기 시작했다. 그들은 개항기 이전부터 이미 중국을 경유하여 서구의 문물을 접하고 조선의 근대화를 꿈꾸는 사람들이었다.

1882년 임오군란壬午軍亂으로 악화된 조일관계를 회복하기 위해, 수신사修信使로 일본에 파견된 박영효朴泳孝도 그 중의 한 사람이었다. 박영효는 2년 후인 1884년에 김옥균金玉均 등과 조선의 혁신을 위해 갑신정변甲申政變을 일으켜, 실패한 후 일시적으로 일본에 망명한 개화파의 핵심인물이었다.

박영효가 쓴 일본 방문기인 '사화기략使和記略'에는 요코스카橫須賀에서 해군 공창을 견학한 후, 아타미熱海 온천을 방문했을 때의 경험담이 기록되어 있다. 1882년 10월 27일, 박영효朴泳孝 일행은 카마쿠라에서 오다와라小田原를 지나 아타미로 향했다. 도중에 사가미相模 만灣 너머로 후지산富士山이 홀연히 모습을 드러냈다. '백련이 막 피어난 형상처럼' 눈이 덮혀있는 산세의 위용에 잠시 넋을 잃었다. 일행이 아타미의 후지야富士屋라는 여관에 투숙한 것은 완전히 날이 어두워서였다. 이들은 온천지에서 편안히 이틀간 휴가를 보냈다.

> 해변에는 층루層樓(2층이나 3층 건물의 온천 여관 등)가 400여 채가 있는데, 모두가 온천을 업으로 삼고 있었다. 대단히 번성하는 듯했다. 우리는 매일 조석으로 욕실에 들어갔다. 물은 맑고 깨끗하였고 조금 짠 맛이 났고 뜨거웠다. 피부병에 대단히 좋다고 한다(『사화기략使和記略』).

박영효는 계속하여 '일본에는 화산이 있고, 아타미 온천과 같은 '락토樂土'가 주어진 반면, 그것 때문에 지진도 많다. 과연 하늘은 2개의 선물을 주지 않는다는 말처럼 애석한 일이다!'고 감상을 기록해 두었다. 박영효는 아타미 온천이 상당히 마음에 들었던 모양이다. 체류했던 이틀 동안 조석으로 2번씩 온천을 즐겼다고 한다.

박영효의 기록에서 공중목욕탕에 대한 내용은 찾아볼 수 없으나 온천지가 번성하는 모습이나 온천의 효능 등에 대해서는 잘 기록되어 있다. 더욱이 '락토'라는 표현에서도 알 수 있듯이 일본의 입욕 풍습을 '야만시'하는 느낌은 없어 보인다. 게다가 박영효는 조선에 귀국한 후에도 자택에 일본식 욕탕을 만들어 두고 일본식 생활을 즐겼다고 한다.[30]

또 박영효가 일본을 방문하기 한 해 전에, 조선의 국왕인 고종은 일본의 근대화를 시찰하기 위해 '조사시찰단朝士視察團' 12명을 일본에 파견했다. 지금까지 역사서의 서술에서는 이들을 '신사유람단紳士遊覽團'이라고 불렀지만 최근 한국의 역사학계에서는 '시찰'이라는 정부의 임무를 띤 '조사朝士, (공무원)'로 구성된 파견단의 성격을 정확히 나타내기 위해, 조사시찰단이라고 명칭을 바꿔 부르고 있다. 이들은 몇 개의 그룹으로 나누어 일본의 행정, 사법기관, 군 등을 각각 방문하고 조직과 운영의 실제를 구체적으로 연구했다.[31]

이들 조사는 국가제도에 관한 조사 보고서 외에도 각자가 직접 체험한 일본의 사정 등을 『문견사건聞見事件』이라는 보고서에 기록해 두었다. 그것들 중에서 일본의 생활풍습에 관하여 언급된 것이 있다. 조사의 한 사람이었던 민종묵閔種默의 『문견사건』에는 일본인이 욕탕을 즐기는 것에 대하여 서술한 대목이 나온다.

---

30 야마무로 신이치(山室信一), 『사상 과제로서의 아시아 기축(基軸) · 연쇄(連鎖) · 투기(投企)』, 2001년

31 허동현(許東賢), 『근대한일관계사연구, 조사시찰단(朝士視察團)의 일본관과 국가구조』, 2000년

성性, 청결함을 좋아하며 매일 반드시 목욕을 한다. 남녀 십수명이 욕실에서 함께 목욕을 하는 것을 꺼리지 않는다. 아마도 타국인의 비웃음을 자아낼 것이 분명하다. 엄히 금하라는 명이 내려졌지만 어찌하랴. 풍습은 이미 오래된 일이며 그런 풍습을 쉽게 고치지 못할 터이니(민종묵閔種默, 『문견사건聞見事件』).

현대어로 고치면 다음과 같이 될 것이다. '일본인은 청결한 것을 좋아하기 때문에 매일 반드시 입욕을 한다. 공중목욕탕에는 남녀 십수명이 혼욕을 하면서도 꺼리는 기색이 없다. 또 마을이나 항구의 길가에 목욕통을 두고 남녀가 교대로 입욕하는 광경을 볼 수 있다. 일본 정부는 외국인에게 이런 풍속이 기묘한 것으로 비웃음거리가 되지 않도록 금지(위식괘위조례違式詿違條例)하도록 하였으나, 입욕 풍습은 깊은 전통이 있어서 쉽사리 개선되지 않고 있다'.

이 같은 민종묵의 기록에서는 이전에 박영효가 기록해 둔 것처럼, 먼저 눈에 들어온 사실을 있는 그대로 관찰하려는 자세를 읽을 수 있다. 그것은 일본의 입욕 풍습에 대하여 '음탕하기가 짐승과 같다'고 표현한 것처럼, 유교적인 가치관에 의해 '야만시'했던 조선통신사의 제술관製述官인 신유한의 기술 자세와는 확연히 다르다. 조선 사회에는 볼 수 없는 일본의 풍습이라 하여, 고의적으로 멸시하는 듯한 느낌은 찾아볼 수 없는 것이다. 조사朝士들은 일본의 근대화가 서구의 가치관을 추종하는 경향이 강하다는 점에서는 비판적이었지만, '조선의 근대화'를 열어가기 위해서는 배울 것은 배워야겠다는 냉정하고 절도 있는 자세를 취하고 있었던 것이다. 이런 자세는 일본을 '왜'라는 멸시적인 명칭으로 표기하지 않고 '일본'이라고 표기한 사실에서도 잘 드러난다.[32]

32 허동현(許東賢), 앞의 책

욕실 시설의 변화도 서구의 영향을 받다

조선은 개항하면서 서구의 여러 나라 사람들과 문물교류를 시작하였다. 1882년에는 '한미 수호통상조약'을 체결하여, 미국에 최초로 사절단을 파견하였다. 이 사절단 속에는 1881년에 조사시찰단朝士視察團의 일원으로 일본을 방문하여 경응의숙慶応義塾(현 게이오 대학)에서 신학문을 배운 경험이 있는 유길준兪吉濬도 포함되어 있었다.

그는 미국에 그대로 머물러 공부한 뒤 체험담을 기록한 『서유견문록西遊見聞錄』(1885년, 일본에서 간행)을 집필하였다. 유길준은 그 속에서 미국인의 주택에 있는 욕실이나 수세식 변소 등의 설비를 소개한다.[33] 유길준은 또한 문명개화, 자주독립, 교육계몽 등을 내세운 개화파의 기관지인 '독립신문(1896년 창간)'에 공중목욕탕 등의 위생시설을 개량하자는 주장을 제기하였다.[34] 이처럼 생활공간에 관심을 두었던 개화파의 지식인들의 시선에 맞추어 주거환경이나 생활환경을 개량하려는 움직임이 상류층에 확산되어 갔다.

원래 조선의 가옥에는 목욕탕이 없었다. 상류층 가옥의 전형이자 가장 완벽하다는 비원(창덕궁의 정원)의 연경당演慶堂에도 욕실은 없었다. 개화기가 되어 일부 신식 가정에서는 집안 한 구석에 별도로 만들어 둔 사당(조상의 위폐를 안치한 독립적인 건물)을 욕실로 개조하는 풍조가 생겨났다(임종국, 『서울에 한강은 흐른다』, 일본어판은 박해석. 강덕상 역, 1987년).

그러나 개화기의 주택 개량운동은 사회 전반에 큰 영향을 미치지 못하고 끝나버렸다. 이러한 배경에는 개화파 지식인들의 운동이 이념을 우선시한 나머지 구체적인 개혁안을 제시하지 못했다는 점과 일본의 내정간섭과

---

33 『유길준 전서(兪吉濬全書) 1』

34 김순일(金純一), 「개화기의 주(住)의식에 관한 연구」, 1982년

경제지배 때문에 민족 자본이 축적되지 않았고, 기술이 발전하지 않았다는 점을 들 수 있다. 실제로 주택 개량이 진행된 시기는 3 · 1독립운동 후, 민족 자본의 성장을 배경으로 한 이른바 실력양성운동이 일어난 1920년대부터였다. 이 시기에는 재래식 주택에 서구식, 일본식을 가미하였고 일부에서는 욕실과 변소를 주택내부에 들이는 형태도 찾아볼 수 있었다.[35]

일본식 공중목욕탕의 증가

1881년, 부산의 일본인 거류지의 탕집 영업자들에게 시설개선을 권고하는 통고가 하달되었다. 그 후 1882년 2월, 일본인 거류지를 대상으로 하여 일본 본국의 '위식괘위조례違式詿違條例'에 준하는 '위경죄목違警罪目'이 제정되었다. 그리고 동년 11월에는 '탕집 단속가규칙仮規則'이 총영사인 마에다 켄키치前田獻吉의 이름으로 고시되었다. 이 '가규칙'도 본국의 '탕집 단속규칙'에 준거한 내용이었다. 그 조문의 일부를 소개하겠다.

> 제1조 탕집 영업을 하고자 하는 자는 필히 영사관이나 경찰서에 신고서를 제출할 것.
> 제2조 욕조는 남녀의 구별을 두고 혼교混交하지 말며, 푯말을 붙여둘 것.
> 제3조 옷을 벗는 곳도 남녀를 구분해 둘 것.
> 제4조 왕래할 때 사람들이 알몸을 볼 수 없도록 문이나 창을 가릴 것.
> 제5조 입욕자는 욕조 안에서는 물론이고 탕집에서 노래를 하거나 큰소리를 내거나 언쟁을 일으킬 만한 거동을 하지 말 것.
> (중략)
> 제8조 탕집 영업자는 신고 후 매월 2회, 불을 때는 가마, 굴뚝, 그 밖의 시설과 물 등을 점검하고 청소해야 하며, 경찰관의 점검을 받을 것(이하, 생략).

---

35 최병선, 「생활문화측면의 한국주택내생리위생공간의 변천과 전망」, 1987년

(『부산부사원고釜山府史原稿』)

1882년에 부산의 거류지에 거주하는 일본인의 수는 306호, 1,519명이었다. 그러나 위의 제8조의 '탕집 영업자는 신고 후'의 문구를 보면, 개항 후 약 6년 동안 이미 거류지에는 복수의 탕집이 영업을 하고 있었다는 사실을 알 수 있다. 개항 직후에는 구왜관舊倭館에 있는 2개의 우물물을 끌어다 사용했으나 이주민이 늘어나고 선박용 음용수의 수요가 크게 증가하여 1880년에 이주지의 서쪽으로 흐르는 옥수강玉水江 상류에 대나무통을 이용한 수도시설을 만들어 부족한 상수를 조달했다. 그 후, 본격적으로 수원지를 확보하여 거류지까지 물을 공급하는 수도공사가 수차례에 걸쳐 진행되었다.[36]

거류지에 탕집이 증가한 이유는 거주민의 증가는 물론 수도 등, 기반시설의 정비가 진전되었던 것도 관계가 있다. 1895년 자료에는 탕집의 영업자는 5호라고 기록되어 있다.[37]

또 이때 매일 땀을 흘리며 일하는 조선인 노동자들 중에서도, 부산을 비롯하여 나중에 개항된 인천(1883년 개항) 등의 일본인 거류지가 있는 도시에서 일본인이 경영하는 공중목욕탕에 출입하는 사람들이 생기기 시작했다. 노동자들은 유교적인 규제에 얽매이지 않았으므로 알몸으로 목욕하는 것을 극단적으로 꺼리지는 않았다. 또 일본식 입욕 풍습을 신기하게 여기며, 흥미를 갖고 순수하게 받아들였다.

이같이 목욕을 둘러싼 조선인들의 새로운 움직임을 증명하는 사료가 있다. 동학의 3대 교주인 손병희는 3·1독립운동(1919년)에 독립선언문의 필두 서명자로 알려진 인물이다. 그러나 그것보다는 1905년 12월에 교단 일부가 일본에 협력하려는 움직임에 반대하고 동학을 전통으로 계승한

36 『한일통교사(韓日通交史)』, 1916년

37 고병운(高秉雲), 『근대조선조계사(近代租界史)의 연구』, 1987년

천도교를 선포한 것으로 유명하다(동학은 조선시대 말기에 나타난 종교로 갑오농민전쟁을 주도한다).

그러기 한 달 전인 11월에는 제 2차 을사조약이 체결되면서 대한제국(1897년에 개칭된 조선의 새로운 국호)의 외교권은 일본에 의해 침탈되었다. 다음해 1906년 6월 손병희는 민족운동의 일환으로 일간지 『만세보』를 창간한다. 이 신문에 '목욕'이라는 제목의 논설기사가 나온다(1906년 12월 11일).

이 기사는 먼저 신체를 청결히 하는 것이 건강에 좋은 것이라고 설명하고, 세계의 문명국을 보면 생활에 여유가 있는 집에서는 목욕실이 설치되어 있다. 또 상업적인 목욕탕집(공중목욕탕)이 있어서 빈부의 차별 없이 신체를 깨끗하게 할 수 있다고 소개한다. 그리고 계속해서 우리나라에 거주하는 외국인(일본인)이 곳곳에 욕장을 설치하고, 한복을 입은 사람이 가면 입욕을 거절한다는 문제를 지적했다.

> 이 일본인이 입욕을 할 때에는, 옷을 벗어 알몸으로 하고, 온수관(욕조)에 들어갈 때에는 물통에서 온수를 떠서 먼저 더러움을 씻어낸 후에 입욕한다. 그 후 3, 5분 또는 10여분 동안 물에 몸을 불린 다음, 욕조 밖으로 나와 때를 씻어냄으로서 욕조 안의 물을 심하게 더럽히지 않는다. (그러나) 우리 한인들 중에 입욕법을 모르는 사람들이 욕조 안에서 몸을 씻어, 그 한 사람 때문에 욕조의 물이 더럽혀져 물이 회색으로 변할 정도다. 많은 손님들이 이를 싫어하기 때문에 (일본인)욕탕 주인이 우리 한인의 입욕을 거절하게 된 것이다(『만세보』,1906년 12월 11일).

계속해서 기사는 수십만 명의 인구가 거주하는 국도(서울)에 우리 한인의 목욕탕이 겨우 2, 3개 밖에 없다. 독탕은 요금이 비싸기 때문에 일부 상류층 사람들만 이용할 수 있다는 점이 문제다. 이렇게 당시의 상황을 지적하면서 많은 사람들이 목욕하는 습관을 갖고, 청결에 주의를 기울일 것을 호소하며 기사를 마친다(독탕은 타인에게 '알몸'을 보이기 싫어하는 '양반계급'을 위한 것으로 중국에도 이와 같은 목욕시설이 있었다).

이 논설의 기본적인 성향은 근대적인 위생개념에 근거하여, 조선인들에게 목욕(전신욕)을 장려하는 점에서 '독립신문'이 주거환경의 개량을 제창한 것과 같이 '조선의 근대화'를 지향하는 계몽주의를 설파한 것으로 볼 수 있다. 특히 주목할 부분은, 이 기사 내용을 보면, 그 시대에 이미 일본인이 경영하는 공중목욕탕을 이용하는 조선인들이 있었다는 사실이다.

또 위의 인용한 기사 내용에는 나오지 않지만 기사에 '목욕탕집'이라는 말이 쓰이고 있다는 점도 주목할 만하다. 이것은 예전부터 있었던 조선어인 '목욕'과 당시 조선 사람들이 보고들은 일본어의 '탕집'을 합친 신조어라고 할 수 있다. 조선에서도 상점의 이름에, 예를 들어 일본에서의 '미카야三河屋' 라는 이름처럼 '서울옥(서울집)'이라는 '옥屋'을 사용하였으므로, 이 합성어는 조선어로서도 거부감이 없었을 것이다. 그리고 이 '목욕탕집'이 '목욕탕'으로 단축되어 공중목욕탕을 의미하는 '목욕탕'이라는 말이 현재까지도 쓰이는 것으로 추정할 수 있다. 이 기사에는 '목욕탕집'과 '목욕탕'을 동시에 표기하고 있으므로, 이 자료만으로는 두 개의 용어가 성립된 경위를 정확하게 파악할 수는 없다. 그러나 일본의 탕집이 조선에 생기기 전에 욕장시설이 없었던 이상, 즉 그것을 가리키는 말도 없었을 것이다. 따라서 '목욕탕'(공중목욕탕)이라는 조선어의 성립에 '탕집'이라는 일본어가 관계되어 있지 않을까 하는 상상을 해 볼 수 있다.

'만세보'의 기사에 '한인의 목욕탕'도 서울에 '2, 3개'가 있다고 나와 있는 것처럼, 1904년에는 조선인이 경영하는 온수욕 시설이 완비된 '혜천탕惠泉湯'이 서울의 서린동瑞麟洞에서 영업을 하고 있었다.[38] 서린동은 한국인을 중심으로 하던 상업지역인 '종로鐘路'에 인접한 번화가의 일대에 있다. 따라

---

38 박종국(朴鍾國), 『서울에 한강은 흐른다』

서 이용객들은 거의 조선인들이었을 터이다. 혜천탕은 '목욕, 이발, 다방, 식사를 제공하는 요정料亭을 겸한 업소였다. 이 때문에 손님의 목적도 사교를 중심으로 목욕을 하면서 친구를 기다리거나, 이발을 하거나, 차를 마시거나, 친구를 기다리는 곳이었다. 친구들이 모이면 기생을 불러 유흥을 즐겼던 것이다(앞의 책)'. 이 같은 기록으로 보면, 목욕을 전용으로 하는 공중목욕탕보다는 사교의 장으로서의 기능도 갖고 있었던 에도시대의 탕집에 가까운 시설이었다고 할 수 있을 것이다.

러일전쟁(1904~1905년)을 계기로 일본은 조선에 대한 지배를 강화했다. 러일 강화조약을 체결한 후인 1905년 11월에 한국을 '보호국화' 하였던 것이다. 다음해인 1906년 2월에는 한국 통감부(조선 총독부의 전신)를 서울에 두고 대한제국의 내정에 깊이 관여하기 시작했다. 이를 배경으로 '일본 정부는 대한제국의 지배를 더 확실히 하기 위해 지금보다 더 많은 사람들이 이민할 것을 권장하였다.[39]

조선에 거주하는 일본인의 인구는 러일전쟁 기간을 사이에 두고, 1904년에는 31,093명이었으나 1906년에는 83,315명으로 증가했다. 이 같은 조선으로 이주하는 붐에 편승하여 일본에서는 이주자의 성공담이나 '새로운 것을 개척' 하자는 이주 안내서가 다수 간행되었다.

사무라 하치로佐村八郎의 '도한渡韓의 추천(1909년)'도 이런 안내서의 일종으로, 한국에서 성공할 수 있는 업종을 하나하나 예로 들면서, 현지의 사정 등과 함께 설명하고 있다. 그 중에는 '탕집'이라는 항목이 있다.

> 도쿄에서 욕탕의 요금은 대인이 3전이나 2전 5리, 소아가 1전 5리가 보통이며, 평균 300명의 손님이 들어오면 매월 순익이 100엔 씩은 된다. 그러나 경성(서울)이나 그 외의 도시에 탕집을 만들어 대부분의 한인들을 탕집에 들어갈 수 있도록 하면 큰 돈을 벌 것이다. 지금까지는 주로 일본인을 상대하는 탕집이 많았다.

39 다카사키 소우지(高崎宗司), 『식민지 조선의 일본인』

경성에서는 대인이 4전, 소아는 1전으로 한인이 들어가는 욕조는 일본인의 욕조와 다르게 한다.

원래 한인은 입욕하는 일이 없다. 피곤할 때에는 돌 위에 젖은 거적을 깔고, 그 밑을 뜨겁게 하여 그 위에 누워 신체를 데운다. 손끝이나 발목의 더러운 부분은 매일 씻기도 하지만 전신욕은 참고 견디지 못한다. 그런데 근래에는 일본인을 흉내 내어 탕에 들어가는 사람이 늘고 있다. 들어가 보니 기분이 좋아서인지 자주 오게 되는 것 같다. 만약 그것이 전국으로 퍼져 한인 중에서 일정한 인원만이라도 매일 밤 전신욕을 하게 된다면, 경성만 하더라도 30곳에서 50곳의 탕집이 필요할 것이다.

'피곤할 때에는 돌 위에 젖은 거적을 깔고 그 밑을 뜨겁게 하여 그 위에 누워 신체를 데운다'고 한 것은 아마도 한증을 말하는 것 같다. 그러나 '그 돌 밑을 뜨겁게 하고'라는 것은 한증에 대한 정확한 설명이 아니다(1부 1장). '한인이 들어가는 욕조는 일본인의 욕조와 다르게 한다'는 부분도 주목할 만하다. 당시 일본인들이 경영하던 탕집 중에는 일본인용과 조선인용으로 욕조를 나눈 곳이 있다는 것까지 예상할 수 있다.

특히 이 자료에서 주목하고 싶은 것은 '근래에는 일본인을 흉내 내어 탕에 들어가는 사람들이 늘고 있다. 들어가 보니 기분이 좋아서인지 자주 오는 것 같다'는 내용의 다음 부분이다. 즉, 일본인이 경영하는 탕집을 이용하는 조선인 욕객이 급증하는 움직임이 있어서 '경성이나 그 밖의 도시에 탕집을 만들어 많은 한인들이 탕집에 들어갈 수 있게 하면 큰 돈을 벌 수 있을 것이다'는 예상까지 적어 두었다는 점이다.

거의 같은 시기에 서울에서 일본인이 경영하던 탕집의 수가 23개, 종업원의 수가 93명이라는 기록이 있다.[40] '도한(渡韓)의 추천'이 '경성만 해도 탕집이 30곳에서 50곳은 필요할 것이다'고 한 것도 과장된 숫자가 아니라고

40 가와자키 겐타로(川崎源太郎), 『경성과 내지인』, 1910년

할 수 있다.

또, 1915년에 평안남도청이 정리한 '풍속변천의 상황'이라는 보고서에는 '입욕자의 증가'라는 항목에 다음과 같이 쓰여 있다.

> 위생사상이 발달하고 일본인과 접촉할 기회가 많아져 최근 도회지에는 조선인 입욕자가 눈에 띄게 증가했다(『조선휘보朝鮮彙報』, 1917년 2월호).

이렇게 개항기 일본인들이 들여 온 거류지의 공중목욕탕은 법적인 규제를 통하여 일본인의 입욕문화를 '교정'해 가면서, 한반도의 각 도시로 퍼져나갔다. 이와 동시에 조선인들도 지금까지 해 온 부분욕이나 한증 등의 전통적인 목욕법과 더불어, 공중목욕탕에서의 전신 온수욕을 새로운 목욕법으로 서서히 받아들이게 되었다.

입욕의 장려

'일본인 또는 조선인의 풍속이 아동의 교육상에 미치는 영향'이라는 보고서가 있다(1915년, 앞 장에서 설명). 이것은 조선반도 북동쪽에 위치한 함경북도가 도내에 있는 소학교(일본인 아동이 다니는 학교로 6년제)와 보통학교(조선인 아동이 다니는 학교로, 이 시점에서는 4년제였으나 3·1독립운동 후 6년제가 됨)의 교장에게 의뢰하여 일본인과 조선인의 풍속이 학교 교육적인 면에서 서로에게 끼치는 영향을 정리한 것이다.

조선인의 풍속이 일본인 아동에게 '좋은 영향'을 끼치는 것은 '조상을 섬기는 습관', '노동의 습관' 등을 들고 있다. 또한 일본인의 풍속이 조선인 아동에 '좋은 영향'을 끼치는 것 중의 하나는 '위생에 관한 습관'이라는 항목을 들어 다음과 같이 쓰고 있다.

(보통학교의 조선인 아동은) 교실이나 그 밖의 청소에 대하여 청결을 서로 경쟁하는 바람을 일으키고 있는데, 여름에는 찬 물로 몸을 자주 씻고, 겨울에는 온욕을 한다. 또 남아 중에서는 일본인의 탕에 들어가는 아이까지 생겨나고 있다…(『조선휘보朝鮮彙報』, 1915년 8월호).

'일본인의 탕'이라는 것은 일본인이 경영하는 탕집을 말한다. 학교 교육을 통하여 근대적인 위생사상이 강화된 '청결', '입욕'과 같은 덕목은, 일본인 아동만이 아닌 조선인 아동에게도 가르쳤던 것이다.

또한 행정적인 측면에서 보면 조선인에 대하여 입욕을 장려하는 움직임도 있었다. '평양부(현 평양시)'는 1919년 3 · 1독립운동 후, 조선인을 대상으로 한 사회사업의 일환으로 인사상담부(취직상담), 아동상담소, 공중시장 등의 시설과 함께 공중욕장을 개설하였다. 1921년 당시, 평양부에 있는 공중목욕탕의 입욕 요금은 일본인이 경영하는 욕탕의 경우 8전, 조선인이 경영하는 욕탕은 9전이었다. 그 당시 소득이 적은 조선인 서민층이 공중목욕탕을 이용하기에는 큰 부담이 되는 금액이었다.

비교적 소박한 생활을 하는 하층민이 입욕을 하는 것은 극히 드문 일이었다. 이 때문에 평양부는 1921년에 일반인의 위생사상을 향상시킬 목적으로 요금은 사설욕장의 반값, 즉 대인은 4전, 소아는 2전으로 하는 공중욕장을 개장하게 되었다. 1일 입욕자는 약 900명에 달했으며, 그 중에서 여자가 반수를 차지하는 성황을 이루었다고 한다(『조선』, 1921년 6월호).

'평양부 계리'에 건축비 2만원에 개설한 이 공중 목욕탕에는 부설 이발소도 있었으며 건물의 규모는 1층의 벽돌 건물로 49평이었다. 욕장 부분은 30평으로 남탕과 여탕은 각각 15평으로 되어 있다. 조선 총독부의 『생활상태조사평양부』(1932년)에서도 이 공중 목욕탕에 관한 기록이 남아있는데,

그림1-10 평양부 공설 목욕탕
'평양부'가 1921년에 개설한 조선인용의 공중목욕탕으로 한복을 입은 사람들의 모습이 보인다. 목욕탕 오른쪽의 입구에는 '여탕'이라는 표시가 있다(『조선』, 1921년 6월호에 의함).

연간 입욕 인원수가 많은 해에는 9만 명을 넘었고, '일반에 공개된 이래 목욕탕이 입욕자로 넘칠 정도로 대성황을 이루었다'고 쓰여 있다.

앞 장에서 인용한 『한국 민족문화 대백과사전』의 「목욕탕」이라는 항에서, '우리나라에는 1924년에 평양에서 처음으로 공중목욕탕이 개설되었다. 당시에는 공중목욕탕을 부에서 직접 운영하고, 관리인을 따로 임명하였다'고 되어 있다. 이러한 기록은 '평양부 공중욕장'을 가리키는 것으로 생각되는데, 개설 년도가 다른 것(실제 1921년)은 물론, '우리나라에서는 1924년에 평양에 처음으로 공중목욕탕이 설립되었다'고 하는 부분도, 그것이 조선인을 대상으로 한 욕장만을 설명했다 하더라도 이제까지의 검증으로 보아 명확히 잘못된 기록이라고 할 수 있다.

또한 앞 장에서 인용한 '한국으로 이주한 일본인들은 목욕에 대해 불편을 느껴 공중목욕탕을 설치하려고 했으나, 한국인들의 격렬한 반발에 부딪혀 쉽게 착수할 수가 없었다.'는 부분도(58쪽), 일본식 공중목욕탕이 조선 사람들에게 널리 수용되었다는 각종의 자료에는 눈길을 돌리지 않은 채, 다소 감정적으로 접근했다는 생각이 든다.

유만겸兪萬兼의 「조선사회사업」에 의하면, 1933년 당시 '평안부 공중욕장'과 같은 행정부에서 운영하는 '공동욕장'은 온천지가 있는 공중욕장을 포함하여 '전라북도의 군산, 경상남도의 동래, 진해, 황해도의 백천, 평산, 마산, 송화, 안악, 신천, 달천, 삼천(모두 온천), 평안남도의 평양, 평안북도의 의주, 창성, 강원도의 강릉 등 15 군데가 있었다'[41]고 한다. 유만겸은 계속하여 '이것(공동욕장과 공동이발소)의 보급 발달로 인하여 조선인에게 위생관념이 생겨났고, 생활을 한층 더 개선하기 위해 투자해야 할 필요가 있다'고 서술하고 있다.

이처럼, 행정당국에 의한 공중욕장 설립에 대한 일련의 움직임은 노동위생환경을 정비하고, 조선인 근로자나 농민의 건강(노동력)을 유지하기 위한 사회 정책적인 관점에서 비롯한 것이었다.

공진共振하는 한일의 신체에 관한 가치관

조선사회에 일본식 전신 온수욕이 수용된 것은 학교나 행정에 의한 외부의 '교육'과 '지도'만이 아닌, 조선인 자신들을 위한 내재적인 동기가 없었다면 가능하지 않았을 것이다. 이에 관한 2개의 자료를 예로 들어 생각해 보자.

하나는 조선시대의 지리서인 『동국여지승람東國輿地勝覽』(1481년 편찬) 중에 「동래온정溫井」 항에 기재된 고려시대 옛 시의 한 구절이다. 예로부터 많은 문인들은 동래온천을 찾았으며, 그 중의 한 사람인 박효수朴孝修

41 『조선』, 1933년 10월호

(?~1337년)가 온천에 들어갔을 때의 기분을 다음과 같이 표현하고 있다.

몸이 가볍고 뼈까지 상쾌해지며 골수를 바꾸는 듯하다 … 돌연 세상사의 고민거리에서 벗어나 단잠을 잘 수 있었다. 황홀하게도 천지에서 노는 꿈을 꾼다.

'온천에 들어가면 신체의 피로가 풀려 상쾌한 기분이 든다. 인생의 고통을 잊고, 한가롭게 낮잠을 청하자 이상향에서 놀고 있는 꿈을 꾸었다'는 내용일 것이다.

또 하나의 자료는 1420년 일본의 회례사回礼使로 교토에 온 송희경宋希璟의 기행 시문집인 『노송당일본행록老松堂日本行錄』 중의 한시가 그것이다. 송희경이 교토에 체류하던 어느 날, 아시카가 요시모치足利義持 장군이 법광명원法光明院(사원)에서 목욕을 하라고 권유를 한다. 법광명원은 먼 곳에서 온 귀빈을 환대하기 위한 시설이었다고 생각된다. 이 때 송희경은 다음과 같은 한시를 읊었다.

범궁梵宮의 온수는 온천과 비슷하다. 목욕 후에 몸이 가벼워지고 뼈는 신선과 같다. 나를 배려해 주는 왕심王心의 두터움을… 잊을 수 없게 하는 동쪽 바닷길 5천(송희경, 『노송당일본행록』, 무라이쇼수케村井章介 校注).

'사원에서 목욕한 후, 심신이 경쾌하여, 서울에서 교토까지의 긴 여정의 노고를 잊어버리게 되었다. 이런 목욕의 기회를 하사한 요시모치義持 장군에게 감사의 마음을 금할 길이 없다'고 하는 내용이다. 시 한 구절의 '범궁梵宮(사원)에 온수는 온천과 비슷하다'고 하는 말은 『노송당일본행록老松堂日本行錄』의 도입 부분에 '부산포釜山浦(부산)'에서 일본 여행에 앞서 '동래온천'에서 송별연회가 있었다는 서술이 있는데, 아마도 송희경 사절은 법광명원法光明院의 욕당에서 동래온천에서의 목욕을 떠올렸을지도 모른다.

이 2편의 시를 보면, 시대나 정치제도는 다르지만, 박효수의 '몸이 가볍고, 뼈까지 쾌적해지며 골수까지 변한 듯하다'의 구절이나, 송희경의 '목욕 후에 몸이 가벼워지고 뼈는 신선과 같다'의 한 구절은 표현 자체도 거의 같지만 발상도 거의 같다고 할 수 있다.

고려시대, 조선시대를 통하여, 고대 중국의 불로불사를 목표로 하는 신선사상(도교사상)이 흘러들어, 신선 세계를 동경하는 수많은 시가 읊어졌다.[42·43]

박효수와 송희경의 시도 그런 흐름의 하나라고 할 수 있을 것이다. 그 중에서도 박효수의 '황홀하게도 천지에서 노는 꿈을 꾼다'는 구절에는 '장자(소요유 편)'의 '무하유지향無何有之鄕'을 근거로 한 이상향에의 동경이 직접적으로 나타나 있다. 이런 신선세계에의 동경은 한시를 읊는 지식인들만이 아닌 사회의 광범위한 사람들의 것이기도 했다.

보라, 저 구름을
신선을 태우고
오늘도
하느님의 봉우리를 떠도네

나도 가고 싶구나
저 구름을 타고
신선들의 잔치에
(김소운金素雲 역 편 『조선민요선朝鮮民謠選』 참고)

김소운은 1920년대 말에서 1930년대 초에 걸쳐 조선의 각지에서 부르는 민요를 채록하여 『조선민요선』을 엮었다(일본에 온 조선인들에게서도

42 이연재(李演載), 『고려시와 신선사상의 이해』, 1987년
43 정민(鄭珉), 『초원의 사상』, 2002년

다수 채집). 김소운은 위에서 예를 든 '구름'이라는 제목의 노래에 대하여 '조선의 민요는 하늘에서 준 음율로, 이렇게 환상적이고, 이렇게 푸른 하늘에, 미소를 보내는 눈동자 속에 있다'고 정말로 아름다운 평가를 했다. 이런 이상향에의 아련한 동경을 노래한 민요가 그 당시까지 경상남도 창원 지방에서 불리고 있었다.

그런데 고대 중국사상 연구자인 구보 노리타다窪徳忠는 신선사상과 관계가 깊은 도교에 대하여 다음과 같이 간결하게 설명한다.

> 도교를 한 마디로 말하자면, 고대의 민간 신앙을 기반으로 한 신선설을 중심으로 하여, 도가道家(노장사상 등), 역, 음양, 오행, 복점, 예언, 의학, 별점 등의 설과 무당의 신앙에, 불교의 체제나 조직을 더하여 정리한 불로장생을 목적으로 한 현세 이익적인 자연종교라는 것이다(구보 노리타다窪徳忠, 『도교백화』, 1989년).

이런 도교의 사상은 예로부터 일본과 조선에 전해지고 생활 속에 침투했다. 이처럼 일본과 조선 사회는 공통적으로 도교의 영향을 받아왔다. 예를 들어 이상향에 대한 동경을 표상하는 신선이나 선녀에 관한 전설, 단오절이나 환갑의 축하 등 음양오행설에 기반한 풍속행사를 전승하고 있으며, '기'를 바탕으로 한 한방치료나 뜸에 의한 의술, 건강법 등이 있다.[44] 이처럼 우리는 도교적인 우주를 의식하고 살지 않지만, 항상 우리들 곁에 살아 숨쉬고 있는 것이다.

중국의 문학자 임어당林語堂(1895~1976년)은 도교에 대하여 유교와 관련을 시켜서 다음과 같이 말했다.

> 유가사상은 인생의 다양한 문제를 해결하지만 우주의 신비까지는 들어가지 않는다. 인체가 어떻게 기능하는지에 대해서는 거의 파악을 하지 못하고 있다. 이

---

44 차주환(車柱環), 『조선의 도교』, 1990년

때문에 유가사상에는 공백이 생겼는데, 사람들은 그러한 공백을 메우기 위하여 도교의 현학 안에서 자연계의 수수께끼를 푸는 열쇠를 찾으려 했던 것이다(임어당林語堂, 『중국=문화와 사상』, 스케가라 지로鋤柄治郎 역, 1999년).

여기에 인용한 부분의 전후에 있는 기술을 보강하여 임어당이 기술한 것을 정리해 보면, 중국 사람들에게 있어서 '인仁', '의義'와 같은 예절이나 사회규범을 논리 정연하게 해결한 유교와, 속세를 떠나 자연을 지향하며, 미지의 우주에 관하여 이야기하는 도교는 상호보완적인 관계라고 말할 수 있다. 그런 관계를 임어당은 '도교는 중국인에게 심리적으로 편안한 상태를 만들어 주었고, 유교는 중국인들이 일할 수 있는 상태를 만들어 주었다. 이는 또한 중국인이 성공했을 때에는 유교적으로 되고, 실패했을 때에는 도교적으로 되는 이유가 되기도 한다. 도가의 자연주의는 중국인의 상처받은 마음을 치유해 주는 묘약인 것이다'(앞의 책)고 말한다.

또 고대의 중국 사상 연구자인 후쿠에 코우시福英光司는 도교를 유교나 불교와 대등한 관계로 나열하여 각각을 대립시켜 논하는 방식에 의문을 품고 '유교와 불교와 도교는 종縱으로 쌓여 있으며, 몇 개의 층으로 된 듯한 복층적인 구조를 가진 종교다'는 의견을 제시한 바 있다.[45]

어떻든 이런 논의는 중국에서 유교, 불교, 도교가 전파된 조선이나 일본의 경우에도 해당될 것이다. 도교적인 신체관이나 우주관(자연관)은 불교나 유교가 사회적으로 지배적인 역할을 하던 시대에도 도교는 유교나 불교와 불가분의 관계를 갖고, 조선과 일본 사회에 뿌리깊게 계승되어 왔다. 이 때문에 현재의 우리 또한 좀 전에 예를 든 고려의 문인 박효수나 송희경의 도교적인 경향을 띤 시구에 대하여 특별한 위화감을 느끼지 못하는 것이다.

그것뿐만이 아니라 시공을 초월하여 그들이 온천을 경험한 감상이나

45 『일본의 도교유적을 가면서』, 2003년

기분에 자기 자신의 경험을 떠올리며 상상해 볼 수 있는 것이다. 우리가 온천이나 욕탕에 들어가면 자신도 모르게 '아! 시원하다', '아! 기분좋다'고 중얼거리는 것을 보면 말하는 언어와 시대는 달라도 우리들의 신체는 박효수나 송희경이 느끼는 것과 다르지 않다는 것을 알 수 있다. 근대적인 위생 관념, 건강 관념과는 분명히 다른 차원에서, 우리와 그들은 동아시아의 역사적인 신체로서 같이 느끼고 있었던 것이다. 일본과 조선의 목욕 역사에 있어서 불교는 목욕재개나 시욕 등의 역할을 하였다. 그러나 동시에 그것만으로는 설명할 수 없는 무언가가 목욕하는 우리들의 몸에 지금도 흐르고 있다는 상상에 사로잡힌다.

예를 들어 지금도 동아시아에는 토지나 자연에 정령이 살고 있다고 믿는 소박한 신앙을 갖고 있는 지역이 있다. 나는 이런 생각을 포함하여 이 지역에 깊숙이 살아 숨 쉬고 있는, 여러 겹으로 겹쳐져 있는 우주관과 호응하는 신체의 모습을, 말하자면 '동아시아의 역사적 신체'라고 불러본 것이다.

이야기를 돌려, 이와 같은 '신체'는 개항 이후 일본식 공중목욕탕에서 목욕한 조선인들의 신체 상태이기도 할 것이다. 내가 직접 들은 정태교(1924년 생) 씨의 이야기를 소개하려고 한다.

정태교 씨는 경상남도의 농촌에서 태어나고 자랐다. 마을 안에는 공중목욕탕이 없었고, 목욕이라고 하면 여름에 일을 마친 후 간혹 우물 옆에서 등목을 하는 정도였다. 조선인 청년들까지 징용을 가야 했던 전쟁 때, 정태교 씨는 일본의 후쿠시마 현에 있는 어느 부대에 배치되었다. 그곳에서 외출한 날, 태어나서 처음으로 공중목욕탕에 들어가 보았다고 한다. 내가 어떤 기분이었냐고 물었을 때 '하늘을 날아다니는 기분이었다. 뜨거운 물에 담그면서 살아있다는 것이 이런 것이구나! 하고 절실하게 실감하였다!'고 웃으며 말해 주었다. 그 후로는 외출하는 날이 기다려졌다고 한다. 정태교 씨가 말한 '하늘을 날아다니는 기분'이라는 인식 방법은 이상향을 동경하는 신선사상을 생각하게 하며, 그곳에는 천지자연과 교감한다는 신체의 상태도 엿볼 수 있다.

때와 장소는 달라도, 일본식 공중목욕탕을 이용하기 시작한 조선인들은 정태교 씨와 비슷한 신체의 경험을 했을 것이다. 이런 '동아시아의 역사적인 신체'라고도 말할 수 있는 신체관이 조선에서든 일본에서든 접점을 갖게 되었을 것이다. 그렇기 때문에 일본식 목욕 문화가 조선사회의 내면에 적극적으로 받아들여지지 않았을까 하고 생각해 본다.

욕장에서 일어난 민족차별

공중목욕탕을 이용하는 조선인 수가 증가하면서 지방에서는 일본인과 조선인 사이에 알력이 생기기도 했다.

> 전라북도 김제읍에 있는 '대화'라는 목욕탕에서는 지난 1월 19일, 김동찬金東贊이라는 사람의 입욕을 거부한 사건이 일어났다. 욕탕의 주인이 '오늘은 당신이 가장 처음에 온 사람으로 아직 아무도 입욕하지 않았으니, 조금만 기다려 주시오!'하고 말했다. 김씨는 '여탕 쪽에는 벌써 손님이 들어가 있는데, 왜 (남탕에는) 들어가면 안 되나요?'라고 반문했다. 주인은 '일본인 손님이 아직 안 왔어요! 일본인이 입욕을 한 후에 들어가세요!'하고 대답했다. 이에 발끈하여 한바탕 소동이 났다고 한다(『조선일보』, 1926년 1월 20일).

조선인 독자를 위한 조선어 신문인 '조선일보'의 기사라는 것과, 이 기사 내용으로 봤을 때 '목욕탕'의 '주인'은 틀림없이 일본인이었을 것이다. 기사에서는 상호가 한글로 '대화'라고 쓰여 있으나, 일본 한자로 '大和湯'이라는 욕장이었을 것으로 생각된다.

또 조선인에 대한 일본인의 차별적인 언동 사례를 모아 둔 『조선 동포에 대한 일본인 반성자록資錄』(조선 헌병대 사령부 편, 1933년)이라는 책자에도, '일본인이 목욕을 끝내지 않은 동안에는 들어가지 못하도록 입욕을 거절하는 목욕탕(경성의 모 일본인이 경영하는 탕)'이라는 제목의 이야기가 신문기사와 거의 같은 식으로 나온다. 일본인을 계몽하기 위한 책자에 욕장에서 일어난 차별사례를 다루고 있다. 이는 이런 일이 일상적으로 발생했다는 것을 보여준다. 일본의 입욕 문화가 조선사회에 받아들여지는 과정에서 여러 가지 마찰도 있었을 것이며, 그 모든 과정이 그저 원만하게 진행된 것은 아니었을 것이다.

해방 후의 공중목욕탕

일본의 '패전'은 조선에게 '해방'이었다. 그러나 곧이어 한국전쟁이 발발되어 한반도는 전화에 휩싸였다(1950~1953년).

'온천욕을 즐길 상황이 아니었다. 사는 것에 필사적이었다!'고 동래온천의 주민 한 명이 나에게 말해 주었다. 한국에서 목욕 문화에 다시 눈을 돌리게 된 것은 휴전협정이 체결된 후인 1950년대 후반이 되어서라고 한다. 전쟁통에 집을 잃은 사람들을 위해 미국 등의 원조로 각지에서 주택이 복구되었다. 서구식의 아파트가 연이어 건설되었으며, 그와 함께 주택 내에 욕실이 설치되는 등의 기능적인 주택 설계가 일반화되어 갔다.[46]

이런 주택에서는 간편하게 목욕을 할 수 있게 되었으나, 반면에 편안한 전신 온수욕을 할 수 있는 공중목욕탕을 이용하는 사람들의 수도 증가하였다. 이것에는 경제성장과 함께 생활의 풍요로움으로 인해 건강에 관하여 사람들의 관심이 한층 높아진 것도 배경이 되었다. 공중목욕탕 단체인 '한국 목욕업 중앙회'의 홍보국장인 김희찬金熙燦 씨(1946년 출생)는 한국의

46 최병선, 『생활문화측면의 한국주택 내의 생리위생공간의 변천과 전망』

목욕탕의 총수(한국 목욕업 중앙회의 회원수)는 1977년에 2,230개였으나, 1985년에는 5,046개로 배로 늘었으며, 2001년 말에는 8,098개에 달한다고 한다. 1990년대 후반에는 9,000개에 가까웠으나, 그 후 목욕탕의 수는 감소하는 추세다. 김희찬 씨는 그 이유를 '3, 4년 전부터 목욕 업계가 전환기에 접어들어, 목욕탕의 대형화(일본의 대형 욕탕시설과 같은)가 진행되어 예로부터 운영되던 작은 목욕탕들이 폐업으로 몰렸기 때문'이라고 한다.

또 최근에는 가열하면 몸에 좋은 원적외선을 방사하는 각종의 옥돌을 벽에 넣은 찜질방이라는 저온 사우나도 유행하고 있다. 찜질방에서 빌려주는 셔츠나 반바지를 입은 채로 저온의 열기욕을 천천히 즐기므로, 남녀가 따로따로 할 필요도 없이 가족이나 연인들이 함께 이용할 수 있어서 인기다. 목욕탕의 대형화나 전통적인 열기욕법을 개량한 목욕시설의 다양화 경향은 한국의 목욕업계가 건강 레저 산업으로 혁신하려는 자세도 엿볼 수 있다.

그런데 일본에서는 내부의 욕실을 설치한 주택이 늘어나면서 공중목욕탕의 수는 줄어들어 총인구는 한국의 약 3배이나 공중목욕탕의 수는 한국의 목욕탕의 수보다 적어졌다. 한편, 한국에서는 일본과는 달리, 주택 내부의 욕실에서 하는 목욕과 공중목욕탕에서 하는 목욕은 상호 의존적인 관계로, 주택에서는 훌륭한 욕조가 있어도 대개 샤워로만 이용한다. 그리고 한 주에 한 번 정도는 공중목욕탕이나 사우나(한증, 찜질방)에 가는 목욕 형태가 정착되어 있다. 주택의 기능 구조가 많이 변하여도 전통적으로 자택에서 부분욕을 하는 목욕 습관이 몸에 배었고, 그것이 자택에서는 샤워(부분욕), 공중목욕탕에서는 전신 온수욕이라는 구별된 행동으로 나타난 것으로 생각된다.

마지막으로, 북한의 공중목욕탕에 대해서도 간단하게 살펴보자. 북한 사람들의 현재의 목욕 습관에 대해서는 보거나 들을 수가 없기 때문에 정확히 알 수 없다. 그러나 각지에 목욕탕(공중목욕탕)이 있다는 사실은 북한 측의 보도를 바탕으로 한 한국의 신문기사 등을 통해서 확인할 수 있다. 한겨레신문의 '북, 대중목욕탕(낙랑원) 개원'이라는 기사를 한 번 살펴보자.

> 북한 평양의 대표적인 아파트 단지인 낙랑구역 통일거리에 현대적인 대형 공중목욕탕 '낙랑원'이 완공되었다고 평양방송이 18일 보도했다. 이 목욕탕은 연건평 3,600㎡에 2층 건물로 하루에 3천여 명을 수용할 수 있으며, 이 · 미용실, 오락장, 청량음료실 등의 편의시설도 갖춰져 있다.
>
> (중략)
>
> 북한은 지난 1980년 3월 평양시 천리마거리 보통강변에 목욕탕, 이 · 미용실 등 종합적인 문화 후생시설을 갖춘 '창광원'을 처음 개원했고, 각지에 '창광원식 목욕탕'을 건설하도록 널리 장려했다. 현재 평양시에 건설된 대표적인 '창광원식 목욕탕'은 아파트 대단지가 들어서 있는 동평양 문수거리 일대의 '문수원', 모란봉 구역의 안상택거리(옛 북새거리)의 '북새원' 등을 꼽을 수 있다(『한겨레신문』, 2000년 11월 18일).

다만, 이런 보도와는 달리 북한은 1990년대 이후 각지에 대중목욕탕 시설을 새롭게 개설하지 않았다. 그 뿐만 아니라 석유와 전력의 부족으로 가동하지 않는 시설도 증가했다는 분석도 있다.[47] 평양시의 경우, 아파트 단지마다 대중목욕탕이 있지만 이 중에는 영업을 중단한 곳도 있다. 시내 중심부에 있는 '창광원蒼光院', '문수원紋繡院' 등은 가동하고 있지만, 더 많은 시민들이 목욕을 할 수 있도록 이용시간을 한 명에 30분으로 제한하고 있다. 또 지방에는 영업을 하지 않는 목욕탕도 있기 때문에 평양에서는 지방에 사는 친척이 방문하면 함께 목욕탕에 가는 것이 일종의 대접이라고

---

47 통일부, 「북한아이의 교육과 생활」, 1999년

한다. 이와 같은 보도의 정확도를 '40%'라고 한국 통일부는 기록해 두었지만, 사실로서 그대로 받아들일 수 없다 하더라도, 북한의 경제상황의 악화는 근로자의 목욕에도 큰 영향을 끼치고 있다는 생각이다.

2부

동래온천 이야기

1. 동래온천의 역사를 찾아서

동래온천의 현재

현재 동래 온천가는 부산광역시 동래구 온천 1동의 동서로 약 500m, 남북으로 약 1km 정도의 구역이다. 여기에 일반 상업시설과 함께 관광호텔 5개, 호텔 4개, 여관 132개의 크고 작은 숙박시설이 들어 서 있다. 관광호텔, 호텔, 여관이라는 구분은 숙박시설의 설비내용, 규모 등을 기본으로 한 법규상의 구분으로, 숙박요금은 관광호텔이 비싸고 여관이 싸다. 현재의 온천가는 시가지와 완전히 융화되어 거리를 걷고 있으면 '온천지에 왔다'는 실감이 거의 나지 않는다.

모든 숙박시설 내에 탕이 완비되어 있는 것은 아니다. 숙박시설 내부에 탕이 완비되어 있다 하더라도 객실에 부설된 개인용이 대부분이다. 따라서 숙박객들은 편안하게 쉴 수 있는 외부의 탕을 이용한다. 외부에 탕을 보유한 곳은 11곳으로, 그 중에서 대량의 온천수를 사용하는 허심청을 비롯하여, 사용량이 비교적 많은 6곳은 온천수의 양수, 급수 등을 영업장이 부담한다. 그러나 나머지 5곳은 부산시가 관리하는 온천 공급원에서 온천수를 공급받는다.

온천수의 소비량은 온천가 전체에서 하루에 약 3,600톤을 소비하며, 온천수의 성분은 염류천塩類泉으로 무색무취다. 만성 류마티스, 신경통, 요통, 관절통, 외상후유증 등에 효능이 있다고 한다(이상 기본 데이터는

2001년 현재).

한국의 온천지는 개발 중인 것까지 합하면 109개라고 한다(한국 온천협회 조사, 2001년). 대표적인 온천으로는 동래온천 이외에도, 일본인의 관광 코스에도 자주 등장하는 유성온천(충청남도 대전), 조선왕조의 왕후들이 자주 요양을 하러 들렀다는 온양온천(충청남도 오산시), 그리고 1970년대 말에 '국민관광지'로 지정되어 온천 휴양지로 발전한 부곡온천(경상남도 창녕군 부곡면), 백암온천(경상북도 울진군 온정면) 등이 있다. 이용객이 많은 온천에는 한 해에 약 4백만 명에서 5백만 명이 찾는다고 한다.

나는 2001년 1월 다시 동래온천을 찾았다. 허심청에서 가까운 '녹천호텔'이라는 중급 호텔에 묵었다. 1박에 4만원으로 큰 온돌방 하나에 별도로 욕실이 딸려 있었다. 욕조는 얕지 않아서 편안하게 몸을 담글 수 있었고 정사각형에 가까웠다. 다만 이 작은 욕실에서는 온천 기분을 맛볼 수 없어서 온천장에 가보기로 했다. 그리하여 호텔 프런트에서 멀지 않은 곳에 있는 '녹천탕'의 할인 입욕권을 받았다. 영업시간은 아침 5시부터 밤 8시까지(일반 대중목욕탕과 거의 같다)였다. 지금은 붐비는 시간이므로 조금 나중에 가는 것이 좋을 것이라고 하여 오후 7시경에 녹천탕으로 갔다.

건물의 정면에 요금을 지불하는 곳이 있었다. 대인은 3,500원, 어린이는 2,000원으로 표시되어 있었다. 부산의 택시 기본요금이 1,500원이므로(요금은 어느 것이나 2001년 현재가 기준), 입욕 요금이 결코 싸다고 할 수 없었다. 요금을 내는 곳은 일본에서 말하는 공중목욕탕의 반다이番臺에 해당하는 곳으로 이곳에서는 비누와 샴푸, 수건, 때밀이 타월, 칫솔, 면도기 등을 판매하고 있었다. 여기에서 입욕 요금을 지불한 뒤에 남자 손님은 남탕 입구로, 여자 손님은 여탕 입구로 들어가는 형태였다. 남녀의 구분은 지금도 여전히 엄격하다.

그림2-1 녹천탕

지역사회에 뿌리를 내린 녹천탕. 2003년 봄에 3층 건물로 신축되어 1층은 주차장, 2층은 여탕, 3층은 남탕으로 되어 있다(2003년 촬영).

요금을 내는 곳의 왼쪽 입구에 '여', 오른쪽 계단 위의 문에 '남'이라고 크게 쓰여 있다. 욕장의 1층은 여성용이고, 2층은 남성용이었다. 동래온천은 시가지 안에 있어 관광객뿐만이 아니라 지방 사람이나 주변의 주민들도 온천가의 욕장을 이용하고 있었다. 저녁식사를 마친 후에 함께 온 듯한 가족들도 보였다. 흥미롭게도 이들은 한결같이 목욕도구를 정리해서 담아둔 작은 플라스틱 바구니를 손에 들고 있었다.

탈의실의 옷장에 옷을 넣어두고 고무줄이 달린 열쇠를 발목에 걸고 욕장 안으로 들어갔다. 욕장의 중앙에는 욕조 2개가 있었다. 그리고 일본의 공중목욕탕처럼 벽을 따라서 수도꼭지가 있는 세면대가 있다. 사람이 없는 곳의 욕조 안으로 들어가 보려고 했지만 너무 뜨거워서 들어갈 수가 없었다. 45도 정도는 되어 보였다. 허겁지겁 나와서 다른 욕조에 들어가 보려고 했지만 이쪽 역시도 똑같이 뜨거웠다. 그러나 꾹 참고 들어가 보았다.

나중에 조사해 보니 온천의 온도가 60도를 넘어 한국의 온천 중에서 부곡온천 다음으로 높았다. 이 녹천탕은 온천수를 옥상의 냉각장치로 보내 그곳에서 일단 온도를 낮춘 다음 욕조에 공급한다고 한다.

욕장은 빈 세면대가 보이지 않을 정도로 손님들로 북적거렸다. 욕장 안의 광경은 이전에 허심청에서 본 것과 특별히 다르지 않았다. 작은 때타월로 몸의 구석구석을 밀고 있는 사람, 아이의 등을 밀어주는 젊은 아빠, 우연히 만나게 된 사람들이 인사하는 모습도 보였다. 욕장 구석에 놓인 간이침대 위에는 요금을 지불하고 때를 미는 손님들도 있었다. 나도 때밀이 아저씨에게 부탁을 했다. 때밀이 아저씨는 내 손에서 수건을 받아 잘 접은 다음 침대의 머리맡에 벨 수 있게 해 주었다. '여기에 머리를 두세요!'하고 말한다. 나는 알몸으로 침대 위에 누웠다. 타월을 뺏겨 '무방비'가 된 자신의 모습을 상상하니 처음에는 매우 당황스러웠다. 이 아저씨도 허리에 타월 하나를 걸쳤을 뿐이다. 그 후 말없이 나의 몸을 옆으로 꼬거나 뒤로 돌리면서 때타월로 정면, 측면, 뒷면을 솜씨 좋게 위 아래로 빈틈없이 몇 번인가 밀었다. 마지막으로 온몸을 비누로 씻고 나자 때밀이는 끝났다. 몸에 남은 비누를 씻어내자 확실히 매끈매끈해진 느낌이 들었다.

탈의실에서 아저씨에게 때를 민 요금 만원을 지불하고 녹천탕에서 나와 호텔 방으로 돌아왔다. 호텔 방은 온돌이었는데 바닥에 깔아둔 이불 위로 바닥의 열기가 전해져서 포근했다. 눈이 휘날리는 1월이었지만 이불은 하나만으로 충분했다. 간혹 술 취한 손님들의 시끄러운 소리가 창 밖으로 들려왔다.

▸ 부기: 녹천탕은 2003년 봄에 녹천 호텔과 함께 도로를 끼고 반대편으로 이전하여, 최신 설비를 갖춘 대규모의 시설로 바뀌었다.

'알몸이 되면 한국인도 일본인도 없지요!'

'녹천탕' 종업원, 박인수朴寅洙 씨 인터뷰

박인수 씨는 녹천탕의 남탕에서 때밀이를 담당하고 있다. 한국에서 '때밀이 아저씨'로 불리는 사람이다. 목욕탕 내에서 일반 업무도 겸하고 있다가, 손님이 때를 밀어 달라는 부탁을 하면, 목욕탕 내부의 구석에 있는 때밀이 코너에서 일을 한다. 여름에는 입욕객 수가 적은 시기이므로 때를 미는 손님도 하루에 10명 정도다. 그러나 겨울이 되면 그 수가 배로 늘어난다. 손님 한 사람 당 약 20분을 들여, 부위별로 피부의 상태를 보면서 힘을 조절해 가면서 온몸의 때를 밀어준다. 단 세게 민다고 좋은 것은 아닌 것 같다. 녹천탕에서 1970년대부터 때밀이를 시작했는데 일반에게 널리 퍼진 것은 공중목욕탕에 사우나가 겸비되기 시작한 1980년대부터의 일이라고 한다. 그 이전에는 근처의 아는 사람에게 자기가 때를 밀기 어려운 등을 밀어달라고 부탁하는 광경을 자주 볼 수 있었다고 한다. 한국의 경제가 고도성장을 하면서 이런 지역사회의 정은 서서히 엷어졌고, 그 결과로 때밀이라는 직업이 확립된 것으로 생각된다. '일본인 손님은 타월로 앞을 가리니까 바로 알 수 있지요?'하고 내가 묻자, 박인수 씨가 웃으면서, '때를 밀어달라는 분도 있지요. 말은 통하지 않아도 몸짓이나 손짓으로 통해요! 한국인이니까, 일본인이니까 하는 것은 아무런 상관이 없지요!'하고 대답했다.

▸ 녹천탕 : 허심청 서쪽으로 녹천 호텔의 맞은 편에 있다. 입욕 요금은 4,000원, 영업시간은 오전 5시에서 오후 8시까지다(2003년 현재).

‘일본 손님들도 풍부한 동래온천수로 목욕을 즐기세요!’

‘녹천탕’ 대표 겸 한국 온천협회 동래지부장
박동관朴東官 씨 인터뷰

녹천탕은 1963년에 개업을 했다. 박동관 씨의 부친이 온천사업을 시작한 그 시기에는 아직 동래온천장의 여기 저기에 소나무 숲이 있었고 전답도 남아있었다고 한다. 온천장과 부산 시가지를 연결하고 있던 전차의 철로가 철거된 1968년경부터 동래온천에도 개발의 물결이 밀려 왔다. 그리고는 현재와 같이 도시화되었다. ‘한강의 기적’이라고 불리는 한국 경제의 성장이 본격적으로 시작된 시절이었다.

개업한 후 40년 동안 지역 주민의 사랑을 받아온 녹천탕은 2003년 3월, 녹천호텔의 맞은편으로 이전하여 3층 건물의 초현대식 목욕시설로 탈바꿈했다. 창업 이후 이번이 4번째 신축 공사라고 한다. 총공사비는 30억원으로 지하와 1층은 주차장, 2층은 여탕, 3층은 남탕으로 되어 있다. 욕장 내부는 이전의 녹천탕보다 훨씬 넓게 확장되었고, 각층의 면적이 240평으로 탈의실의 사물함 번호도 365번까지나 된다. 욕장에는 온천 성분이 다른 큰 욕조가 4개 있으며 황토 사우나, 게르마늄 사우나, 찜질방(저온 사우나) 등도 설치되어 있다. ‘젊은이들은 온천이나 목욕탕보다는 찜질방 등을 즐긴다고 한다. 목욕 시설도 이제는 투자를 통하여 규모를 늘리지 않으면 경쟁력을 키울 수 없습니다! 매우 어려운 시기이지요!’하고 박동관 씨는 말한다.

온천 공급원은 녹천 호텔 대지 내에 있다(원래 녹천탕이 있던 곳). 온도는 62도에서 63도로 높기 때문에 식혀서 욕조에 공급하고 있으나, 뜨거운 탕을 좋아하는 사람들을 위해 45도가 넘는 욕조가 하나 있다(나는 몇 초도 참을 수 없어서 뛰쳐나오고 말았다). 녹천탕 가까운 곳에 지명도가 높은 허심청이 있지만 별 영향은 받지 않는다고 한다. 입욕 요금도 일반 대중목욕탕과 같으며, 지역에서 유서 깊은 곳이므로 고정객이 많기 때문이다. ‘새롭게 단장하자 이전보다도 손님이 더 많이 오게 되었어요!’ 박동관 씨의 하루도 더욱 바빠졌다.

온천사 연구의 고전- '부산 온천에 관한 연구'

자, 이제부터는 동래온천의 역사를 거슬러 올라가, 온천의 유래, 일본과의 관계에 대하여 설명해 보고 싶다. 옛날부터 유명했던 동래온천의 역사를 거슬러 올라가는 것만으로도 조선의 온천 역사를 살펴보는 것과 같다는 생각 때문이다.

서길우緖吉雨와 김용욱金容旭의 『부산 온천에 관한 연구』(1964년)라는 책에는 동래온천에 관한 체계적인 기록이 남아있다. 책 이름이 '부산 온천'인 이유는 동래온천만이 아니라, 부산에 있는 해운대 온천의 역사도 같이 취급하고 있기 때문이다. 이 두 곳의 온천을 합하여 '부산 온천'이라고 한 것이다.

저자인 김용욱 씨는 1930년 생으로 부산대학교 법과대학에서 오랫동안 교수직에 몸담고 있다가 1996년에 정년퇴직했다. 지금도 자택 부근의 건물에 방을 빌려 두고 연구활동을 계속하고 있다. 나는 동래온천의 역사를 조사하는 것에 앞서, 김용욱 씨를 만나보고 싶은 생각에 그의 연구실을 방문하기로 했다.

부산광역시 수영구의 큰 길에 인접한 3층짜리 건물의 2층에 연구실이 있었다. 급히 취한 연락임에도 불구하고 '어서 오세요! 잘 오셨습니다!'하며 일본어로 나를 환영해 주었다. 방에는 벽 2면에 걸쳐 천장까지 이어진 책장이 있었고 많은 서적이 꽂혀 있었다. 자료가 산처럼 쌓인 책상 위에는 '법과대학장 김용욱'이라는 직사각형의 명패가 놓여 있었다. 대학의 학부장 시절에 사용했던 것이 틀림없다. 김용욱 씨는 한일교역의 창구이기도 했던 왜관倭館의 법제도에 관한 연구나, 개항기 부산의 조계租界에 관한 연구를 비롯하여 부산의 근세사 및 근대사에 관한 연구 논문을 다수 발표한 법제도 전문가다.

내가 연구실을 방문했던 날은 뜻밖에도 김용욱 씨가 지금까지의 연구를 집대성한 책이 완성된 날이었다. 담화 중에 인터폰이 울리더니 책이 왔다고 하는 것이다. 나는 길에 서 있는 트럭에서 새 책이 가득한 상자를 배송인과 함께 날랐다. 「부산 온천에 관한 연구」도 수록된 그 책은 『부산의 역사와 정신(전 2권)』이라는 제목으로 되어 있었다. 그 '머리말'은 다음과 같은 구절로 시작된다.

> 내가 나이를 들어가면서, 마치 하나의 신앙심과도 같이 부산을 사랑하게 되었으며, 부산을 마음속의 영원한 고향으로 여기게 되었다. 조금 과장된 표현일지도 모르지만, '부산의 바닷바람은 다른 어떤 토지의 햇빛보다도 밝다'는 심정으로 지금까지 부산에 살고 있다(김용욱, 『부산의 역사와 정신』, 2001년).

김용욱 씨는 국민학교 6학년 때(1943년), 부친의 전근 때문에 부산으로 이사온 후, 중학교와 고등학교를 부산에서 마치고 서울대학교 대학원을 졸업했다. 대학원을 졸업한 후부터 부산대학교에서 강의를 하게 됨으로서 60여 년간 부산에서 살았다고 한다. 지금도 사설연구소에서 정력적으로 연구를 계속할 수 있는 원동력은, '부산을 마음속으로 영원한 고향이라고 여긴다!'는 그의 말처럼, 이곳의 풍토와 이곳에 새겨진 사람들의 삶에 대한 깊은 애정이 뿌리 박혀서 일 것이다. 그래서 부산의 '역사'가 아닌, 부산의 '역사와 정신'이라고 제목을 붙였을 것이다.

나는 김용욱 씨에게 왜 법학과 교수면서 온천에 관한 연구를 하는지 직접적으로 물어보았다. '부산대학교에 처음으로 부임했을 때, 법제도에 관한 강의를 담당했지요. 그러나 직장이 부산에 있었으므로 지역과 관계가 있는 독자적인 연구를 하고 싶다는 생각이 들었습니다. 무언가 자존심 같은 것이었겠지요!' 김용욱 씨가 이런 생각을 하게 된 어느 날, 부산대학교의 지질학 연구자가 정리한 동래온천과 해운대 온천에 관한 수질조사에 관한 논문을 우연히 보게 되었다. 그 중에는 구 조선총독부 지질조사소의 자료가 인용되어 있었다. 마음에 와 닿는 게 있어서 곧바로 자료를 보관하고 있는 서울대학교에 문의한 다음 열람하기로 했다. 직접 자료를 살펴보니 지질학 전문 조사보고서 안에 간략하기는 했지만, 동래온천에 관한 연혁이 역사자료에 입각하여 기록되어 있었다.

그 후 제공된 자료 속에 조선시대의 『욕행록浴行錄』이 있었다(나중에 설명함). 거기에는 옛 동래온천에서 요양을 했다는 사실들이 자세히 적혀 있었다. '상세한 기록에 감동한 것도 동래온천을 연구하게 된 하나의 동기였다고 생각합니다!'하고 말했다.

나 역시 동래온천의 역사를 조사함에 있어서 어려움이 있다고 말하자, 일제시대에 부산에서 발행한 일본어 신문 자료를 조사해 보면 어떻겠냐는 조언을 해 주었다. 이를 계기로 동래온천에 관한 나의 설명은 김용욱 씨가 저술한 『부산 온천에 관한 연구』(이하, '부산온천')를 큰 테두리로 하고, 거기서 다루지 않은 자료는 될 수 있는 한 추가하면서 써내려 가려고 한다.

동래온천의 유래

'동래'라는 지명에 관해서는 고대 변한시대(기원전 1세기경), 이 지방의 옛 명칭인 '독려국瀆濾國'의 '독려'가 음성 변화되어, 그것의 동음을 한자로 '동래'라고 표기하게 되었다는 설이 있다. 또 '동'쪽 바다에 '봉래산蓬萊山'이 있다는 중궁의 고대 전설을 기초로 하여 '동래'라는 명칭이 붙여졌다는 설이 있다.[48]

'봉래산'은 신선이 산다고 하는 '봉래', '방장方丈', '영주瀛州' 등의 삼신산三神山의 하나로, 중국의 고전인 '사기'에는 제齊나라의 위왕威王과 선왕宣王, 연燕나라의 소왕昭王 때부터 동방의 '발해渤海'에서 그 삼신산을 찾기 시작하

48 동래구 『동래구지』, 1995년 참고

였다고 하는데 이 이상향에 대해서는 다음과 같이 기록되어 있다.

> 여러 신선 및 불사의 약이 모두 이곳에 있다. 이곳의 짐승들은 모두 희고, 황금과 은으로 된 궁전이 있다(『사기』 봉관서封禪書, 키시다 켄코吉田賢抗 역).

봉래산을 비롯한 삼신산에는 불노불사의 신선들이 살고 있고, 새나 동물들은 모두 흰색이며, 궁전은 금과 은으로 만들어져 있다. 이 산은 멀리서 바라보면 구름과 같이 보이고, 또 가까이 가서 보면 바다 아래에 있어서, 들여다보려고 하면 바람이 일고 배가 떠내려가 버린다. 또 어느 누구도 가본 사람이 없기 때문에 한층 더 왕들은 이 이상향을 동경했다고 『사기』에 기록되어 있다.

동래온천이 조선의 문헌상 최초로 등장하는 것은 『삼국유사』(고려시대, 1280년에 편찬) 속의 기록으로, '영정永淳 2년(683년)' 신라의 제상인 '충원공忠元公'이 동래에서 '온정목욕溫井沐浴'을 한 것으로 기록되어 있다. 일본의 역사와 비교하자면 아스카飛鳥시대 쯤으로 생각된다. 신라는 4세기에서 10세기까지 존속된 왕조로 현재의 경상북도 경주慶州가 수도였다. 조선시대의 지리서인 『동국여지승람』(1481년에 편찬)'에도 동래온천에 관한 기록은 찾아볼 수 있다.

> 온정溫井은 현의 북쪽으로 5리가 되는 곳에 있다. 그 열은 계란이 익을 정도다. 병자들이 줄을 지어 여기에 들어가서 치료를 한다. 신라 때에는 왕도 자주 행차를 했다. 4각의 돌이 깔려 있고 동으로 만든 기둥을 세워두었다. 그 구멍은 지금도 남아있다.

위 내용을 살펴보면 다음과 같을 것이다. '온천은 동래현의 관청에서 북으로 5리가 떨어진 곳에 있다. 온천의 온도가 높아서 달걀을 넣으면

삶아질 정도다. 여기에서 요양을 하면 병이 곧 낫는다. 신라의 왕들도 자주 요양을 와서 목욕시설을 만들었는데, 당시의 것으로 전해지는 기둥의 흔적이 지금도 남아 있다'.

조선의 거리의 단위인 리里는 일본의 리의 10분의 1이므로 '5리'는 약 2km다. 동래부가 있었던 현 동래구 복산동에서 북서쪽으로 약 2km 떨어진 곳에는 지금도 온천가가 있다.

또 '동래부지東萊府誌'에는 당시의 동래온천에는 온천을 특별히 관리하는 '온정직溫井直'이라는 전속 관리인 1명이 배치되어 있었다. 게다가 요양객의 편의를 도모하기 위해 역마驛馬를 제공하는 숙박지인 '온정원溫井院'이 있었다는 사실 등도 기술되어 있다.[49] 동래부의 관리들도 요양을 하러 자주 갔던 동래온천은 국가(동래부)에서 직접 관리하고 운영한 온천이었다는 것을 알 수 있다.

체계화 된 온천 치료법

그런데 옛 사람들은 동래온천에서 어떤 방법으로 치료를 하였을까? 동래온천의 목욕시설이나 목욕법 등이 기술된 자료로는 「한강선생봉산욕행록寒岡先生蓬山浴行錄」이 있다. 『부산 온천에 관한 연구』의 저자인 김용욱 씨가 대단히 감명을 받았다고 하는 자료다. '한강寒岡'이라는 말은 창녕현감, 충주목관, 안동부사 등 행정관을 역임한 유학자인 정술鄭述의 호다. 정술이 75세 때에 '봉산蓬山(동래의 옛 이름, '내산萊山'이라고도 함)'에 '욕행浴行' 하였다. 이 온천 치료여행은 동행했던 제자들이 남긴 기록의 초본을 정술의 손자들이 나중에 편집하여 「욕행록浴行錄」으로 정리한 것이라고 한다.[50]

'욕행록'에 따르면 정술은 1619년 7월 20일 낙동강 중류의 도동원道東院에

49 서길우 · 김용욱, 『부산 온천에 관한 연구』 ,1964년
50 위의 책

서 배를 타고, 제자 십수명과 함께 출발하였다(임시로 머문 곳은 경상북도의 대구, 경주 방면으로 추측됨). 낙동강은 경상북도와 경상남도를 남북으로 가로지르는 한반도 제2의 큰 강으로 총 길이는 약 500㎞에, 부산광역시 소하구와 강서구 방면의 바다로 흘러간다. 강의 폭이 넓어서 배를 타고 갈 수 있을 정도다. 정술 일행은 덕산, 창녕, 삼량진 등을 거쳐 7월 26일에 동래온천에 도착했다. 그리고 8월 25일까지 꼭 1개월간을 온천에서 휴양을 하면서, 그 사이 사이에 동래 지역은 물론 주변지방에서 가르침을 받으러 온 많은 관리와 유생들과도 면담을 하거나 강의를 했다고 한다. 동래부에서는 저명한 학자인 정술이 와서 온천을 한다고 하여, 따로 '초가 2실 1청을 만들었다'고 하며, 따르는 자가 많다는 말을 듣고서 다시 '가옥을 2채 만들었다'고 한다. 온천시설에 대해서는 다음과 같이 기록되어 있다.

> …정井(온천)의 내외에는 석감石龕(돌로 된 상자 모양의 욕조)이 있다. …한 개의 감龕에는 5내지 6명이 들어갈 수 있다. 온천수泉는 상변의 백공百孔에서 나온다. 이 물은 굉장히 뜨거워서 급하게 손발을 넣어서는 안 된다.

해석하자면, 온천 욕장에는 돌로 된 사각형 모양의 욕조가 있다. 욕조는 5, 6명이 동시에 들어갈 수 있을 정도의 크기다. 욕실의 윗부분에서 온천수가 쏟아져 나온다. 온천수의 온도는 손발을 넣을 수 없을 정도로 뜨겁다.

정술이 온천에 도착한 7월 26일, 온천치료를 한 첫날의 기록은 다음과 같다.

> (7월) 26일… 안박安珀(의사의 이름)이 청하기를 먼저 (침으로) 경락을 통하게 한 다음, 시욕試浴을 하라고 한다. … 오늘부터 목욕을 한다.

바로 영산(경상북도 창녕군)에서 온 의사인 안박의 조언으로 선생은

위장을 회복하기 위해 침과 뜸을 뜨고, 조제약으로 치료를 병행하기로 하였다. 도착 후에는 바로 목욕을 하기로 하였다. 이 날부터 동래온천을 떠나는 8월 25일까지 온천을 이용한 기록이 쓰여있다. 기록의 일부를 소개한다.

27일, 28일, 입욕하지 않음.

29일, 구름. 아침에 선생님 목탕자木湯子에서 입욕함.

30일, 흐렸다가 개었다가 함. 아침에 선생이 목탕자에서 입욕함… 입욕 후에는 기분이 평온하지 않아 접대가 어려웠음.

8월 초하루, 맑음. 선생이 입욕 후 기분이 평온하지 않아 입욕을 그만 둠.

8월 초이틀, 맑음. 아침에 선생님 목탕자에서 입욕함.

8월 초사흘, 맑음. 선생의 기분이 평온하지 않아 입욕을 그만 두고 몸조리를 함.

8월 초나흘, 큰 비. 아침에 선생이 석탕자石湯子에서 입욕함.

(중략)

8월 15일, 맑음. 선생이 아침에 석정石井에서 입욕함. 오후에 다시 입욕함.

(중략)

8월 19일, 맑음. 선생이 내석정內石井에서 입욕함. 오시(정오)에 다시 입욕함. 신시(오후 4시)에 세 번째로 입욕함.

(중략)

25일(마지막 날), 비가 왔다가 개었다가 함. 선생이 내정內井에서 입욕함. 또 다시 입욕함. 오후에 세 번째 목욕함.

당시에 이미 한방 의사는 침구(침과 뜸)나 약의 처방과 관련한 체계적인 온천 치료법을 확립했다는 사실을 나타내는 기록이다. 정술은 처음부터 '내석정(쏟아지는 온천수에 그대로 들어가는 전신욕을 위한 욕조)'에 들어가지 않고, 먼저 '목탕자(온천수를 퍼 놓은 부분욕을 하기위한 목제의 욕조)'로, 신체 활동이 활발해지기 전인 아침에 1일 1회, 부분욕으로 시작하여 몸의 상태를 주의 깊게 살피면서 '석탕자'에 들어간 것이다. 그리고 온천치료를 위한 체류기간의 중반이 지나자 이윽고 '내석정'에 들어가고, 횟수도 처음에는 1일 1회였던 것을 3회로 늘려갔다. 이렇게 한 달 동안에 걸친 계획적인 온천치료에 의해 정술의 건강이 회복되었고, 그의 모습을 본 사람들은 온천욕의 효과에 매우 놀랐다고 기록되어 있다.

당시 조선시대에 편찬된 의서 중에서 최대의 걸작이라고 일컬어지는 『동의보감東醫寶鑑』(허준許浚, 1613년)이 간행되었다. 나중에 중국, 일본에서도 출판된 이 의학서는 조선 의학의 높은 수준을 말해 준다. 이런 전통 때문인지 몰라도 지금도 한국에서는 한의학이 서양의학과 동등한 위치에 있으며, 보건복지부를 중심으로 한방의료제도와 연구개발체제를 정비하고 있다. 현재 전국에는 11개 대학에 6년제의 한의학과가 개설되어 있으며, 졸업 후에 국가시험에 합격하면 '한의사 전문의'가 된다. 또 한방 의료기관에서는 진료와 입원에도 의료보험을 적용하고 있다.[51]

한국을 여행하는 사람들은 마을의 여기저기에 '약'이라고 크게 쓰인 간판을 내건 약국을 볼 수 있다. 그런데 그 약국에서는 한약을 조재해 주는 곳도 많다. 이렇듯 한방치료는 일본과 비교가 안 될 정도로 한국 사람들의 생활 속에 깊게 뿌리내려 있다.

온천 발견에 관한 전설

지금까지 살펴본 것처럼 동래온천에 관한 옛 문헌의 기록과는 다르게 예부터 전해 내려오는 동래온천의 발견에 대한 전설이 있다. 바로 흰 사슴의 전설과 백학 전설이다.

---

51 일본의학교류협회, 「한국한방사정(韓國漢方事情)」, 2000년

옛날에 며칠 동안 계속해서 눈이 내린 해가 있었다. 어느 날 밤, 산중에서 너무나도 추워 참을 수가 없게 된 흰 사슴 한 마리가 금정산金井山(동래온천의 뒤에 있는 산)에서 마을 기슭으로 내려왔다. 그리고 들판을 여기저기 헤매다가 어느 곳에서 몸을 기대어 쉬게 되었다. 다음 날도 그 다음 날도 눈은 계속해서 내렸다. 밤이 되면 그 사슴은 다시 같은 장소에 와서 쉬었다. 이윽고 눈이 그친 어느 날, 마을 사람들은 이상한 광경을 보았다. 넓은 들판은 며칠 동안 계속 내린 눈 때문에 하얗게 되어 있었지만, 그 사슴이 쉬던 곳만은 땅을 드러내고 있었던 것이다. 마을 사람들이 그 장소에 가보고는 크게 놀랐다고 한다. 이렇게 해서 동래온천이 발견된 것이다. 바로 흰 사슴의 전설이다. 현재의 '녹천탕', '녹천 호텔'이라는 이름도 이 전설에서 유래되었다.

한편, 백학 전설은 다음과 같다. 신라시대였다. 동래에서 멀리 떨어진 마을에 늙은 할머니가 혼자 살고 있었다. 오른쪽 다리의 관절이 아파서 항상 다리를 절며 다녔다. 어느 해 봄, 할머니는 금정金井에 있는 늪 근처에서 밭일을 하고 있는데 몸이 아파 오기 시작하여, 잠시 앉아 쉬고 있었다. 그러자 저 쪽 하늘에서 하얀 학이 한 마리 날아와 눈앞의 늪에 앉았다. 그 학은 한 쪽 다리를 다친 듯, 다리를 절며 곧 쓰러질 듯이 보였다. 할머니는 자신과 같은 처지라는 생각에 학을 가엽게 여겼다. 이튿날도 사흗날도 그 학은 늪을 떠나려고 하지 않았다. 할머니는 불쌍한 학의 다리를 옆에서 자세히 보기로 생각했다. 가까이 다가서자 학이 놀라서 몇 발자국인가 다리를 움직이는 게 아닌가! 그런데 학이 전혀 다리를 절지 않는 것이다. 할머니는 자신의 눈을 의심했다. 곧이어 백학은 날개를 펼쳐 하늘로 날아가 버렸다. 할머니는 학이 다리를 집어넣은 물웅덩이에 가 보았다. 가보니 땅속에서 맑은 물이 솟아나오며 김이 피어오르고 있었다. 이 이상한 물

덕분에 저 학의 아픈 다리가 나은 것은 아닐까? 하고 생각한 할머니는 그때부터 매일 자신의 다리를 그 탕에 넣어보기로 했다. 계속해 보니 상태가 나빴던 다리가 옛날처럼 치유되었고, 그것을 본 마을 사람들이 연이어 이곳으로 왔다. 이러한 소문은 마을에서 마을로 퍼졌고 이윽고 나라 전체에 알려지게 되었다.[52]

일본에도 신화의 영웅이나 여러 나라를 수행한 고승들이 온천을 발견했다는 전설이 있다. 그러나 '흰 사슴', '백학'을 비롯한 곰, 원숭이, 백로 등, 마을 사람들의 생활과 관계가 있는 동물들 때문에 온천이 나오는 장소나 그 치유효과를 알게 되었다고 하는 전설은 압도적으로 많다. 특히 신선이 사는 삼신산의 동물들은 모두 흰색을 하고 있다고 한 것처럼('사기'), '흰 사슴', '백학' 등은 신선의 세계와 통하는 상서로운 것이다. 또한 불로장생의 상징이다. 이 같은 동물에 의한 온천 발견의 전설이 일본과 조선에 존재한다는 사실은 온천 문화의 배경에 도교사상이 영향을 끼친 것은 아닐까 하고 생각해 본다.

한국의 온천 사업자(호텔, 목욕탕 등)의 단체인 사단법인 한국 온천협회는 행정자치부의 승인을 받아서 회원에게 회원증을 발급하고 있다. 회원증의 마크 디자인은 각지의 전설에서 유래된 하얀 학이나 백로와 같은 새가 날갯짓을 하는 모습이다(그림2-2). 이 새는 날개 부분이 세 줄로 되어 있는데 온천수의 김이 피어오르는 온천 마크를 변형해 만든 것이다. 회원은 이 표상을 온천시설의 입구에 내건다. 동래온천의 녹천 호텔에서도 현관에 이 새의 도안이 들어간 증서가 걸려있다. 녹천 호텔의 이름은 하얀 사슴의 전설에서 비롯된 것이므로, 입구에는 동래온천에 깃든 두 개의 전설이 함께 하고 있는 것이다.

---

52 『동래온천소지(東萊溫川小誌)』, 1991년

그림2-2 한국 온천협회의 마크
새를 본 뜬 이 디자인은 각지의 온천 발견 전설에 관련된 흰 학이나 백로 등에서 유래되었다. 신뢰할 수 있는 온천시설이라는 것을 나타내는 이 마크는 녹천 호텔의 현관에도 걸려 있다(2003년 촬영).

동래온천에 온 '왜인'들

동래온천과 일본의 관계에 관한 가장 오래된 기록은 '조선왕조실록' 세종 20년(1438년)의 한 구절이다. 세종은 조선왕조의 제 4대 왕으로(재위는 1418~1450년) 조선의 기반을 굳게 한 명군이자, 한글을 창제한 왕으로도 유명하다. 기록의 한 구절을 보면 당시 일본과 통교를 한 내용이 나오는데, 먼저 그 배경에 대해서 간단히 살펴보자.

고려에 이어, 조선 정부도 반도의 해안을 자주 습격하여 피해를 주는 왜구 때문에 골머리를 앓고 있었다(왜구가 전부 일본 출신자라고는 할 수 없다). 그리하여 일본의 무로마치 막부室町幕府에 왜구에 대한 단속을 요청하거나, 때로는 근거지로 보이는 대마도를 공격한 일도 있었다. 그와 동시에 투항을 권하거나 통상을 허락하는 등의 회유책도 병행했다. 대마도의 종宗 씨, 주방周防의 오우치大內 씨 등을 비롯한 서일본의 여러 다이묘大名(영지를 가진 무사) 및 호족들은 자주 조선에 사신을 파견하였다. 조선 정부는 일본과 통상이 증가하자 이것을 규제하기 위해, 1401년 개항 항을 경상도의 부산포(현재의 부산), 내이포薺浦(제포) 두 곳으로 제한했다.

1426(세종8)년에는 염포(현재의 울산시)도 개항 항이 되었고, 그 후 이들 '삼포'는 무역항으로 발전한다. 삼포에서는 외부로 통행하는 것을 제한하였지만 왜인의 거류지가 있었고, 사신의 접대나 교역의 수속을 밟는 왜관도 두었다. 그 중에도 내이포에 거주하는 왜인의 수는 15세기 말에는 2,500명으로 증가했다.[53] 이와 관련하여 『조선왕조실록』에는 다음과 같은 구절이 있다.

> 의정부(최고의결기관)에서는 예조禮曹(외교 등을 담당하는 기관)의 진언으로, 내이포에 정박하여 상경하거나 귀환하는 왜인들이 모두 동래온천에서 목욕하기 때문에, 길을 돌아서 가자고 재촉하니, 사람과 말이 힘들어한다. 금후, 내이포의 객인은 영산 온천에서 목욕을 하게 하고, 부산포의 객인들은 동래온천에서 목욕하게 하도록 하며, 길을 돌아가는 폐를 없애기 위해 그렇게 하기를 권한다(『조선왕조실록』, 세종20년).

이 내용은 '내이포에 온 왜인이 한성漢城(서울)으로 상경하거나 귀환하는 도중에 동래온천에 입욕을 하려고 작심하고 통행로를 벗어나 사람과 말을 부리므로, 말과 주민들이 난처해하고 있다. 그 대책으로 다음부터는 내이포의 왜인은 영산온천에서, 부산포의 왜인은 동래온천에서 입욕을 하도록 규제하고 싶다'는 것이다.

한성으로 상경하는 것이 허락된 사신 등은 조선 정부의 환대를 받았으며, 한성까지 헌납품을 운반하고 하사품을 받아서 돌아왔다. 이 운반에는 주민들이 무상으로 동원되었다. 개항 항에서 한성까지의 통행로는 개항 항마다 달라, 내이포에서는 창원, 창녕, 성주, 청주를 지나는 '우로'(서울에서 보기에 오른쪽), 부산포에서는 밀양, 대구, 상주를 지나는 '중로'가, 그리고 염포에서는 경주, 안동, 충주를 지나는 '좌로'가 각각 정해져 있었다. 그러나

53 무라이 쇼수케(村井章介), 『중세왜인전』, 1773년

내이포의 왜인이 우로를 지나지 않고 부산포의 바로 북쪽에 있는 중로에 있는 동래온천으로 들어가려는 바람에, 왜인에게 통행의 편의를 제공하지 않으면 안 되는 연도의 주민이 짐과 말의 부담에 참을 수 없는 상황이 된 것이다. 그래서 정부는 그 해결책으로 내이포의 왜인은 우로에 있는 창원의 북쪽에 위치한 영산 온천을, 또 부산포의 왜인은 중로에 있는 동래온천을 이용하도록 정한 것이다. 영산온천에 대해서는 『용재총화慵齋叢話』(성현成俔 저, 15세기 후반)에 다음과 같이 적혀 있다.

> 경상도 영산현에 온천이 있다. 온천수는 대부분 조금 미지근하여, 목욕하는 사람, 혹은 데운 돌을 던져 온도를 높인다. 더욱이 왜인들처럼 목욕하기를 원하는 사람이 끊어지지 않고 있다. 현은 이를 싫어하여 정부에 아뢰어 그 온천의 원천을 막았다 (『용재총화慵齋叢話』 9권).

뜨겁게 달군 돌을 온천에 넣어 온도를 높인다고 하였으므로, 온천수로서 온도가 충분하지 않았던 모양이다. 또 『용재총화慵齋叢話』의 한 구절에는 '온천의 원천을 막았다'는 부분을 보면, 당시에 왜인이 빈번하게 영산온천에 왔을 뿐만 아니라, 다른 온천에도 자주 나타났었다는 것을 알 수 있다. 왕후나 정부의 고관이 온천치료를 위해 방문하는 경우에도 주변 마을에서 갖가지 물자를 거두어 갔다. 이 때문에 그런 일을 자주 겪어야 했던 많은 주민들은 부담을 견디지 못했을 것이다. 그래서 주민들이 온천의 원천을 막아버리는 행동을 했던 것이다.

한편 『조선왕조실록』에는 동래온천과 일본의 관계에 관해 나와 있다.[54]

> 【세종 22년(1440)】 동래온천에 입욕하는 왜인들의 체류 일수를 제한하고, 동래의 관리들이 '그 사람의 질병의 경중을 보고, 병이 심각하면 5일을 묵게 하고,

---

54 한국내무부, 『온천지』, 1982년

가벼우면 3일간만 묵게 한다'고 되어 있다.

【문종 원년(1451)】 대마도의 왜인 종성가宗盛家(대마도의 영주)가 동래온천에서 입욕을 했는데, 유집현전수찬遺集賢殿修撰 이극감李克堪이 노고를 위로하여, 약이藥餌, 안마, 의복, 짚신, 쌀 10석, 잡채화석雜綵花席 5장, 호피虎皮 3장, 소주 30병, 청주 50병, 꿀 3두, 과일 4각角, 건어물 500미, 백세견유, 견포, 마, 흑마를 각 5필을 주었다.

【단종 원년(1453)】 광평대군廣平大君(세종과 명헌대후비의 5남)의 부인이 동래온천에서 온천치료로 몇 개월을 머물고 있어서 주변 마을의 부담이 크다. 또 들으니 부인의 장기 체류로 인하여 '왜인은 입욕을 못하고 순서를 기다리는 자가 꽤 많다' 더 이상 부인의 체류를 허락할 수 없다.

이런 기록들을 보면 동래온천은 조선의 어떤 온천지보다도 교역을 위해 많은 왜인들이 방문했다는 것을 알 수 있다. 또 대마도 종씨와의 친선 외교의 무대가 되는 등, 예로부터 일본과의 교류가 많았던 특이한 온천지라고 할 수 있다.

그 후에도 삼포에서는 활발하게 통교가 이루어졌지만, 1510년에 권익을 확대하려는 왜인들이 제포(내이포), 부산포에서 폭동을 일으켰다. 폭동은 곧 조선군에 의하여 진압되었지만, 이 '삼포의 난' 후에 조선 정부와 대마도 소우씨 사이의 관계는 다소 회복은 되었지만 왜인들의 거주와 통교는 엄격하게 제한을 받게 된다. 그리하여 개항 항은 부산포로 한정된다(1547년). 이후 왜인들에게 동래온천은 갈래야 갈 수 없는 '유토피아'가 되었다.

2. 개항기의 동래온천

대마도 영주의 동래온천 방문

도요토미 히데요시豊臣秀吉의 2번에 걸친 조선 출병文祿慶長의 役(16세기 말) 즉 '임진왜란과 정유재란'으로 조선의 국토는 황폐화된다. 그리고 일본의 도요토미 정권은 무너지고 1603년에 도쿠가와 정권이 수립된다.

조선 정부는 대마도 영주인 소우시토시宗義智의 계속된 요청을 받아들여, 1609년에 을유조약이라는 통교규정을 맺어, 전쟁으로 중단되었던 한일 간의 통교가 재확립되었다. 개항 항은 부산포 하나로 선박의 종류와 척수도 정해져 있었다.

외교관계 회복의 협의가 진행되던 도중, 통교의 창구가 될 왜관이 부산에 다시 설치되었다. 왜관은 일시적으로 부산의 맞은편인 절영도에 설치되었지만, 1607년 부산의 두모포豆毛浦(현재 부산시 동구 수정동)에 신축하여 이전하게 되었다. 그러나 두모포의 왜관은 무역을 확대하려는 대마도 측의 입장에서는 비좁았고 선박이 정박하기에도 불편하였다. 그래서 수년에 걸친 교섭 끝에 1678년에 두모포에서 남쪽으로 약 4km 떨어진 초량으로 다시 왜관을 이전하였다.[55·56]

초량 왜관은 현재의 용두산공원이 있는 일대였다. 국토를 지킨다는

55 나카무라(中村榮孝), 『한일관계사 연구』, 1969년

56 다시로 가즈이(田代和生), 『왜관』, 2002년

이유와 밀수를 방지하기 위해 왜관 주변에는 목책과 장벽이 설치되었고(나중에는 석담, 둘레에 도랑도 설치), 출입구는 수문과 북문 2개로 제한되었다. 또 여러 곳에 초소를 두는 등, 외부와 접촉하는 것을 엄격하게 통제하였다. 따라서 일본인들(대마도 사람들)은 왜관의 경계를 넘어서 동래온천까지 갈 수 없었다. 다음과 같은 기록이 있다.

> 일본의 임시 사절인 하라 세이타平成太 등이 수행원 50여 명을 이끌고 동래온천에 가서 입욕을 하였다. 신후재, 정철 등의 통역관이 그 이유를 답하기를 갑작스런 병을 치료하기 위한 것이라고 한다. 이들은 연 5일을 가서 입욕하였다(『조선왕조실록』 현종 12년).

대마도 영주와 동래부 사이에, 두모포의 왜관을 이전하는 문제로 시끄럽던 1671년 10월의 일이다. '하라 세이타'란 대마도 출신의 스에 효고노스케津江兵庫助를 말하는데, 왜관의 이전 문제를 교섭하기 위해 파견된 대마도의 관리였다. 같은 해 8월, 스에는 왜관의 관문을 나와 동래부로 가서 직접 담판까지 했으나, 교섭이 좀처럼 진전되지 않았다. 그리고 스에 효고노스케는 12월에 동래부에서 갑자기 병을 얻어 죽게 된다. 금기를 깨고 10월에 '동래온천에 가서 입욕'을 할 때도, 어려움을 겪고 있던 교섭을 진두 지휘하느라 심신에 병이 난 것은 아닐까 하고 추정된다. 왜관 이전 허가가 난 것은 스에가 죽고나서 약 2년이 지난 1673년 10월이었다.

시대는 흘러 부산항이 개항한 3년 후(1879년), 예전에 두모포 왜관이 있던 해안을 내려다 볼 수 있는 언덕 위에 일본인들의 손으로 스에 효고노스케를 추모하는 비석을 세웠다.[57] 나중에 이 언덕은 '고관공원古館公園'으로 정비되었다. '고관'이란 초량으로 이전한 왜관에 비춰서 볼 때 오래된 왜관을 의미하는 것이다. 일본의 패전과 함께 그 비석도 철거되었지만 초창기에

57 『한일통교사』

부산에 건너 온 일본인들 중에는 대마도 출신자들이 많았다. 그들은 이 비석을 세우면서 한국까지 건너온 자신들의 '기개'를 같은 고향사람인 스에에게서 찾아보려고 한 듯하다.

이같이 금기를 범하며 동래온천에 입욕했다는 기록은 예외적인 것으로, 삼포의 난(1510년) 이후, 일본 사람들에게 동래의 길은 굳게 닫힌 상태였다.

통행권의 확대

1876년에 체결된 '조일수호조약'에 의해 동래의 길은 다시 열리게 되었다. 이 한일수호조약의 부록에 의해 동래는 일본인의 자유 통상통행권으로 들어갔다. 원칙적으로 통행권은 부산항의 포구에서 직경 10리(약 4km)의 범위 내였지만, 그 범위 밖에 있는 동래 방면(부산항에서 약 15km)으로 통행하는 것은 예외로 인정되었다. 당시 동래부의 정치, 경제의 중심지였던 동래를, 일본은 필히 통행권 내에 확보해 두고 싶었던 것이다.

이렇게 일본은 동래의 통행권을 법적으로 획득하였으나, 개항 직후 정세가 불안정하던 시기에는, 일본인들에게 있어서 동래까지 가는 길은 여전히 어려워 보였다. 1879년에는 자주적인 관세체계를 갖추려는 조선 정부와 이를 방해하려는 일본 정부 사이에 긴장감이 고조되었다. 또 1882년 7월에는 개화정책에 불만을 품은 조선 군인들이 서울에서 폭동을 일으켜, 일본 공사관이 습격을 받은 사건이 일어났다(임오군란).

부산의 일본인 거류지에도 긴장이 감돌며 외출 금지령이 선포되었다. 일본으로 도망가려던 공사 하나부사 요시모토花房義質는 군함 4척, 수송선 3척, 보병 1개 소대와 함께 다시 서울로 돌아와 조선 정부의 '책임'을 추궁하며 이를 구실로 현안이었던 제물포(인천)의 개항을 요구했다.

1882년 8월, 제물포조약(인천의 개항)을 체결할 당시, 한일수호조약의 일부를 개정(수호조약속약修好條約續約)했는데, 제 1조에서 부산, 원산(1880

년에 개항), 인천(1883년에 개항)항에서의 통행권은 '4방으로 각 50리(20km)'로 정해졌으며, 부산의 경우에는 동으로 기장(현 기장군), 서로는 김해(현 김해시), 남으로는 명호(현 부산시 강서구 명지동), 북으로는 양산(현 양산시)까지를 경계로 하였다(전부 경상남도로 1884년에는 400km로 확대되었다). 이 새로운 규정에 따라 동래온천은 완전히 일본인의 자유 통행권 내로 들어갔다.

일본인이 본 동래온천

개항 당시, 동래온천은 금정리(금산, 중리, 마암 마을의 총칭)라고 불리는 곳으로 30~40가구 정도가 있는 조그마한 마을이었다.[58] 이곳에 동래부가 관리하는 공중목욕탕이 있었다. 이 시설은 18세기 초에 만들어졌고 개축하여 사용하고 있었다. 개축할 때(1776년)에 만들어진 '온정개설비'에는 온천 시설의 개략에 대하여 다음과 같이 새겨져 있다.

> … (욕장시설은) 약 9간間으로 남녀로 구분하며 상쾌함이 날아갈 듯하다. 온천을 관리하는 주재소를 짓고 대문을 만들고, 그 안에는 비석을 세웠다.

이 비석은 현재 동래온천의 '제일탕'이라는 온천 여관에 근접한 '동래온정용각東來溫井龍閣'의 대지 안에 보존되어 있다(부산광역시 지정문화재 제14호, 그림2-4). 용각(그림2-3)에서 제일탕까지의 장소는 조선시대 동안에 동래부가 관리하던 공중목욕탕이 있던 곳으로 동래온천의 '원류'라고 할 수도 있다. 그런데 개항기에 이 공중목욕탕에 입욕하던 일본인들에 관한 귀중한 기록이 남아있다. 1887년에 부산에서 대구, 경주 방면을 시찰한 일본인 청년의 여행기인 '조선기행'[59]의 한 구절이 그것이다. 이 청년의

58 김재관, 「동래온천 취락연구」, 1983년

이름은 알 수 없으며, '모 고등학교 졸업생으로, 가장 유망한 학생 중의 하나인 지사志士모 군'이라고 기록되어 있을 뿐이다.

같은 시기에 러시아 군인들이 조선내의 육지를 수차례에 걸쳐 염탐하고 있었다는 것을 미루어 짐작하면, 이 청년 '지사'의 여행도 조선 현지의 정보를 수집하기 위한 목적의 밀정으로 여겨진다.

청년은 도쿄를 출발한 후 나가사키에서 다카치호마루高千穗丸에 승선하여 부산에 도착했다. 부산에 도착하여 대지여관에 투숙하고 조선을 여행할 준비를 했다. 부산의 첫인상은 '일상용품을 구하는 것에서는 아무런 불편을 느끼지 못했고, 학교, 병원, 경찰서를 비롯한 요리점, 여러 도매상, 유곽에 이르기까지 모든 것이 구비되어 있어서 일본과 조금도 차이가 없다'고 기록되어 있다.

그림2-3 동래 온정용각東萊溫井龍閣
대문 안쪽으로 보이는 건물이 용왕제를 올리는 용각이다. 매년 '중양重陽'의 날에 용왕제를 올린다.

---

59 동방협회, 『조선휘보』 소장, 1873년

그림2-4 온정개건비改建碑와 욕조
'동래온정용각'의 대지에 보존되어 있다. 이 근처에는 예전부터 동래부가 관리한 욕장이 있었다. 개건비 앞에 있는 '욕조'는 '끼얹어서 이용하는 탕'용으로 사용된 것으로 추정된다(그림 2-3, 2-4는 2001년 촬영).

1889년 4월 1일 아침, 부산의 일본인 거류지를 출발한 청년은 동래부에 가서 조선의 내륙 여행 허가서를 발급 받아, 오후 3시부터 동래부에서 북쪽을 향해 여행을 시작했다. 그는 논밭을 끼고 2km 정도를 걸어서 금정리에 도착했다. 해는 아직 높았지만 입욕을 할 수는 없을 것 같아 일행과 함께 '온천여관을 하는 이 별장李別將의 집'에서 숙박하기로 했다. '별장別將'이란 금정산성(금정산 위에 있는 산성)에 소속된 하급 군인으로, 동래온천의 공중목욕탕을 관리하는 온정직을 겸하고 있었다.

온천은 평지에서 솟아오른다. 물의 온도가 굉장히 뜨겁기 때문에 화강석花崗石으로 만든 통으로 물을 퍼내서 식을 때까지 기다린 후 목욕하는 것이 방법이다. 메이지 15년(1882) 이후, 일본 사람이 와서 입욕을 하므로 가옥을 반으로 나눠서 2실로 하여, 조선인과 일본인의 욕장을 달리했다. 그러나 우리 일본인의 욕실은 또 다시

2실로 분할하여 남녀의 욕실을 구별해 두었지만, 조선인이 입욕하는 곳은 오로지 1실에 통이 하나만 있어서, 남녀가 각각 때를 맞춰서 오지 않으면 입욕할 수가 없다. 그래서 불편하기 그지없다고 한다(「조선기행」).

일본인의 자유 통행권이 확대되어 1882(메이지15)년에 일본 영사관은 동래부와 교섭하여 동래온천의 공중목욕탕의 여탕을 빌려, 일본인들도 동래온천을 이용할 수 있게 되었다. 이 욕장시설에 관해서는 조선 총독부 경무 총감부 위생과가 정리한 『조선광천요기朝鮮鑛泉要記』(1918년)에도 다음과 같은 기록이 있다.

구 온천(동래부가 관리한 공중목욕탕)은 조선식 기와 지붕으로 된 목조로 대소 2동이 있다. 1동은 30평의 욕조를 나누어 조선인 남탕과 욕탕으로 구분하였다. 다른 1동은 여탕으로 사용 하였는데, 두 곳 모두 돌을 깔아둔 욕조와 앉아서 물을 끼얹는 수조 등이 있다(『조선광천요기』).

위 2개의 자료를 정리해 보자.

일본인 거류지회가 동래부에서 욕장을 빌린 시점(1882년)에 동래온천에는 예로부터 내려온 공중목욕탕 1동이 있었고, 그것을 남녀별로 구별하여 사용하였다. 그러나 그 여탕 쪽은 일본인 전용으로 하고, 조선인들은 남탕의 욕실을 남녀가 시간을 정하여 사용해야 하는 등의 '불편'이 생겨난 것이다. 그래서 나중에 다시 별도의 조선인 여탕 전용의 작은 욕장시설을 만들어 공중목욕탕은 '대소 2동'이 된 것이다. 그 후 일본 사람들이 새로운 온천여관을 독자적으로 개업한 후(1910년), 예전부터 있었던 공중목욕탕은 일본인들에게 '구舊온천'이라고 불리게 되었다.

그 다음으로 욕장 내의 설비에 관한 것인데, 「조선기행」에서 '화강암으로 만든 통'이라고 기록된 욕조는 현재도 용각에 보존되어 있다. 예전부터 공중목욕탕에서 사용된 것으로 전해지는 돌로 만든 욕조(그림2-4)를 말하는 듯하다. 그것은 허리까지 잠기는 낮은 욕조로 몸 전체를 담글 수는 없다. 이것은 『조선광천요기』에서 '앉아서 물을 끼얹는 수조'라고 기록된 것이 아닐까 생각된다. 반면 전신욕을 하기 위한 용도의 깊은 욕조는 어떤 것이었을까? 『조선광천요기』의 또 다른 곳에는 '욕조는 돌로 만든 것과 회반죽으로 만든 것이 있다'는 기록이 있다. 온천이 솟아나는 입구 근처에 구덩이를 파놓고 거기에 돌을 쌓아, 회반죽을 하여 굳힌 다음, 거기에 탕을 채우는 것으로 생각된다. 추측이지만 「한강선생봉산욕행록」에서 언급되는 '(내)석정'이 이것일지도 모른다.

'용왕님께 지역의 평화와 번영을 기원합니다'

동래온천 번영회 사무국장 정태효鄭泰孝

매년 음력으로 9월 9일 '중양重陽'에는 동래온천의 일각에 있는 용왕각에서 '용왕제'를 올린다. 바다의 신인 용왕을 받들어 온천수의 풍부한 용출과 지역의 번영을 기원하는 것이다.

조선에서는 예로부터 일반에게 강가나 해안에 용신사龍神祠, 용왕묘龍王廟를 두어, 한발, 풍어를 빌고 항해의 안전 등을 기원했다. 또 '중양'은 음양설에서 말하는 '양'의 수 1,3,5,7,9가 월과 일에서 겹치는 '중일重日' 중에서 가장 큰 수다. 상사上巳(3월 3일)의 복숭아, 단오(5월 5일)의 창포, 중양의 국화는 마귀를 쫓고 무병장수를 상징한다. 그리고 일본 우라시마浦島 전설의 '용궁'에서도 볼 수 있는 것처럼 용 또한 신선의 세계와 이어진다.

동래온천의 용왕제는 전승에 의하면 온천의 발견과 함께 신라시대부터 시작된 제사다. 일본 식민지 시기에는 용왕을 바꾸어 일본식의 '탕신제湯神祭'가 행해지다가 조선이 해방(일본의 패전)한 후 용왕제는 부활하였다.

용왕제를 주최하는 것은 지역 온천동의 주민이나 온천시설의 경영자로 구성된 사단법인 '동래 번영회'다. 번영회는 지역 주민의 생활환경 전체를 생각하여 필요한 것은 관청에 건의하기도 한다. 이 번영회의 사무국장으로 있는 정태효 씨는 용왕제에서 매년 제문을 읊는다. 제사가 있는 날에는 아침 4시 반에 일어나서 온천수로 목욕재계를 한다. 그리고 전통 의복을 입으면 한층 기분이 고조된다고 한다. 그는 '제문을 읊으면 정말로 눈앞에 용왕님이 나타나는 것 같아요. 지역 주민들이 1년 동안 무사히 보낼 수 있도록 기도합니다!' 하고 말한다.

제단에 바치는 음식은 밥도 반찬도 모두 온천수로 조리한다. 그러나 용왕과 관계되는 어류는 바쳐서는 안 된다. 제사가 끝나면 참가한 주민들과 용각의 잔디 위에서 제단에 올린 음식을 내려 함께 먹는다. 이렇게 신과 사람이 교류하는 제사가 있어서 지역의 관계도 좋아지는 것이다.

일본여관 '봉래관蓬萊館'의 개업

청일전쟁(1874~1975년), 러일전쟁(1904~1905년)을 거쳐, 일본이 조선에서 지배력을 확대하고 심화해 가는 중에 일본인들의 동래온천 진출은 질적인 변화를 이룬다. 기존의 공중목욕탕을 차용하는 형태가 아닌, 일본인들 자신이 직접 온천 경영을 하게 된 것이다.

1878년 일본 영사는 대한제국 정부와 직접 교섭하여 온천장의 일부를 부속 가옥과 함께 10년 동안 부산의 일본인 거류회가 사용할 수 있도록 계약을 한다. 임대료는 1년에 25엔이었다. 거류회는 나가사키 현 출신의 선박업자인 야토지 나오키치八頭司直吉에게 온천 여관의 경영을 위탁한다. 동래온천에서 최초의 일본인이 경영하는 여관 '야토지八頭司여관'이 개업한 것이다.

1903년에는 여관 '광월루'도 개업하였으며, 1906년에는 부산에서 무역

업을 하는 도요타 후쿠타로豊田福太郎가 여관과 욕장시설을 건축한 '봉래관'을 영업하기 시작했다.[60]

한편 도요타가 동래온천에서 봉래관을 개업하기까지의 경위를 정리한 신문기사가 있다. 기사의 제목은 '조선농사개량의 은인인 도요타 후쿠타로 씨의 사업'이다.

> 도요타 후쿠타로 씨는 대마도 사람으로 메이지 12년(1879)에 엄한 아버지와 함께 조선으로 건너왔다. … 메이지 44년(1911)에 가업을 계승하여 주로 부산에 모이는 미곡을 동씨 소유의 범선이나 다른 증기선으로 오사카나 고베 방면에 수출하며 다이쇼大正 원년 비료부肥料部를 개설하였다. … 지금은 멀리 경원선(서울~원산), 경의선(서울~신의주) 방면에서도 각종의 화학비료에 대한 주문이 끊임없이 들어오고 있다(『조선시보』, 1923년 6월 23일).

개항 초기, 부산에는 대마도 출신의 일본인들이 많았다. 1878년의 『조야신문朝野新聞』(12월 10일)은 부산의 일본인 거류지가 '대마도 이즈하라嚴原의 마을'로 보일 정도였다. 이처럼 대마도에서 많은 사람들이 얼마 안 되는 자본을 갖고 조선으로 건너왔다는 현황을 전하고 있다. 이것은 당연히 중세, 근세를 통한 조선과의 교역 경험이 대마도 전 지역에 축적되어 있다는 역사적인 배경 때문이기도 하다.

도요타 부자는 당시, 각 개항 항구에서 일본인 무역업자들이 하던 조선의 미곡을 일본에 수출하고, 일본에서 화학비료를 수입하는 일을 하고 있었다. 그리고 이 무역업으로 재산을 축적한 다음, 부산 서쪽의 김해군 생림면, 의창군 진영면 등(두 곳 모두 현재 김해시)에 30만 평의 논을 소유하고, 조선인 소작민을 고용하여 농업 경영에도 손을 댔다. 이 시기에 일본은 급속도로 산업화가 진행되어 도시에 유입된 노동자로 인해 급등한

---

60 히사토우 시게요시(久納重吉), 『동래안내』, 1917년

쌀 가격을 안정시키는 것이 급선무였다.

1900년 전후에는 쌀의 수출은 조선의 수출 총액에서 70~80퍼센트를 차지하게 되었다.[61] 도요타 등 일본인 무역업자들은 큰돈을 손에 넣게 되었지만, 조선사회는 식량 부족과 미곡가격의 급등으로 농촌은 급속도로 궁핍해져 갔다.

조선 정부의 내정을 지도하던 통감부(초대 통감은 이토 히로부미伊藤博文)가 1906년에는 지금까지 공공연히 있어왔던 비합법적인 일본인의 토지 소유를 합법화하였다. 광대한 땅을 보유하고 있던 봉래관의 개업은, 일본인 무역업자들의 '부'가 축적됨과 동시에 총독부가 조선을 '자국'처럼 여기도록 연이어 법률을 제정함으로서 이루어졌다. '조선시보'의 기사를 계속해서 살펴보자.

> 동래온천은 예로부터 봉래의 약수라고 불리며 신비로운 효능이 있다. 더구나 기후가 온난한 조선에 있어서 파라다이스와 같은 동래온천의 백미인 봉래관은 유려하고 정취가 뛰어난 정원과 설비가 완비된 욕장과 어울려 동양 제일의 명성에 부끄럽지 않은 대여관이다.

봉래관은 현재의 농심 호텔(2002년 여름에 개업. 전신은 구 동래관광호텔) 일대다. 도요타는 동래온천에 온천치료를 위해 자주 방문 했지만, 자신이 매입한 온천장 부근의 논에서 온천수가 용출하는 것을 발견하고 온천원을 시굴하게 되었다. 처음에는 집에서 사용하려고 했지만, 나중에 온천여관을 개업하기로 했다. 동래천(현 온천천)이 범람하는 곳에 있던 논과 개울 등의 땅을 높여, 약 7,600여 평의 대지를 만들고 거기에 숙박시설을 몇 동 만들었다. 대지 내에는 일본식 정원을 만들고, 수목은 일본에서 주문해 가져왔고, 연못도 만들었다.

---

61 요시노 마코토(吉野誠), 「개항 후의 사회변동」, 1988년

봉래관의 욕장은 관내에 3곳이 설치되어 있는데, 가족용 목욕탕과 일반 손님용 욕장, 육군 주둔지 요양소(육군 위수병원 요양소)였다. 육군 주둔지 요양소는 상처를 입은 병사의 치료를 위해 군이 봉래관으로부터 빌린 것이었다. 그 후 온돌방을 설치한 별관을 증축하여 욕장은 5곳으로 늘었다. 그러나 1936년 1월 봉래관 본관에서 불이 나 별관만 남게 되었다. 도요타는 봉래관 본관의 재건축을 포기하고, 대지의 북단에 단층 규모의 작은 여관을 신축하였다. 이 여관은 나중에 조선인의 손에 넘어가 '백녹관'이라는 이름으로 해방 후도 영업을 계속하였다.[62]

옛 사진에서 알 수 있는 것

봉래관의 광대한 정원을 찍은 1장의 사진이 있다(그림2-6). 여관 건물의 앞으로 멀리 보이는 석등롱石燈籠이 세워진 큰 연못이 있고, 거기서 뱃놀이를 하는 사람들을 볼 수 있다. 석등롱은 히로시마廣島 현 오노미치에서 가져 온 것이라고 한다.[63]

그리고 사진의 맨 앞의 연못이 보이는 언덕에, 조선의 전통적인 두루마기를 입고 갓을 쓴 할아버지 두 사람이 앉아서, 카메라를 등진 상태로 연못 쪽을 바라보고 있다. 물론 '이국의 정서'를 자아내기 위한 연출이었을지도 모른다. 만약 거기에 조선을 연상하게 하는 할아버지들이 없었다면, 이 사진은 일본의 어디에나 있을 법한 전형적인 전원 풍경이다. 그러나 나는 이 사진을 처음 보았을 때, 연출 의도와는 다르게, 구도적으로 할아버지들이 자신의 손에 닿지 않는 연못의 '저 편 세계'를 멀리 바라다보고 있다는 인상을 강하게 받았다. 이 연못이 마치 일본인의 세계와 조선인의 세계를 가로막는 것처럼 보이는 것이다.

---

62 『부산온천』
63 『조선시보』

그림2-5 봉래관의 본관

일본인이 일본 본국처럼 욕의를 입고 온천가를 돌아다니고 있다. '봉래관'의 그림엽서 1장.

이 사진의 출처는 자세히 알 수 없지만, 봉래관 등의 유명 여관이나 토산품 가게에서 여관과 동래온천가의 명소를 찍어서 각종 엽서로 만들어 판매하고 있었다. 현재도 그 일부가 일본의 옛 서점에 나도는 것을 가끔 발견할 수 있다. 이런 사진도 문자자료와 나란히 당시의 동래온천의 모습을 알리는 중요한 자료가 된다. 오히려 영상자료이기 때문에 이 사진을 보는 사람 중에는 뜻밖의 생각이나 호기심이 생기는 일도 있을 것이다. 사실, 나 자신도 허심청 안에 게시되어 있는 동래온천의 옛 사진에 유혹되어, 이 역사를 더듬는 '여행'을 시작하게 되었다.

동래온천의 옛 사진은 동래구청 문화공보실을 중심으로 하여 수집하고 있으나, 자신의 재산을 사용하면서까지 부산에 관한 옛 사진을 꾸준히 수집하는 사람이 있는데 부산에서 한국 항만연구회를 주관하는 김영호 씨다. 김영호 씨는 1925년 부산에서 태어났다. 생가는 부산항이 보이는 초량 언덕에 있다. 창문을 열면 부두에 부서지는 파도가 손에 잡힐 듯이

그림2-6 봉래관의 정원
넓은 정원에는 뱃놀이를 할 수 있을 정도의 큰 연못이 있다. 나무숲 사이로 2층의 본관이 보인다. 그 뒤의 산이 금정산이다(『사진에서 보는 동래 백년』에서 발췌).

보인다. 아침저녁으로 항구를 바라보면서 자라온 덕분인지 자연스럽게 바다와 관계된 일을 하게 되었다. 2차 대전 말기가 되자 조선인 청년들에게도 징병제를 시행하였다. 그리하여 1944년에 김영호 씨는 해병단에 입대한다. 그는 사세보佐世保로 가서 교육을 받은 후, 타이완臺灣의 항공대에서 준비병이 된다. 300명 정도인 이 부대는 타이완 병사가 약 30명, 조선인 병사가 약 8명 정도 있었다. 그러던 중 타이완에서 해방을 맞아 부산으로 돌아왔다. 그리고 이듬해인 1946년부터 부산항무청에서 근무하게 된다.

오랫동안 근무하던 부산 해군항만청(구 항무청)을 1976년에 퇴직한 후에도 항만과 관계된 단체의 임원으로 일하며 부산항과 함께 살아왔다.

김영호 씨는 지금도 자비를 털어 연구회지인 '항만연구'를 20여 년에 걸쳐 발행하고 있으며, 부산과 부산항에 관한 사진, 항만자료를 계속 수집하고 있다. 그는 사진 자료를 찾기 위해 일본에도 몇 번이나 방문했다고 한다. 그러나 도쿄 간다神田의 고서점가를 돌면서 간신히 자료를 찾아도 너무나 비싸서 살 수가 없었기 때문에 아쉬웠던 적도 많다고 했다. 이런 꾸준한 작업의 '결정체'인 방대한 양의 사진 파일에서, 나는 부산과 동래에 관련된 몇 점의 사진을 복사할 수 없겠느냐고 부탁을 해 보았다. 그는 '좋아요!'하며 흔쾌히 승낙해 주었다. 나는 기분이 좋았지만 동시에 미안한 마음도 갖게 되었다. 그 지역에서 '부산항 박사'로도 불리고 있는 김영호 씨의 꿈은 지금까지 수집하고 정리한 자료를, 설립 계획이 수립된 해양박물관에 기증하는 것이었다. 젊은이들이 부산의 미래를 한층 더 개척할 수 있도록 확실한 형태의 '과거'를 전하고 싶어하는 것이다. 나는 '그런 이유로 내 자료를 유용하게 사용하기를 바랍니다!'하고 말하는 김영호 씨에게 오히려 위안을 받았다. 이 책에도 김영호 씨가 제공한 몇 점의 사진을 게재했다.

경변철도의 개통

봉래관이 영업을 시작한 지 3년 후인 1910년 8월, '한국합병에 관한 조약'이 체결되어, 조선은 일본의 식민지가 되었다. '대한제국'이라는 국호도 소멸되었다. 이렇게 이시카와 탁쿠키石川啄木는 '지도상의 조선국을 검은 색으로 칠하면서 가을 바람소리를 듣는다!'고 노래를 했지만, 교과서 지도에 조선반도는 일본열도와 같은 적색의 일본 영토로 표기하였다. 서울에 식민지 통치기관인 조선 총독부를 세웠으며, 조선왕조 500년의 수도 서울(한성)은 '경성부'가 되었다.

조선 합병 직후인 1910년 11월, 경부선 철도의 부산진역에서 동래까지 약 10km를 연결하는 경변철도를 개통하였다. 부산 경제계의 중진이었던 오이하자마 후사타로迫間房太郎 등 4명이 중심이 되어 '부산 경변궤도 주식회사'를 설립하여(1897년), 1909년 정부의 허가를 받아 공사에 들어갔다. 개통 전에 전력공급과 전기궤도(전차 전선)를 경영할 목적으로 부산에 설립된 '조선 가스 전기 주식회사('가전'이라고 약칭)'가 '부산 경변궤도 주식회사'로부터 모든 권리를 사들여 경영에 들어갔다. 구 회사와 신 회사의 오이하자마를 비롯한 경영진들이 중복되는 것을 보면, 이 권리의 이전은 회사의 업무내용이 확대됨에 따라, 구 회사에서 신 회사로 개조한 것으로 생각된다. 경변철도의 개통 당시의 모습은 다음과 같이 기록되어 있다.

> 궤도 주식회사는 메이지 43년(1910) 11월 22일부터 '부산 경변궤도'로부터 영업을 승계하고, 총독부에서 특허권 양도 허가를 받아 부산진에서 동래에 이르는 약 10km의 경변철도에 의한 화물과 운송객의 수송을 시작하였으나, 이것은 약 76cm의 좁은 궤도여서 동래온천장의 봉래관 바로 옆을 지난다. 한편 부산항을 찾는 일본인 수가 증가해 16,000명에 달했지만, 하루 평균 수입이 30엔 내외에 지나지 않아 삐걱 삐걱하는 성냥갑 같은 열차 옆으로 인력거가 질주하는 모양새였지만, 현재 증기전차니 포장도로에 고급 자동차나 버스가 질주하는 것을 보면 실로 격세지감의 진보라고 할 수 있다(조선 가스 전기 주식회사 『조선 가스 전기 주식회사 발달사』, 1938년).

개통시의 경변철도의 자재는 러일전쟁 시에 봉천奉天(현 심양) 방면으로 일본의 육군 병사, 군수 물자를 수송하기 위해 급히 부설한 군용 경변철도인 '안봉선(현 단동~봉천)'을 만드는 데 사용되었다. 그리고 러일전쟁이 종결된 후, 남만주철도의 국제표준 궤도(4필드 8인치)화에 맞추어 노선을 전면적으로 재부설 하였기 때문에, 불필요해진 군용 기관차나 레일 등의 일부를 '조선 가스 전기 주식회사'에 불하하였던 것이다. 이 경변철도에서는 군용으로 사용되어 노후된 자재를 사용했기 때문인지, 때때로 열차가

그림2-7 경변철도

경부선의 부산진역과 온천장을 연결하고 있는 경변철도의 모습이다. 군용 경변철도인 '안봉선'을 만드는 데 이것의 자재를 사용하였다. 욕의 모습을 한 승객이 보인다. 1910년대 전후의 사진이다(『사진으로 보는 근대한국』에서 발췌).

탈선하거나 동래 방면을 향한 '마비 현馬飛峴'의 고개(현 부산시 부산진구 양정 부근)에서 손님이 내려 열차를 미는 일도 있었다고 한다.[64]

그 후 전철선(시내 전차)이 부산 시내의 부산 우체국 앞에서 경부선의 부산진역까지 개통되었고, 여기에 맞추어 동래선도 개량하고 수선하여 전철화 되었다. 1915년 10월에는 부산의 일본인 마을(구 거류지)과 동래가 전철로 연결되었다. 그때까지는 부산 시내에서 동래온천까지 가려면 일단 경부선으로 부산진역까지 간 다음, 다시 거기서 동래행 경변철도로 갈아타야 했다. 전철 개통을 축하하여 『부산일보』는 '전차와 동래온천(1915년 10월 31일)'이라는 특집기사를 내보냈다.

근래에 일부러 현해탄을 건너 큐슈九州 삼계(멀리 떨어진 곳)까지 가지 않아도 많은 사람들이 조선의 동래온천에서 온천을 할 수 있다. 경성 근처의 대관신사

64 『부산일보』, 1915년 10월 31일

그림2-8 종점인 '온천장'역
1915년에 동래선은 전철화되었고 1927년에는 동래(온천)천을 넘어 온천가의 입구까지 연장되었다. 사진은 차량이 대형화된 1930년대 후반의 것으로 생각된다. 전차선의 영업은 1968년까지 계속되었다(『부산 근대역사관(2003년)』에서 발췌.)

등도 피서, 피한, 피객, 월년越年, 또는 보양을 위해 동래를 향하는 일이 많다.

… 이번에 전철을 개통하여 동래온천이 더욱 번성할 수 있게 되었다. 이를 통하여 호연지기를 기를 수 있고, 신체를 고무하고 병을 치유하거나 마음을 위로하는 사람들에게 활동의 에너지를 줄 수 있다면, 동래온천이 조선의 개발에 많은 공헌을 한다고 믿어 의심치 않는다.

한국합병 후에 조선으로 이주한 일본인들이 증가하여 교통기관을 정비하였다. 1910년대 후반에는 동래온천이 부산뿐만이 아니라 조선 각지에 있는 일본인들을 위로해 주는 온천지로 성장하는 기반이 마련되었다. '동래온천이 조선의 개발에 많은 공헌을 한다.'고 말하는 것처럼, 동래온천의 개발은 이미 일본에 의한 식민지 통치의 일환이라고 할 수 있다.

3. 조선 최고의 온천지가 되다

온천가의 발전

1910년 대한제국이 합병된 후, 조선 총독부는 행정구역 개편을 단행했다. 예전의 '동래부'는 부산항과 일본인 마을을 중심으로 한 '부산부'와, 동래부의 관청이 있었고 상업의 중심지였던 동래가 포함된 '동래군'으로 분리하였다. 온천가는 행정상으로 '동래군 동래면 온천리'로 구분되었다(1914년). '면'은 '리'와 '동'보다는 조금 큰 행정구역으로 일본의 '무라村'에 해당한다. 대한제국을 합병하기 전인 1907년에는 온천리에 거주하던 일본인 가구 수는 6가구였으나 합병 직후에는 20가구로 늘어났다.

동래온천장 일대는 원래 동쪽으로 흐르는 '동래천(동천이라고도 불렀음)'을 형성한 범람원과 그곳에 인접한 황폐한 땅이었다. 바로 서쪽에는 금정산의 산기슭이 좁아지는 지형 때문에 마을은 범람에 의한 침수를 피하여 금정산의 산기슭 자락에 형성되었다.

일본이 통치하던 초기, 범람을 방지하기 위해 동래천이나 동래천으로 합류하는 하천 등의 흐름을 정비하는 공사가 시행되었다. 동래천은 온천장 부근에서 중주中州를 감싸고 동서쪽 두 갈래로 나뉘었다. 동쪽의 분류는 강 폭이 넓으며 지금의 '온천천'에 해당된다. 한편 서쪽의 분류는 강의 폭이 좁으며, 현재는 온천장 입구의 교차점을 남북으로 가로지르는 도로가 되었다.[65]

각각의 분류에는 긴 다리와 짧은 다리가 놓여 있었다. 전철선의 종점인 '온천장' 역은 당초, 온천장에서 보면 동쪽 분류의 건너편(좌안)에 있고, 온천객은 하차한 후, 두 개의 강에 놓인 다리를 건너서 온천장으로 들어갔다(나중에 전철선은 온천장 입구까지 연장됨).

1916년 10월, 전철을 경영하는 '조선 가스 전기 주식회사'는 대욕장인 '동래온천 욕장'을 개설했다. 개업 후 1주일 동안은 부산에서 동래온천까지의 통상 편도요금인 21전의 전철 요금을 왕복 20전으로 할인해 주었다. 또한 대욕장도 무료로 이용할 수 있었기 때문에 온천가는 부산에서 온 손님으로 연일 북적거렸다. 전철까지 운영하는 대규모의 새로운 욕장시설은 다음과 같았다.

> 욕장 안에 욕조 7개를 설치하고 2개는 아주 큰 것으로 만들어 공중용으로, 5개는 크고 작은 것으로 나누어 가족탕으로 빌려주는 욕조로 만들었다. 욕장은 풍부한 용출량을 가진 온천원보다 물이 맑고 뜨거우며, 항상 흘러 넘치고, 욕장 좌우에는 복도로 연결되는 곳에 욕객의 휴게실이 있다. 그리고 단체 모임에 대응하기 위한 300명을 수용할 수 있는 큰 욕장이 있다(『부산일보』, 1916년 10월 16일).

이 기사에는 언급되어 있지 않지만 1918년 조선 총독부 경무 총감부의 조사보고 「조선의 광천」(『조선휘보朝鮮彙報』, 1918년 9월)'에는 새로운 욕장은 '욕조를 조선인에게 구별' 이라고 기재되어 있고, 또한 히사토우 시게요시久納重吉의 『동래 안내』(1917년)에도 '대욕장은 조선인 별로 남탕, 여탕'이 있다고 기록되어 있다. 또 욕장은 일본인용과 조선인용으로 구분되어 있었다.

---

65 「동래온천가도(東萊溫泉街圖)」 참조

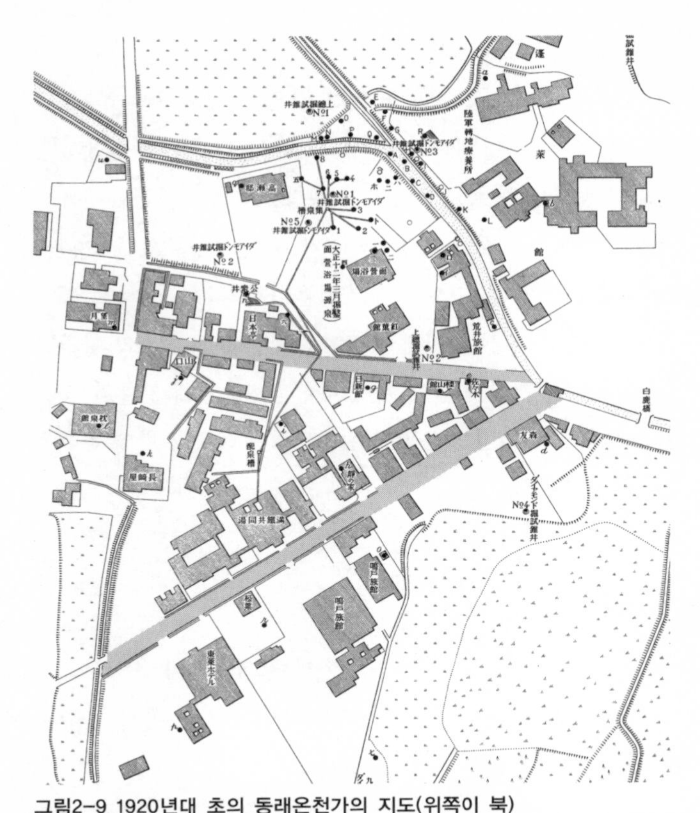

그림2-9 1920년대 초의 동래온천가의 지도(위쪽이 북)
온천가의 가로의 기본 골격은 현재도 그대로다. 망을 씌운 V자형 부분에 주목해서 서두의 「동래온천가도東萊溫泉街圖」와 비교하면 잘 알 수 있다. 조선 총독부 지질 조사소 「동래온천조사보문東萊溫泉調査報文」의 「부도」(『조선지질조사요보朝鮮地質調査要報』 제 2권, 1924년).

개업식에서 '조선 가스 전기 주식회사'의 카시이 켄타로香椎源太郎 사장이 '본사 욕장은 가장 서민적이며 욕객들을 만족 시키는 데에 주안점을 두고 있습니다'하고 인사한 것처럼(부산일보 기사), 이 욕장은 오늘날의 '온천 건강 레저 랜드'의 원형이 되는 시설로 고안된 것이었다. '조선 가스 전기 주식회사'는 대욕장의 개업과 동시에 주변에 소유한 토지를 정리 · 조성하여 별장지로 빌려주고, 1918년 12월부터는 부산과 동래온천 사이에 1일 5번 왕래하는 자동차 운행 사업도 시작했다.

이렇게 '조선 가스 전기 주식회사'가 온천 경영에 직접 관여하게 된 것은 동래온천장 전체의 개발에 탄력을 불어넣었다. 봉래관蓬來館 앞에서부터 신욕장 방면으로 통하는 도로를 만들었고(욕장도로라고 불림), 대욕장의 개업에 맞추어 그 새로운 길을 따라 '정내가 여관', '나루토鳴戶 여관', '시다시야마츠바仕出屋松葉', 카페 '모노베物部', 선물가게 '사사키佐々木' 등도 개업을 했다. 나루토 여관은 부산역 앞에서 영업을 하던 부산 최고라 불리던 요정여관의 지점으로 온천지의 발전에 착안하여 동래온천에 진출한 것이다. 나루토 여관은 대욕장의 정면 맞은편에 위치하여 봉래관과 함께 동래온천을 대표하는 여관이 된다.

철도 자본에 의한 개발

그런데 '조선 가스 전기 주식회사'가 동래온천에 대규모의 욕장시설을 개설할 때에 일본 사철私鐵(기업이 운영하는 철도회사)이 하던 온천, 유원지 경영의 선례를 참고했던 흔적을 찾아볼 수 있다.

> 교외 전차의 성장에는 주택지, 오락지, 운동장의 경영 등이 있고, 그 중에서 본사의 전차 운영에 있어서는 하늘에서 준 영천靈泉(뛰어난 약효가 있는 샘)을 보유한다는 절대적 장점이 있다. 그러므로 온천장에 오락 설비 등을 경영할 목적으로…, 공중욕장을 개설하여 일반 욕객의 편리를 모색하여 많은 사람들의 호평을 받았지만, 아무래도 당시에는 부산에 일본인 인구수가 적어서, 일본 대도시의 교외 전차와 같은 호화스런 경영은 곤란했다. 이 때문에 부산의 발전에 따른 점진적인 방침을 채택…(『조선 가스 전기 주식회사 발달사朝鮮瓦斯電氣株式會社發達史』, 1938년)

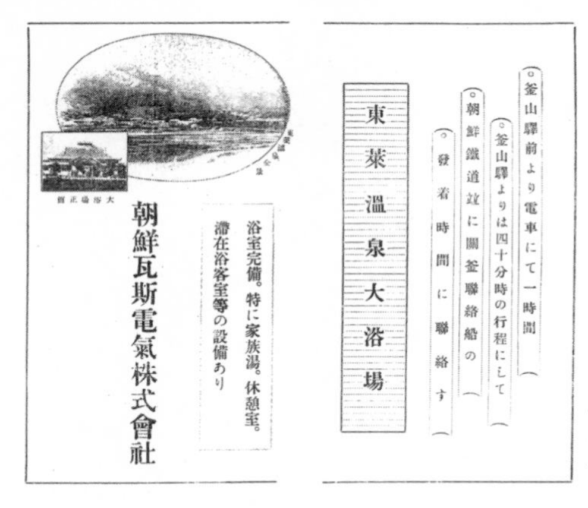

그림2-10 '조선 가스 전기 주식회사'가 설립한 '대욕장'의 광고
'동래 안내(1917년)'

이 기업사의 서술에 '일본 대도시의 교외 전차와 같은 호화스런 경영'이라고 되어 있듯이, 러일전쟁 후 일본 본국의 대도시에서는 사철 자본이 경쟁적으로 교외에 유원지를 만들고, 또 철로 주변의 주택지 개발이 활발하였다. 그 중에서도 도시 교외형 온천 유원지 개발에서 활발했던 사철 기업은 '미노오 아리마箕面有馬 전기궤도(현 한큐 전철 타카라즈카선阪急電鐵宝塚線)' 사였다.

그림2-11 '대욕장'의 외관 일본의 공중욕장에서 볼 수 있는 전통적인 파풍조破風造의 구조다
'부산근대역사관(2003년, 한국)'.

그림2-12 나루토 여관의 광고 '동래안내(1917년)'

'미노오 아리마 전기궤도' 사는 오사카 우메다梅田에서 타카라즈카宝塚 사이의 약 23km와 미노오 지선의 노선공사를 끝내고 1910년 3월부터 영업을 개시했다(조선 가스 전기 주식회사의 동래선 영업 개시도 같은 년도). 회사 이름에서도 알 수 있듯이 오사카 교외에 행락지로서 미노오(동물원 개설)와 타카라즈카를 개발했고, 나중에는 타카라즈카에서 아리마 온천까지 궤도를 증설할 계획이었다(아리마선은 후에 단념). 이 회사는 오사카 방면의 이용객 유치를 예측하여 타카라즈카에 온천을 추가로 개발하였고, 1911년에 대리석으로 만든 대욕장을 보유한 가족 대상의 온천시설인 '타카라즈카 신온천'을 개업했다.

이듬해 일본 최초의 실내 수영장을 개설했지만, 남녀가 함께 수영을 할 수 없었기 때문에 허가를 받지 못해 폐쇄되었다. 이때 폐쇄된 풀을 객석으로 개조하여 온천객의 여흥을 북돋기 위해 시작된 타카라즈카 창가대는 후에 '타카라즈카 극단'으로 발전하여 지금까지 운영되고 있다. 교외에 가족을 대상으로 한 여가의 장으로 개설된 '타카라즈카 신온천'을 방문하

는 입욕객 수는 개업 후 1년 만에 약 45만 명으로 대성황을 이루었다.[66,67]

동래온천에서 '가장 서민적으로 운영하여 입욕객들을 만족시키고 싶다'는 경영방침 아래, '조선 가스 전기 주식회사'가 대욕장을 개업한 것은 '타카라즈카 신온천'이 개업하고 나서 약 5년이 지난 후였다. '조선 가스 전기 주식회사'가 타카라즈카 신온천의 경영을 교본으로 삼았을 것이라는 점을 충분히 유추할 수 있다.

그 후 1922년에는 '조선 가스 전기 주식회사'가 경영하는 모든 온천사업을 '남만주철도 주식회사南滿洲鐵道株式會社(이하 만철滿鐵)'가 매수하여 공동욕장인 '만철공동장'과 숙박 휴게시설을 개설하게 되었다. 만철이 동래온천의 경영에 착수한 것은 조선 총독부가 관할하던 조선철도가 1917년에 조선과 중국 동북부에 통일된 교통기반을 구축한다는 관점에서 만철에 경영을 위탁한 것과 관련이 있었다(1925년 3월 31일에 경영 위탁이 해소된 후는 조선 철도국이 경영). 만철의 이사였던 우에키 시게루植木 茂의 '만철온천 경영에 대해서'라는 강연에 의하면,[68] 당초에는 '조선 가스 전기 주식회사에서 매수한 2만여 평의 토지에 필요한 토지를 더해 동래온천 전체를 유원지 식으로 개발한다는 계획이었다. 그러나 토지의 추가 매수가 난항을 겪게 되자 온천시설에 한정한 계획으로 변경했다고 한다(시설의 준공 연월일 등은 불명).

또한 우에키는 이 강연에서 '이번에 회사에서 착수하게 된 것은 유성(온천, 충청남도), 주을(온천, 함경북도), 금강산(등산 및 경승지 탐방, 강원도), 원산(해수욕, 함경남도), 동래, 인천(대조탕: 바닷물로 하는 온천, 경기도)의 6곳으로…, 이번에 만철이 이런 시설을 개발하게 된 것은 사회에 봉사한다는 의미와 함께 여행객에 의한 수입의 증가를 모색하는 두 가지의

66 『타카라즈카시 역사』, 1977년
67 『쿄한신급행전철(京阪神急行電鐵) 50년사』, 1959년
68 『조선과 건축』, 1923년 제3호

의미'에서 비롯되었다 말하고 있다. 이처럼 만철이 개발한 동래온천은 조선반도 전체의 온천지, 즉 보양지保養地를 개발하는 사업의 일환으로 계획된 것이었다.

인천 '대조탕'과 해수욕

앞에서 서술한 것처럼, 만철은 서울 근교 인천의 월미도에도 입욕시설을 개설했다(1923년 7월 준공). 월미도는 서울에서 가장 가까운 해수욕장이 있는 곳이지만 간만의 차가 크고, 조류, 풍향 등이 문제가 되었다. 거기서 해안을 내려다 볼 수 있는 섬 북부의 언덕에 수영장을 병설한 입욕시설인 '대조탕'을 '25만 엔'의 예산으로 건설했다. 펌프로 끌어올린 해수를 여과하여 풀장과 욕조로 보내고, 욕조내의 해수는 보일러로 일정하게 온도를 유지하였다.[69]

대조탕처럼 끌어 올린 해수를 따뜻하게 데워 입욕하는 것은 옛날에는 염탕이라 불리웠다(증기욕의 '염탕'과는 다르다). 헤이안平安시대 쿄토의 귀족이 스마須磨나 아카시明石 주변의 염탕에 간다든지, 또는 해수를 도시로 끌어와 덥힌 것처럼 , 일종의 약탕으로서 전해지는 것이다. 또 한편, 근대에 와서는 일본에 초빙되어 근대적인 의학 지도를 했던 서구 의사들의 가르침에 따라 해수에 잠겨 목욕하는 '해수욕seabathing'이 인기였다. 인천의 대조탕은 전통적인 염탐과 근대의 해수욕이 조합된 입욕시설이라고 해도 좋을 것이다.

'해수욕'은 일본에서 1885년에 카나가와현神奈川縣 오오이소大磯 해수욕장이 개설된 것이 계기가 되었다. 그 후 철도의 발달과 함께 일본 전국으로 퍼져 유행하였고 각지에 해수욕장이 만들어졌다. 이에 앞서 대만 총독부

69 『조선과 건축』

민정장관을 거쳐 초대 만철 총재가 된 고토 신페이後藤新平가 아이치 현愛知縣의 학교장, 병원장이었을 때(1882년), 아이치 현 토코나메常滑의 오노 해안(현 토코나메 시)에 해수온욕 시설을 만들었다. 또 내무성 위생 국장이었던 나가요 센사이長与專齋도 동년, 후타미우라二見浦(현 미에 현 와타라이군 후타미쵸三重縣 度會郡二見町)에 해수욕장을 개설하기도 했다.[70]

오오이소 해수욕장의 개설에 관련이 깊은 육군 군의총감, 마츠모토 준松本 順의 자서전인 '란수전蘭疇伝'에는 해수욕이라는 치료보건법을 일본에 도입한 경위가 기록되어 있다.

마츠모토 준은 원래 막부의 란방(네덜란드 의술)의로 신센구미대사新撰組隊士(에도막부 말기에 결성된 섬길 영주를 잃은 무사 조직)들과 친교가 있었다고 알려졌지만, 막부 말기에 나가사키長崎에서 네덜란드인 의사인 폰페에게 서양 의학을 배우고 거기서 해수욕의 효능을 알게 되었다. 그 후 새로 들어선 정부의 초빙으로 육군 군의관이 된 마츠모토는 1884년 해수욕장의 개설을 모색하여 예전부터 알고 있던 오오이소 사람들을 방문했다. 해안으로 나가 관찰을 해보니 '기후는 따뜻하고, 산도 아주 높지 않고, 바다를 관찰해 보니 모두가 완벽했다'고 한다. 해수욕장의 조건을 모두 충족시켰던 것이다. 마츠모토는 여관에 체류하면서 그 고장사람들에게 해수욕의 효능을 설명하고 동조자들을 만나게 되었다.

> 메이지18년(1885)의 여름, 계획이 대략 세워지자 부근 사람들이, 이것을 듣고 목욕하러 오는 사람들이 아주 많아졌고…, 20년에 이르러서 철도가 개통되어 토류칸濤龍館이 세워지면서 케이힌京浜보다 욕객이 많아, 북적거림이 극에 달했다. 해수욕의 효과를 아는 사람, 위장병, 류마티스, 신경통, 하지불수, 식욕부진, 자궁 카타르, 빈혈, 안면통 등에 효과가 있다(『마츠모토 준 · 나가요 센사이 자서전』)

70 오구치 치아키(小口千明), 『일본의 해수욕 사상의 수용과 조탕』, 1987년

그림2-13 '만철'이 만든 인천 '대조탕'
월미도의 북단부에 세워짐. 이국적인 외관이 눈길을 끈다(『사진으로 보는 근대 한국』).

그림2-14 대조탕 부설인 풀장
크기는 약 11m x 29m. 풀장의 깊이는 수심이 약 60cm에서 3m로 경사면이고, 깊은 부분에서는 다이빙을 할 수 있었다(사진집 『망향조선』(국서간행회, 1980년))

오늘날 해수욕이라 하면 바다에서 헤엄친다는 의미밖에 떠오르지 않지만, 마츠모토가 해수욕객을 단지 '욕객'이라 기록하는 것이나, 여름에 해수욕을 하러 가는 사람들이 많아져서, 도쿄의 공중욕장에는 손님이 급격히 줄어, 대책을 강구해야겠다는 기록(공중욕장사公衆浴場史) 등을 보면, 당시의 사람들이 해수욕을 어디까지나 하나의 입욕법으로 인식하고 있었다는 것을 알 수 있다.

조선에서도 각지에 해수욕장이 개설되었다. 일본인들이 최초로 진출한 부산에서는 한국 합병 후인 1913년, 부산 시가지의 남서쪽 약 1km 떨어진 곳에 위치한 송도 해안에 '송도유원주식회사'가 해수욕장을 개설하였다(후에 부산부 운영의 휴게소 탈의실 등이 설치됨). 현재는 부산에 있는 해수욕장의 규모에서 해운대, 광안리에 비교해 좀 작지만, 일본 통치기의 송도 해수욕장은 많은 일본인들이 거주하였고 부산 시내에서 가장 가까운 해수욕장이었다. 그래서 많은 사람들로 항상 붐볐고 여름에는 '미나미하마南浜(현재의 남포동)에서 송도행 연락선이 1시간 간격으로 왕복하며 해수욕객을 실어 날랐다.[71·72]

'경성(서울)'에는 근교인 인천에 해수욕장이 있었지만 간만의 차가 커서 일본인들은 대부분 경원선을 타고 멀리 원산까지 갔다. 원산 시내에서 북서쪽으로 약 3.5km 정도를 가면 영흥만을 따라 길게 이어진 하얀 모래와 푸른 소나무가 있는 모래사장이 원산 해수욕장이다. '원산 해수욕 주식회사'는 인천의 대조탕이 개업하던 시기와 거의 같은 1923년 6월에 '남만주철도 주식회사'의 원조를 받아 그 일대를 '송도원'이라 명명하고 해수욕장을 개설했다. 그 후 송도원 호텔이나 별장, 공동 온욕장, 골프장, 테니스코트, 학생단체 기숙사 등의 시설을 갖추었다. 원산 해수욕장은 시설을 제대로 갖춘 조선 최고의 해수욕장으로까지 불리게 된다.[73·74]

---

71 『일조통교사(日朝通交史)』, 1915년
72 조선 총독부 철도국, 『부산안내』, 1929년

그림2-15 부산 송도 해수욕장

그림엽서에는 '부산 송도 유원지'라고 쓰여 있다. 모래사장을 따라 몇 채의 집들이 보인다. 부산시가지에서 도보로도 올 수 있었다.

그림2-16 원산의 해수욕장

'송도원' 해안에는 이국적인의 전세 별장이 즐비해 있다. 그림엽서.

---

73 「조선 최고를 자랑하는 원산 해수욕장」, 『조선』, 1933년 6월호

74 조선 총독부 철도국, 『조선 여행 안내기』, 1947년

소년시절을 조선에서 보낸 유아사 카츠에湯淺克衛는 경기도 수원(현 수원시)에서 3·1독립운동을 목격했다. 그리고 나중에 그 격동의 날들을, 일본인 소년과 조선인 소녀의 교류를 중심으로 설정하여 소설 '간나니'를 쓴 작가로 유명하다. 이 유아사의 작품 속에는 '원산의 여름'이라고 제목을 붙인 소품이 있다(1935년 발표). 주인공인 '나'는 우연한 기회에 원산에 있는 일본인 친구의 집에서 한 여름을 보내게 되었다. 친구 집이 있는 높은 곳에 올라가니 눈 아래로 해수욕장의 아름다운 모래사장이 펼쳐져 있었다. '나'는 친구와 함께 매일 이 해변을 거닐었다.

배를 저어 해변에서 멀어지면서 새삼스럽게 모래사장이 길다고 느꼈다. 해수욕장으로 만들어지지 않은 모래사장의 저 끝까지 합치면 약 6km는 된다고 한다. 보트에서 보니 우리들이 늘 올라갔다 내려오는 언덕 쪽은 조선인들의 욕장이 있었고, 거기서부터 많이 떨어진 먼 소나무 숲이 아름다운 쪽은 일본인의 욕장으로 되어 있었다. 미츠코시三越(미츠코시 백화점 경성점의 출장소)나 호텔, 전세별장 그리고 요릿집 등이 있는 곳도 그쪽이었다(중략).

나는 곧 흥미로운 광경을 목격했다. 이 해수욕장은 완전히 식민지의 모습 그 자체라는 것이다. 아름다운 산 쪽의 외국인(구미인)과 일본인 해수욕장 사이에 아무런 설비도 없는 조선인 해수욕장이 풀이 죽은 모습으로 끼어있다. 거기에서는 비치파라솔도 수영복도 입지 않은 새까만 조선인 아이들이 나체로 모여 있었다.[75]

여기에서는 '송도원'이란 아름다운 이름을 이면에, 애써 감출 수 없는 '식민지'의 또 다른 현실이 주인공의 눈을 통해서 냉철하게 관찰되고 있다. 이 원산 해수욕장은 현재도 그대로 '송도원'이라 불리고 있으며 북한 유수의 휴양지로 정비되었다. 또 주변에는 어린이들을 위한 캠핑장인 '송도원

75 유아사 카츠에 「원산의 여름」, 이케다 히로시(池田浩士) 편 『유아사 카츠에 식민지 소설집 간나니』 수록, 1995년

국제 소년단 야영소'가 설치되어 있다고 한다.

근대 서구의 목욕문화와 위생사상의 영향

해수욕은 내무성 위생국장인 나가요 센사이長与専斎나 육군 군의총감인 마츠모토 준松本順, 그리고 아이치 현 의학교 교장이자 병원장이었던 고토 신페이後藤新平(오노에 해수욕장을 개설한 다음 해인 1883년에 나가요에 의해 내무성 위생국에 채용됨)의 제창에 잘 나타나 있다. 그것은 본래 근대국가의 기반이 되는 국민의 건강을 관리하고 증진하는 보건 위생법으로서 존재했던 것이다. 그렇다면 이 새로운 목욕 문화의 근저에 있는 근대 '보건위생'이란 사상은 그때까지의 일본의 입욕 문화에 어떤 영향을 끼친 것일까.

『근대 일본 양생론, 위생론집성(전 20권)』을 편집한 타키자와 토시유키瀧澤利行는 일본은 1874년에 '의제医制'의 공표와 내무성 위생국을 설치해 근대국가를 형성하는 기초가 된 조직적인 의료제도 및 위생제도의 기반을 마련하였다고 말한 다음, '위생'이란 개념을 다음과 같이 설명하고 있다.

> 위생제도의 정비가 콜레라를 대표하는 급성 전염병에 대한 방위적 대응의 함축적 의미가 있었다는 것은 무시할 수 없다(1870년대 말부터 90년대에 걸쳐 수차례에 걸쳐 대유행). 새로운 건강 개념으로서 '위생'은 외래의 건강 저해 인자로부터 국가를 방어하려는 의도를 갖고 있다. 그것은 개인에게 있어서 건강의 달성과 국가 전체에 놓인 '건강'의 달성을 동일한 원리로 추진한다는 것을 나타내는 개념이었다(타키자와 토시유키, 『근대 일본 건강 사상의 성립』, 1993년).

국가를 인체에, 국민을 그 세포에 견준 고토 신페이의 『인체적 국가론(국가 위생원리, 1889년)』에도 나타나 있는 이 같은 '국부강병' 정책과 일체가 된 위생관념의 보급은 종래의 입욕에 대한 생각에도 영향을 끼쳤다. 에도시대 전기의 양생론을 대표하는 카이바라 마스켄貝原益軒의 '양생훈養生訓'에서는 세욕洗浴(목욕)에 대하여 '여름이 아닐 때는 5일에 한 번 머리를 감고, 10일에 한 번 입욕을 한다. 이것은 옛날식이다. 더운 여름도 아닌데 자주 목욕하면 안 된다. 상쾌해도 기가 빠지기 때문이다(伊藤友信 역)', '욕조 깊이 들어가는 것이 아니라 대야에 탕수를 가득 채워 잠시 동안 목욕하는 것이 좋다'고 기술되어 있다. 이 세욕론洗浴論은 일찍이 조선사회에서 행해지던 부분욕을 중심으로 한 목욕의 모습과 거의 같다. 그러나 1874년에 나온 에모리 케이쥬江守敬壽・오오카와 쇼키치大川涉吉가 편찬한『민가일용양생신론民家日用養生新論』은 입욕에 대하여 다음과 같이 설명하고 있다.

> 욕탕, 수욕 모두 피부를 청결하게 하는 방법이어서, 이를 소홀히 했을 때에는 찌든 때가 피부에 남아 모공을 막고 속옷을 더럽힌다 … 그런 까닭에 겨울 여름의 구별 없이 매일 입욕을 안 할 수 없다(「욕탕효용의 이해」).

여기에 카이바라 마스켄貝原益軒의 '양생훈'으로 대표되는 '기氣'를 근본으로 한 전통적인 신체사상은 근대적인 양생론에서는 적어도 표면적으로 없어졌다. 그리고 그것을 대신하여 입욕을 '청결'이라는 개념으로 받아들인 위생관념이 전면에 나타나게 된다. 이러한 근대사상에 힘을 입어 일본 사람들의 입욕의 '편애'가 이 시대부터 가속화 된 것으로 생각된다.

목욕사 연구의 '고전'이라 할 수 있는 후지나미 코이치藤浪剛一의『동서목욕사화東西沐浴史話』(1931년)에는 근대 서구의 목욕이나 수영에 대한 서술이 있다. 후지나미도 의사이며, 1909년에 빈에서 유학하여 렌트겐 학을 전공했다(1920년부터 게이오대학 의학부 교수). 이 시기에 오스트리아나 독일의 온천, 공중욕장에도 다니며 견문을 넓혔다. 후지나미는 '국민 보건상의 관점보다는 욕장을 설치하여 몸을 청결히 유지하며, 국민을 건강하게 하려는 운동은 영국에서 가장 먼저 일어났다(앞의 책)'고 기술하고 있다. 1843년에 노동자 도시인 리버풀에 공중용 세탁장과 욕장이 설치된 것을 시작으로, 각 도시에서 노동자를 대상으로 한 욕장이 잇달아 설립되었다.

당시 자본주의의 최선진국이었던 영국은 인구가 도시에 집중되어 노동문제, 빈곤문제, 도시주택 문제 등을 안고 있었다. 공중욕장의 설립은 이러한 문제에 대한 사회 정책의 일환으로 국가나 행정 당국에서 적극적으로 추진한 것이었다. 앞서 보았던 만철에 의한 조선반도 전체의 온천지, 해수욕장, 휴양지의 개발, 혹은 평양부 등 행정에 의한 조선인을 대상으로 하는 공중욕장의 개설(1부 3장)도 이러한 국가 정책과 깊은 관련이 있었다.

> 독일에서 수영이 일찍이 발달한 것은 목욕사에서 매우 중요하다. 1817년 프혼, 후유엘 장군이 일찍이 프로이센의 군대에 수영을 고무하고 장려한 바 있다. 이 장군은 독일군 수련의 원조라고 불리는 사람으로, 스프레이 강기슭에 군대용 수련장을 설치하고 병사는 물론 일반 서민들의 입장을 환영했다(앞의 책).

후지나미가 여기서 수영을 목욕사에 자리매김하고 있다는 것은 흥미롭다. 여기서는 수영이 단지 '헤엄치다'라는 의미swimming만이 아닌 '목욕하다'라는 의미bathing로도 확실하게 의식되고 있다. 나는 중학생 때 영어로 '해수욕'을 'sea bathing'이라고 배웠지만, 해수욕이란 '바다에서 헤엄치는 것'라고 생각했기 때문에 bathing이란 표현이 와 닿지 않았다. 그 후로 오랜 세월이 흐른 후에 미국을 여행할 때, 로스엔젤레스 해안에서 헤엄을 치는 것이 아니라, 단지 물가를 거닐면서 바다에 들어갔다 나왔다 하는 사람들의 모습을 보면서, 문득 이것이 'sea bathing'이구나 하며 납득을 한 적이 있다. 정말로 '해수욕장'이란 '바닷물'로 가득 채운 거대한 공중 '욕장'이었던 것이다.

그림2-17 온천교
온천교(서쪽의 분류)를 건너면 온천가의 입구다. 동래구청 '동래백년(1995년,한국)'.

앞의 후지나미의 기술에 있었던 수영이 근대 국민군國民軍의 훈련으로서 시작되었다는 기술은 '해수욕=수영'이라는 새로운 목욕 형태가, 근대국가의 국민 창성이란 목적에 따라 군대(병사), 공장(작업장), 학교(아동)에서의 보건위생을 전체적으로 강화하는 공중위생법으로서 존재했다는 것을 시사한다. 1889년에 출판된 에모리 케이쥬江守敬壽의 『위생요담衛生要談』에도 「욕장」이란 부분에서 '해수욕'과 '영욕泳浴'이란 항목이 함께 들어 있다.

이렇게 해서 완성된 서구 근대의 온溫욕이나 해수욕이라는 목욕 형태는 풀장과 같은 설비나 수영과 같은 운동법, 게다가 수영복 패션 등을 수반하여, 그 전체가 일본과 조선에 '수입'된 것이었다. 그런 의미에서 근대를 상징하는 철도회사에 의해 설치된 타카라즈카 온천이나 조선의 인천 대조탕 등의 시설은 일본 전통의 입욕 문화만이 아닌, 근대의 '국가위생원리'에 따른 서구의 목욕 문화와 맥락을 같이 하는 것이다.

그리고 이러한 맥락에 있는 시설의 외관이나 내장에는, 종래의 온천시설에서는 볼 수 없는 참신하고 '모던'한 의장이 도입된다. 즉 '순수'한 일본의 입욕 문화가 일본 통치기의 조선에 그대로 수출된 것은 아니었다.

조선 제일의 온천가로

다시 동래온천 이야기로 돌아가 보자.

1927년 10월에는 부산과 동래온천을 연결하고 있던 전차선이 온천가의 입구까지 연장되었다. 그때까지는 온천가에서 바라보면 종점역은 동래천의 저편 강기슭에 있었기 때문에, 역에서 온천가까지 거리는 꽤 멀었다. 대욕장의 개업이나 온천여관의 진출, 만철의 자본 투하 등이 계기가 되어 온천객은 증가하고 있었다. 욕객들은 편의를 도모하고, 동래천의 동쪽의 분류(현 온천강)에 전차전용 철교가 있어, 서쪽을 흐르는 작은 강의 기슭까지 궤도가 연장된 것이다. 새로운 종점역인 '온천장'에서 하차한 온천객은 강 제방에 있는 역사에서 계단을 내려와, 동래온천가로 들어갈 수 있다. 다리를 건넌 바로 오른쪽으로는 봉래관이 보였을 것이다.

새로운 '온천장' 역사 입구에는 개통을 기념하여 조선 옷을 입은 할아버지의 모습을 시멘트로 떠서 만든 '노인상'이 세워져 있다. 노인상을 설치한 이유는 일찍이 온천은 주로 노인들이 치료를 위해 찾아오는 것에서 유래된 것 같다. 요즘에도 한국에서는 자식들이 나이가 많은 부모님께 온천여행을 시켜드리는 일은 흔하며, 그런 여행 상품이 여행회사에 종류 별로 마련되어 있다. 또한 한복을 입고 있는 노인상은 동래온천을 방문한 일본인 관광객에게 일종의 이국의 정서를 환기시키려는 목적이 있었을지도 모른다. 그래서 동상 옆에서 기념사진을 찍는 일본인 온천객들의 모습을 자주 볼 수

그림2-18

온천가(상) '온천장'역(사진 모퉁이 방향에 있다)에서 온천가로 향하는 욕객들. 조선 한복을 입은 욕객들의 모습도 보인다. 일본인들에 뒤질세라 조선인들도 많이 방문했다. 사진은 동래구청이 제공.

온천가(하) 온천장내에는 벚꽃이 많이 심어져 있어 봄에는 벚꽃놀이 객들로 붐볐다. '욕장거리'의 광경. 사진 오른쪽 밑에 '대욕장'의 지붕이 보인다(『사진으로 보는 근대 한국』).

있었다고 한다. 1968년에 온천장을 지나는 전차노선이 폐쇄됨에 따라 이 노인상도 동래 관광호텔(현 농심호텔의 전신)로 옮겨져, 현재도 그 부지의 입구에서 관광객들을 맞이하고 있다.

온천가에는 여관 외에 일본인이 경영하는 요릿집도 많고, 코요우칸紅葉館, (후에 와키여관), 마츠바칸松葉館, 나가사키야長崎屋, 카이카테이回花亭, 니혼테이日本亭, 테라자카寺坂, 모찌즈키望月, 와카타케若竹 등이 있었다. 그 중에는 욕장 시설을 갖춘 곳도 있었다고 한다.

또한 동래온천의 토산물로는 1908년에 창업한 모리토모森友 상점의 유센베이湯煎餅(전병, 밀가루 과자)를 시작으로, 사쿠라야櫻屋의 키츠네 만두狐饅頭, 사쿠라 경단櫻团子 등이 있었다.[76] 이들 가게 이름은 동래온천이 벚꽃의 명소이기도 했던 것에서 연유된 것들이다.

조선으로 건너 온 일본인들은 각지에 벚꽃을 심고 봄에는 꽃놀이를 즐겼다. 그 중에서도 부산의 서쪽으로 약 50km에 있는 군항 진해는 시가지

그림2-19 노인상
전통 의복인 두루마기를 입은 할아버지 상. 현재도 농심호텔 부지 내에 세워져 있다(2001년 촬영).

76 히사토 시게요시(久納重古), 『동래 안내』

에 10만 그루가 넘는 벚꽃이 심어져 있어 4월에는 조선 각지에서 임시 꽃놀이 열차를 타고 단체객이 대거 방문한다. 벚꽃의 숫자로 따지면 진해에 미치지 못하지만 동래온천은 부산 시내에서 아주 가깝고 쉽게 꽃놀이를 할 수 있다. '부산일보' 기사는 '꽃의 구름, 사람의 파도, 동래의 벚꽃놀이 대회'라는 표제로 다음과 같이 벚꽃놀이의 떠들썩함을 전하고 있다.

> 부산 교외에 있는 별천지와 같은 동래의 벚꽃은 전날의 봄비로 모조리 꽃봉오리를 열고 만개의 절정을 이루고 있다. 부산에서 약 50분이 소요되는 온천장의 전차 정류소에서 하차하여, 온천장 쪽으로 발을 옮기자 바로 눈앞에 20여 그루의 벚나무가 도로의 양쪽으로 가지를 뻗어 가득 채우고 아름답게 꽃을 피웠다.
> 다리를 건너면 외길 양쪽으로 논바닥을 지나가는 봄바람에 산들거리는 꽃 터널이 한참동안 이어져 글로써 다 표현할 수 없을 정도로 아름답게 피어 꽃놀이 객들을 기다리고 있다. 또 온천교를 지나 봉래관 근처에 서면, 주변은 온통 꽃으로 가득하고 연못의 바닥에 비치는 미관 또한 뛰어나다. 꽃 사이에 일렬로 세워진 촛대에 밤의 등불이 떠오르는 황혼을 지난밤의 벚꽃 풍경은 보는 사람을 황홀하게 한다(『부산일보』, 1927년 4월 17일).

부산일보사는 벚꽃이 만개하는 시기의 토요일, 일요일에 '동래 벚꽃놀이 모임'의 개최를 준비했다. 부산과 동래온천의 전차 왕복권, 맥주권, 금강원(금정산 기슭의 공원) 입장권, 입욕권, 복권 등을 세트로 하여 어른 16전, 어린이는 그의 반값인 대회권을 부산 시내의 명소에서 판매했다. 개최일에는 부산역전을 출발하는 동래행 전차는 아침 일찍부터 만원이어서 전차의 운행 횟수를 늘리기도 하였다. 온천장에는 금강원의 벚꽃 밑에서 도시락을 먹는 가족 나들이객들이 많았다.

온천장 권번(예기조합藝妓組合)의 춤이나 조선인들의 '각희대회(씨름)'

그림2-20 모리토모 상점의 유센베이
동래온천의 명물의 하나. 캔에는 동래온천의 그림이 들어가 있다(『동래안내』(1917년)).

도 열려 밤 늦게까지 온천장은 일본인과 조선인들로 떠들썩했다고 한다.

1925년에는 동래온천이 있는 온천리 인구는 388가구, 1,841명(그 중에서 일본인은 78가구, 346인)으로 인구수도 온양온천(1,123인)을 능가하는 조선 최고의 온천가가 되었다.

어느 일본인 온천객의 하루

1920년대에 동래온천은 풍부한 온천수, 정비된 욕장과 숙박시설, 그리고 교통편이 좋다는 삼박자를 갖춘 조선 굴지의 온천으로 널리 알려진다. 그렇다면 일본인 관광객들은 어떤 식으로 동래온천에서 휴가를 보냈을까.

조선 총독부가 발행하는 월간지 『조선』의 1925년 1월호에는 경기도 사범학교 교사였던 타케이 유지로武井友次郎가 기고한 「조선온천순회」(이하

'온천순회'라고 함)라는 기행문이 실렸다. 표제대로 조선 각지의 온천을 여행한 기록인데 맨 처음에 동래온천을 언급한다. 이 기행문은 일본인 욕객의 눈에 비친 동래온천의 모습이나, 온천지에서 지내는 방법에 대한 사례를 소개한다. 시대는 좀 지났지만 앞서 언급한 월간지 『조선』의 1937년 3월호에 게재된 시부야 레이지澁谷礼治의 「동래점묘」라는 단문도 일부 참고해 보자.

타케이는 조선에 건너간 지 이미 3년이 지났는데 그동안 현해탄을 십 수번이나 왕래했었다. 부산에 도착하여 연락선 부두에 내릴 때마다 코앞에 있는 동래온천이 떠올랐지만 그때까지 방문하지 못하고 있었다. 이번에야말로 꼭 가보기로 결심하고 부산역전에서 동래온천 행 자동차에 올라탔다. 부산에서 동래로 향하는 도로는 '경성'까지 연결되는 일등 간선도로였다. 길 폭도 넓고 양쪽에는 가로수가 잘 정비되어 있었다. 단 마주치는 자동차의 수는 일본 본국과 비교하면 적었다. 부산진을 지나 일본을 그대로 옮겨 놓은 듯한 부산 시내를 빠져나오자 조선의 풍물들이 타케이의 눈에 차례차례 들어오기 시작했다.

> 장작을 쌓아올린 소달구지, 머리에 물건을 이고 가는 여자들을 몇 번 지나, 이윽고 동래읍에 도착했다. 높이가 100m 정도 되는 작은 언덕을 넘자 1천 가구 정도의 초가집들이 조개껍질을 엎어놓은 것처럼 시가지를 이루고 있었다(「온천순회」).

'동래읍'은 일찍이 동래부의 소재지였던 만큼 많은 주택들이 밀집되어 있던 큰 시가지였다. '조개껍질을 엎어놓은 것처럼' 보이는 서민의 초가집들이 늘어선 뒤에는 작고 높은 언덕이 있고 이 일대가 동래읍 성터였던 것이다. '고니시 유키나가小西幸長는 부산진을 함락한 다음날 이곳을 둘러싸고 즉각 점령해 버렸다'는 도요토미 히데요시 군대의 '빠른' 진격 방식을 떠올리는 동안 타케이를 태운 차가 동래온천에 도착했다.

> 읍에서 북쪽으로 약 1km, 정확하게 약 2km, 서쪽 금정산이 뒤에 있고 동래천을 앞에 둔 작은 시가를 이루고 있는 곳이 온천장이다. '벚꽃놀이 모임'의 흔적을 알 수 있는 아치를 지나, 꽃이 흩날리는 벚꽃 가로수를 지나, 오늘 저녁 묵기로 정한 나루토관에 들어서자, 벌써 느긋한 탕 마을의 분위기에 마음이 녹을 듯했다(앞의 책).

나루토 여관 정원의 수목은 종류도 많고 손질도 잘 되어 있고 온천의 남은 물은 아주 엷은 김을 내뿜으면서 정원의 연못으로 흘러들어 갔다.

> 숙소에 도착하자마자 탕으로 안내받았다. 10평 정도의 큰 욕장 중에 1평 욕조, 그리고 수정처럼 맑은 물이 가득 들어 있었다. 불쑥 들어가자 욕조에서 물이 흘러 넘친다. 아깝지만 한 동안 잠겨, 마침내 이마에 땀이 배어 올 때의 상쾌함이란…, 천상의 경지를 느끼는 듯한 상상에 빠진다(앞의 책).

타케이는 목욕을 한 후 금정산 방면으로 산책을 나갔다. 금정산은 거대한 바위, 기암석으로 이루어진 산이다. 거대한 석주를 늘어놓은 듯한 능선이 눈길을 끈다. 이것이 금강산(현 북한 강원도)의 모습을 연상시킨다 하여 '소금강'이라고도 불린다. 산 정상 주변에는 임진왜란 후, 일본군의 재침공에 대비하여 만든 금정산성의 유적이 남아 있다. 산기슭 일대에 거대한 암석들이 셀 수 없이 겹쳐 있고 '돌이 많이 쌓인 거대한 바위와 작은 바위들을 이용하여 공원다운 윤곽을 만들어 두었다', 이때는 공원을 조성하던 중이었던 듯한데, 후에 정비되어 '금강원'이라고 이름을 붙여 동래온천의 명소가 되었다(현재 금강공원의 전신).

타케이는 점심식사를 마친 후, 더 둘러보기 위해 동래온천에서 북쪽으로 약 8km 떨어진 곳에 있는 범어사로 갔다. 범어사는 신라시대에 창건된 유명 사찰로 임진왜란 때 불탔었으나 후에 재건되었다. 동래온천 부근의 관광명소로는 이 범어사 외에 해운대가 있다. 시부야는 타케이와는 다르게 이 해운대 쪽으로 나갔다.

> 동래에서(동남 방향으로) 10km 정도 떨어진 해운대를 돌아보았는데, 이곳의 분위기는 동래와 전혀 다르다. 날씨는 쾌청하고 바다는 잔잔했다. 해안 근처의 온천 호텔과 송도각은 바다 내음이 감도는 속에 높이 솟아 있다. 여기는 해수욕장이 있어서 여름은 굉장히 번창한다지만, 부근에 골프장이 있어서 겨울에도 욕객을 불러들여 꽤 번창했다(시부야 레이지澁谷礼治, 「동래점묘東莱点描」).

해가 지고 다시 타케이가 나루토 여관으로 돌아오자 큰 방에서 연회가 시작되어 떠들썩했다. 샤미센(일본 전통악기)에 맞추어 노래를 부르고 춤을 추는 사람들의 웅성거림이 느껴지는 듯하다. 아는 사람에게 들은 '동래는 군자가 걸어가는 곳이 아니다'는 말이 생각났다. 당시 온천가에는 일본인 기생들이 있는 권번券番이 있었고, 조선인 기생들도 요정이나 여관의 연회석에 불려가는 일도 있었다. 이때까지만 해도 동래온천은 이미 유흥 온천가의 색이 짙었다.

다음날 아침, 여관 지배인의 안내를 받아 타케이는 가족탕에 들어가 보았다. 대욕장과 비교해서 작고 아담했다. 욕실 한 면에는 흰 타올이 온통 뒤덮혀 있었고, 창에 있는 빨강, 노랑, 보라색의 유리를 통해 따사로운 아침 햇살이 들어왔다. 이렇게 해서 '3일 째는 하루 종일 어린 아이처럼 느긋하게 온천가의 분위기에 젖어 즐기면서' 타케이는 동래온천을 뒤로 했다. 타케이만이 아니라 아마도 많은 일본인들이 동래온천에서 이러한 휴가를 보냈을 것이다.

'슬픈' 눈빛

그런데 타케이의 기행문에는 그가 조선인 청년과 이야기를 나눈 장면이 나온다. 명소를 방문하기 위해 외출을 나갔다가 범어사에서 돌아오던 길이었다.

> 돌아오는 길도 2명의 청년과 함께 했다. 돌아가는 길의 침묵을 깨고 대화를 시작하였다. 일본어는 자유자재다. 단지 마음을 놓고 말할 수 없는 것이 슬펐다(「온천순회」).

조선인 청년들과 일본어로 의사소통은 할 수는 있다지만 '마음을 놓고 말할 수 없는 것이 슬펐다'고 하는 말은 무슨 뜻일까? 기행문의 서두에는 '장작을 쌓아올린 소달구지', '머리에 물건을 이고 가는 여자들'과 같이 조선인들의 생활상이 이국적인 풍물로 묘사되어 있었다. 소달구지를 끄는 사람이나 여자들을, 타케이가 탄 자동차의 창문 밖으로 지나가는 '조개껍질을 엎어놓은 듯한' 조선의 초가집들과 같은 '풍경'으로 열거했다. 즉 조선 사람들은 현실과 교류하고 교제할 수 있는 존재로 눈앞에 있었던 것이 아니다. 이러한 현실적 관계의 희박함이 조선인 청년과 '마음을 놓고 말을 할 수 없는' 타케이가 느끼는 슬픔의 실상이었을 것이다. 그리고 그것은 타케이 혼자의 힘으로 어떻게 할 수 없는 식민지라는 제도의 '벽'이 낳은 것이기도 했다.

학교 선택의 기회도, 직업 선택의 기회도, 처음부터 일본인에게 유리하게(때로는 독점할 수 있도록) 제도화되어 있었다. 같은 일을 해도 임금은 민족 별로 다른 체계를 갖고 있었다. 조선인에게는 참정권도 주어지지 않았다. 이러한 현실에 눈을 감은 채 일본인과 조선인이 '마음을 놓고' 속내를 터놓고 이야기할 수 있을까? 게다가 참정권에 대해서 말하자면 1945년에 조선인에게 참정권이 주어지기 했으나, "중의원에서 의원 정수를

23명으로 제한한 선거가 예정되었지만 실시까지는 이르지 못했다. 귀족원에서는 윤치호 등 7명의 조선인을 의원으로 선임하였다."[77] 이처럼 극도의 제약을 두면서도 조선인에게 징병제를 강제적으로 실시하게 된다.

일본인들의 눈초리에 대한 또 다른 사례를 통해서 더 짚어보자. 『조선』[78] 1937년 8월호에는 '조선 특색을 이야기하는 좌담회'라는 기획기사가 실렸다. 조선 여행에서 눈에 띈 것, 추억이 되는 것 등을 일본인, 조선인 지식인들이 좌담회 형식으로 이야기를 나눈 것이다. 사회자가 그때까지 논의하던 지게를 지는 것을 업으로 하는 지게꾼에 대한 화제를 일단락 짓고, 철도변에서 자주 눈에 띄는 초가집 조선 가옥을 다음 화제로 하자고 출석자들에게 말을 했다. 이때 화신상회의 전무였던 이기용이 가장 먼저 다음과 같이 말을 꺼냈다('화신상회'는 서울 종로에서 조선인이 경영하던 최초의 백화점).

> 가옥 이야기를 시작하기 전에 조선의 색깔이라든지 조선의 특색에 대해 쓴 여러 종의 책을 읽어보면 우리들을 굉장히 불쾌하게 하는 경우가 많습니다. 같은 특색이지만 우리들의 눈으로 봤을 때는 좋지 않은 특색만을 이야기하는 경우가 많다는 것입니다… 지게에 대해서도 모두에서 이야기가 있었습니다만, 4, 5일 전에 저희 가게 앞에서 어느 서양인이 나이 많은 지게꾼을 앉혀두고 사진을 찍고 있었습니다. 이를 보고 있던 학생이 방해하여 결국에는 사진을 찍지 못하였는데 이런 것들이 어떤 면에서 보자면 우리들에게는 그렇게 느껴진다는 것이지요.

이때 이기용이 떠올리고 있던 것은 예를 들면 다음과 같은 관광 가이드북이나 여행기의 한 구절이었을 것이다.

---

77 조선사 연구회편, 『조선의 역사』

78 1917년 2월부터 조선총독부가 발행한 월간잡지

'지게꾼'

번화한 시가지의 네거리, 항만의 부두, 정차장의 입구 등에 지게를 진 흐트러진 머리를 하고 값싼 옷을 입고 배회하는 조선인이 있다. 그리고 장을 보고 돌아가는 사람이나 짐을 가진 사람을 보면 전후좌우로 모여든다… 운반을 가업으로 하며, 이것이라고 딱히 정해진 노동도 할 수 없는 재능 없고 자존심 없는 사람이 하는 일이다(조선총독부 철도국 『조선여행안내기』, 1934년).

조선에 와서 먼저 놀라는 것은 조선인의 집이다. 낮고, 작고, 거의 머리만 내밀 수 있는 창문 등은 일본에서는 볼 수 없는 구도였다. 그 중에는 잠옷도 이불도 없이 입은 그대로 굴러서 누워 버린다. 여름에는 더워 문간에 거적을 깔고 잔다. 겨울에는 온돌로 실내를 따뜻하게 하여 매우 간편하고도 검소하다(「부산 인상기(8)」, 『부산일보』, 1918년 4월 29일).

이런 설명에는 '종주국' 일본이 '식민지' 조선을 깔보는 듯한 눈초리가 노골적으로 나타나 있다. 게다가 더욱 놀랄 일은 지게꾼에 대한 설명이 한 여행자의 개인적인 감상이 아닌 '조선 총독부 철도국'이란 식민지 정부기관에 의해 편집된 가이드북에 당당히 게재되어 있었다는 것이다. 이 점에서도 명확히 알 수 있듯이 일본인의 조선을 보는 멸시적인 자세는 결코 예외적인 것이 아니었다. 다른 조선 여행기에서도 틀에 박힌 듯한 양식이 반복되어 나타난다.

이기용은 이러한 기술을 염두에 두고 일본인들이 '조선의 특색'으로 주목하는 것은 사실은 조선사회의 빈곤과 관계가 깊다는 것을 호소하고 있다. 이를 이기용은 '나쁜 쪽의 특색'이라고 말한 것이다. 역에서 객을 기다리는 지게꾼들은 마침내 발견한 일본인 여행객의 무거운 짐을 옮기고 도대체 얼마의 대가를 받는 것일까. 기와지붕의 조선 가옥에 살고 싶어도 살 수 없는 조선인은 또 얼마나 많았을까. 이런 사회 현실을 잘 살펴본 후 '좋은 쪽의 특색'도 합쳐서 조선을 전체적으로 봐 주었으면 한다는 것이 이기용의 생각이었다.

그러나 '조선 특색을 말하는 좌담회'는 이기용의 견해를 자르는 듯이 진행해 나간다.

아키바 타카시秋葉隆 (경성제대 교수, 민족학)

저 초가지붕 위에 바가지가 달려 있는 것은 근대적인 멋은 아니지만 좋군요. 벽돌 지붕 건물의 집에 가끔씩 바가지가 매달려 있는 것과는 다르지요.

이나가와稻川 (총독부 철도국 여객 계장)

조선 가옥의 지붕에 바가지가 달려 있어요. 연한 보라색을 띤 저녁 연기가 거기에 걸려 있는데, 뭐라고 말할 수 없는 풍경이군요. 화가라면 저것을 배경으로 해 그림을 그리면 좋겠군요.

이기용

화가가 이런 그림을 그린다면 원조해 주는 의미에서 사주겠다고 말하고 오겠습니다. 보자니 대표적으로 나쁜 곳을 그리고 있군요. (실소하면서) 거기서 우리들의 의사와는 상당히 다르다고 설명해 주겠지만 대부분은 그런 부분들을 그리지요…

아키바

그 화가는 초가집의 아름다움을 본 적이 없겠지요… 조선의 가옥은 우아한 취향을 풍기고 있고…, 극단적으로 말하자면 필요한 것까지 없다고 할 정도로 간소한 멋, 그 점이 좋아요.

이렇게 해서 초가집이란 '관념'을 둘러싸고 일본인들의 잡담이 주저없이 계속되지만 실제로 초가집에 사는 조선인이나 그들의 삶은 철저히 무시되고 있다. 이기용은 화를 낼 기분조차 들지 않았을 것이다. 그것이 이기용의 '실소하는' 것의 의미였다. 여행기에서 반복되는 노골적인 멸시의 시선도 '불쾌'했을 텐데, 일본 지식인들이 지게꾼이나 초가집을 일부러 '조선의 특색'이라며 말을 하는 것에서는 더욱더 '불쾌감'을 느꼈을 것임에 틀림없다. 보기와는 다른 일본인의 두 가지 형태의 눈초리는 양쪽 모두 식민지라는 조선의 현실에 눈을 감았고, 그것을 숨긴다는 점에서는 두 눈 모두 공범관계에 지나지 않는다는 점을 이기용은 간파하고 있었을 것이다.

나는 이 좌담회의 기사를 읽으면서 독일에서 유학하고 있었던 모리 오우가이森鷗外가 나우만에게 논쟁을 걸었던 일을 생각했다. 독일인 나우만은 1875년부터 1885년까지 일본에 머물면서 동경대학 지질학 교실의 초대 교수를 역임했다. '나우만 현상'의 발견자로도 알려져 있다. 나우만은 독일로 돌아간 후 뮌헨에서 열린 인류학 협회분회의 강연에서 일본인의 나체 풍속 등에 관하여 언급하면서 일본의 근대화는 서구를 모방한 타율적인 것이라고 지적했다. 신문에 게재된 이 강연록에 대하여 오우가이는 불쾌하게 생각하여 같은 신문을 통하여 반론을 가했다. 거기에 다음과 같은 한 구절이 있다.

> 의복과 주거에 대해서도 나우만은 내가 이해할 수 없는 의견을 2, 3가지 논하고 있다… 그 중에서 대단히 오해하고 있는 사안에 대해 정정할 것이 있다. 일본의 오지에 가면, 사람이 '거의 나체로' 걸어 다니고 있다는 것이다. 나우만은 무릎보다 위인 하지를 드러내면 벌금을 부과한다고 하는 일본의 법률을 모르는 것일까. 이 법률은 이미 수년 전부터 실행되고 있다(모리바야시 타로森林太郞, 「일본의 실상」, 『알게마이네차이퉁 지』, 1886년 12월 29일, 고보리 케이이치로小堀桂一郞, 『젊은 날의 모리 오우가이』에 의함).

오우가이鷗外의 이런 반론은 당연히 일본에 대한 애정에서 출발했다. 그러나 그는 자신의 반론을 전통적인 나체 풍습을 고집하는 사람들의 입장에서 한 것이 아니라, 오히려 법률로 그것을 '교정'하려는 근대적인 가치관에 서서 행할 수밖에 없었던 것이다. 또한 거기에는 근대화된 서구의

그림2-21 지게꾼과 초가집
일본인 여행자를 위한 '조선풍속 그림 엽서' 중 한 장이다. 뒤에는 흙으로 된 벽의 초가집이 있다. 머리를 숙인 듯한 지게꾼의 표정에는 '굴욕'에 대한 무언의 저항감을 느낄 수 있다.

그림2-22 막부, 메이지 시대 초기의 '짐꾼'
영국인 사진가, 페릭스 베아트가 촬영한 것이다. 베아트는 당시 요코하마에 거주했고 일본을 방문하는 서구인을 상대로 일본의 풍경, 풍속사진 등을 판매하고 있었다. 인물의 표정이나 포즈 등이 그림 2-21과 놀랍게도 흡사하다. 이들 사진에서는 호기심에 찬 촬영자의 시선만이 아닌, 무언가 '표본'이라도 발견한 듯한 차가운 시선이 숨겨져 있는 듯한 느낌이 든다. 『신판 사진으로 보는 막부, 메이지』(세계문화사, 2000년), 사진은 PPS 통신사에서 제공.

시선을 의식하고 있다. 아니 근대의학의 최첨단을 배운 오우가이 자신도 그런 관점을 가진 자로서 개화 후에도 나체풍습이 계속되는 일본 사회의 현실에 대한 수치심도 감춰져 있는 듯하다.

그러나 이처럼 '후진국'에 살면서 근대적 지식인인 오우가이의 고뇌와 심리적 굴욕감을 두 말할 것도 없이 나우만은 알 수 없었을 것이다.

이것과 마찬가지로 '조선의 특색을 말하는 좌담회'에서 자신도 모르게 불거져 나온 이기용의 '불쾌함'도 아키바 타카시 경성제대 교수를 비롯한 일본인 동석자들에게 이해를 얻지 못했던 것 같다. 일본인 참석자들에게 있어서 오우가이의 고뇌는 마치 자신들과는 아무런 관계가 없는 먼 옛날 이야기가 돼버린 것은 아닐까.

당시 조선에서는 일본인 여행자들을 위한 선물용으로 조선의 생활 풍습을 담은 다양한 그림엽서를 판매하고 있었다. 그 중에 반드시 들어 있었던 것이 좌담회에서 화제가 되었던 지게꾼이나 초가집, 혹은 물가에서 다듬이질을 하면서 빨래하는 여인들의 사진이었다. 이런 사진들을 보고 있노라면 막부 말기에 서구인들에 의해 촬영되었을 일본의 풍속이 어렴풋이 떠오른다. 그리고 촬영자의 시선과 동질의 시선이 떠오른다. 그런 시선은 상대와 얼굴을 마주 하고, 때로는 공감하고, 때로는 반발하면서 서로 '마음을 터놓고' 이야기할 수 없는 식민지 시대가 낳은 슬픔이었을 것이라고 생각한다.

현존하는 일본인 별장

일본 통치기에 동래온천에 있었던 여관 등의 건조물 중에서 현재까지 남아 있는 것은 거의 없다. 그러나 예외적으로 당시 그대로 남아있는 건물이 딱 한 채가 있다. 그 건물은 지금까지도 '동래별장'이라 불리고 있다. 이곳은 원래 일본인을 위한 별장이었다.

별장을 세운 것은 부산 재계를 군림했던 하자마 후사타로迫間房太郎였다. 하자마는 1860년에 와카야마和歌山 현에서 태어나 18세 때에 오사카의 이오이五百井 상점에 들어가 1880년 개항이 된 지 얼마 안 된 부산의 현지 지점 지배인으로 건너왔다. 이오이 상점은 소형 범선인 '보텐마루報天丸' '호우쥬마루寶壽丸' 등을 맨 먼저 오사카와 부산 사이에 취항을 시켰고, 조선과 무역을 적극적으로 전개해 나갔다. 부산 지점장이 된 하자마는 무역업과 함께 매입한 토지를 밑천으로 하여 부동산업, 송금위탁 업무 등, 폭 넓은 활동을 하여 돈을 모았다. 그러다가 러일전쟁이 발발하여 전시 호황을 타고 거부가 되었다.[79]

러일전쟁 이전인 1898년, 러시아가 조선 남해안의 마산 조계 주변에 해군 거점을 마련하려고 했을 때, 일본 육군은 그것을 저지하려는 계책을 세웠다. 이때 하자마는 일본 외무성 군부의 의향을 알아채고 러시아가 기지를 건설하려고 예정하던 토지와 주변의 토지를 사들여 방해공작을 했던 인물이다. 다음은 그 때의 공작 활동에 대한 하자마의 담화다.

> 육군 참모본부에서 마산에 파견된 이카타鑄方 소좌와 헤어지고 며칠 후, 앞에서 말한 것처럼 가까스로 김모(러시아 기지 건설 예정지의 조선인 지주)와 매매를 할 수 있었다. 1평에 50전의 비율로 3,500평이 본인 명의의 소유지가 된 것이다. 말할 것도 없이 이 매매증서는 당시보다 10년 전에 김모가 본인에게 판 것으로 기재하여 누가 봐도 의심할 수 없는 멋진 10년 전의 증서를 만들었다. (부산에서 보고를 애타게 기다리고 있었던) 소좌를 뵙고, 그 증서를 건네고, 또한 매수의 경과를 상세히 말한 결과 이카타 소좌는 물론 나카무라 영사 대리의 기쁨은 컸다. 게다가 본인을 위해 소좌는 맥주로 건배를 제창하고 우리 제국의 앞날을 축복했다(『부산부사원고釜山府史原稿』).

79 『조선공로자명감(朝鮮功勞者銘鑑)』, 1935년.

그림 2-23 동래별장
이 사진이 하자마의 별장이다. 현재 넓은 부지에는 이 일본식 가옥 이외에도 식사와 연회를 위한 시설이 몇 동 더 세워져 있다(2001년 촬영).

하자마는 이러한 위조 계약서까지 만들어 토지를 매수한 '공적' 등으로 인해 러일전쟁 종결 후, 훈6등서보장勳六等瑞寶章을 받았다. 그리고 정부나 군부와도 친밀한 관계였던 하자마는 부산 공동창고, 부산 토지회사, 조선 저축은행, 조선 가스 전기회사 등의 경영에까지 관여했다. 그리고 경상남도 김해군 진영(현 김해시 진영읍)에서 대농장을 경영하는 등 오오이케大池忠介, 카시이카 겐타로香椎源太郎와 함께 부산 재계의 주역이 되었다. 하자마가 소유한 토지는 경상남도 내에만 약 780만 평에 이르렀다고 한다.[80]

하자마는 부산에 별장을 보유하고 있었는데, 동래에 있는 별장은 온천가에서 금정산 쪽으로 조금 올라간 곳에 있었다. 이 별장은 1910년대 초에 일본인 목수가 일본에서 가져 온 건축 자재로 건설했다. 부지 면적은 2,700평, 건물은 목조 2층 건물로, 건평이 200평이나 되는 대규모의 별장이었다. 넓은 정원에는 나무와 분수가 배치되었다. 언제나 정문은 굳게 닫혀져

80 고병운, 『근대 조선 조계사의 연구』

있었지만 하자마를 태운 자동차가 경적을 울리면 안에서 집사가 나와 그 문을 서둘러 열었다고 한다.

황족을 접대한 온천

1929년 조선 총독부는 '시정(통치) 20년'을 기념하여 대한제국 합병(1910년 10월) 이후 20년간의 조선 통치의 '실적'을 대내외에 알릴 목적으로 9월 12일에서 10월 31일까지 '경성'의 경복궁에서 조선 박람회를 개최했다. 이 박람회에는 칸인노미야閑院宮가 천황의 대리인으로서 시찰하였고 돌아가는 길에 부산을 방문하게 되었다. '전하 내방의 영광에 젖는 동래, 하자마 씨는 별저를 준비함에 있어서 착오가 없기를 바라는 동래서'라는 표제로 다음과 같은 기사가 실렸다.

> 칸인노미야 전하의 숙소로 정해진 동래온천장의 하자마 씨 별저에서는 만반의 준비를 주야겸행으로 하고 있는 것 같다. 전하의 입욕을 받드는 욕조는 금정산 기슭의 천연 온천을 모터로 끌어와 데우기로 되어 있어서, 하자마 씨의 소유지 두 곳의 시굴 허가를 받아 굴착하자 47도의 순수하고 좋은 무색투명의 염류천이 용출하기 시작했는데 그 양도 풍부하다. 이 온천물을 끌어와서 욕조에 가득 차도록 설비하여 전하의 여독을 풀 수 있도록 공사도 거의 마무리되어 가고 있다(『조선시보』, 1929년 10월 9일).

하자마는 칸인노미야의 숙소로 큰 거실이 있는 별동을 신축하고 실내의 장식구, 집기, 침구 등은 모두 도쿄의 미츠코시 백화점에서 가져오는 등 정성을 다하는 듯했다. 이때 특별히 허가를 받아서 굴착한 온천은 해방 후에도 '하자마 천원'이라고 불렸다.

그림2-24 하자마 본점
튼튼한 내화성의 두꺼운 흙벽처럼 보이는 건물이다. '부산부 혼초(현 부산 중구 동광동)'에 있었다. 현재의 부산관광 호텔 앞길에 해당된다. 왼쪽 위의 얼굴 사진이 하자마 후사타로다(『신부산대관新釜山大觀』(1934년).

'서로 도와주며 맘 편하게 사는 게 제일, 여기가 최고야!'

온천가의 일본 할머니 코고 시마 씨
(1924년, 치바 현 태생)

동래온천가의 길 한 편에 두 평 남짓한 작은 담배 가게가 있다. 가게에는 온천가에서 일하는 사람들로 발길이 끊이지 않는다. 담배를 한 갑, 혹은 보루 단위로 사가는 사람, 만원을 잔돈으로 바꿔가는 사람, 그리고 휴대전화의 배터리 충전을 부탁하러 오는 사람….

손님에게 '어서오세요!'하고 밝게 말을 건네는 사람은 이 마을에서 '일본 할머니'로 알려진 코고시마 씨다. 가게 구석에 놓인 작은 텔레비전에서는 일본의 위성방송 프로그램이 흘러나오고 있었다. 단골손님 한 사람이 '일본어 공부라도 시작하셨어요!'라고 반 농담으로 말하자 '난 일본사람이야!'하고 시마 씨가 웃으며 대응한다.

시마 씨가 한국에 건너온 것은 일본 패전 직전의 일이었다. 도쿄에서 중화요리점의 지배인을 하고 있던 한국인 남성과 교제했다고 한다. 아기도 생겼다. 부모님께 결혼의사를 전했지만 반대에 부딪혔다고 한다. 도쿄에는 격렬한 공습이 계속되고 있었다. 그리하여 결심을 하고 남편의 출신지인 부산으로 피하기로 한 것이다. 그리고 부산에 도착한 지 3일 후에 호적에 등재했다. 21세 때의 일이었다.

이윽고 일본이 항복을 했다. '패전국민'이 된 시마 씨에게 시어머니는 힘들게 했지만 시어머니에게 따뜻한 말을 건네기 위해 한국어를 조금씩 귀로 익혀 나갔다. 아들들이 태어나자 아이들의 배를 부르게 해 주고 싶어서 열심히 일도 했다. 이웃 사람들은 먼 타향에서 사는 일본인이라고 하여 의지가 되어 주었다. 한국전쟁이 발발하자 약간의 돈을 갖고 동래온천에서 잡화상을 시작했다. 손님 중에는 미군 병사나 서울에서 피난 온 부자들도 많았다. 온천가는 쇠퇴해 갔지만 지금과 비교하면 그 때의 온천장이 훨씬 더 정취가 있었다고 시마 씨는 말한다. 한일 국교가 정상화된 1965년 경, '도쿄 스시'라는 초밥집을 시작하여 번성했는데 그 후 주방장을 구하기가 어려워서 가게 문을 닫았다고 한다. 그리고 십 수년 전부터 자녀들이 꾸려나가는 낙지볶음 가게의 일부를 작은 칸막이로 막아두고 담배 가게를 시작한 것이다.

'나처럼 한국 사람과 결혼해서 여기까지 왔는데 본처의 가족이 한국에 남아 있는 처지에 놓인 일본 여성도 있었지요!'하고 시마 씨는 말한다. 한국에 사는 일본인 부인들의 모임인 '후요카이芙蓉會'는 서울과 부산에서 열린다. 시마 씨도 가끔씩 얼굴을 내밀고 일본 노래를 부르며 그리움을 달랜다고 한다. 그러나 일본인이라고 해서 서로 모두 이해하는 것은 아니다. 일본에

세 번 정도 귀향했었지만 아는 사람도 줄어들고 있다고 한다. 역시 '어머니', '할머니'라고 불러주는 가족과 이웃사람들이 있는 이곳이 제일이란다. '자기 가족을 버리면서까지 사랑하는 사람과 함께 했다. 어떤 일이 생겨도 이곳의 흙이 되리라는 마음으로 지금까지 살아왔다!'고 시마 씨는 자신의 인생을 회고한다.

때마침 일본 방송에서 가요 프로그램을 예고하기 시작했다. 일본 가수 중에서 누구를 제일 좋아하느냐고 물어보았다. 그랬더니 '요즘 가수들은 잘 모르지만 미소라 히바리나 이츠키 히로시가 좋다!'고 한다. 낙지볶음 가게에서 시마 씨의 딸이 저녁을 쟁반에 올려 가져왔다. 식사 도중에도 손님들의 발길이 끊이질 않는다. '할머니의 음성은 귀엽지요!'라는 손님에게 '고맙습니다!'하고 대답하는 시마 씨는 지금도 젊어 보인다.

일본 통치기의 건조물을 어떻게 보존하고 활용할 것인가

하자마迫間의 별장은 해방 후, 미군 경상남도 제 3지구의 군정청 사무소로 접수되었다. 그런데 한국전쟁 후에 한국인에게 팔아 넘겨 요릿집으로 사용되게 되었다. 이 때 별장의 명칭이 '동래별장'으로 개칭되었다. 일시 폐업했던 시기도 있었지만, 2000년에 대폭 수리를 하여 옛 일본의 건축물이라는 것을 관광자원으로 하여 일본식, 한국식의 고급 요리점으로 영업을 재개했다. 목원대학교 공과대학 건축학부의 김정동(근대 건축사) 교수는 이 건물의 보존 가치에 대하여 다음과 같이 말한다.

동래별장 본관은 2층의 목조 건물로 200평 규모를 자랑하는데, 국내에 이런 사례(일본 목조건축)는 없다. 내부 정원과 수목 등도 보존가치가 충분하다. 가옥 내부에 있는 돌로 만든 욕조도 귀중한 관광자원이 될 수 있다(칸인노미야를 초대하기 위해서 만든 욕실인 듯함). 특히 부산의 입지가 한일 교류사의 측면에서, 일본인 관광객을 유치하는 데도 도움이 될 것이라고 생각된다. 결론적으로 일제시대에 일본인에 의해 건축된 건축물이라 할지라도 한 시대의 역사가 깃든 건축물로서 적극적인 보존 대책이 시급히 필요하다(감정 평가서, 『동래별장의 유래와 보존가치』, 2000년 한국).

부산 시내에도 일본 통치기에 일본인들이 생활했던 일본식 가옥이 아직 남아 있기는 하다. 그러나 그것들은 노후되어 해체를 기다리는 건물들이 대부분이다. 이에 비해 동래별장은 보수를 통하여 원상이 회복되어 유지되고 있다는 점에서, 한국에 남은 일본식 목조 건물로서 가치 있는 가옥이라 할 수 있다. '감정 평가서'에서 김정동 교수의 말처럼 '일제시대에 일본인이 세운 건물'이어서, 건물을 보존한다는 것은 한국 사람들에게 복잡한 심경을 느끼게 할 것이다. 그러나 한편으로 이 건물은 일본이 조선을 식민지로 지배했다는 사실과 그 의미를 말 이상으로 웅변해 주는 증거가 될 수 있다.

이처럼 식민지 시대의 건물을 재활용하는 또 다른 예로 부산 근대역사관에 대하여 언급해 보기로 하자. 일본 통치기에 용두산 공원의 북쪽인 '대청정大廳町(현 부산시 중구 대청동)'에 동양척식주식회사東洋拓植株式會社 부산지점 건물이 있다. '동척빌딩'이라 불리는 이 건물은 부지면적 493평에 지상 2층, 지하 1층으로 1921년에 준공되었다. '동척'은 조선의 토지를 대규모로 매수하여 농업을 경영하던 일본의 국책회사로 조선 최대의 지주였다. 1918년에는 약 15만 명 정도의 소작인을 소유하고 있었다.[81] 해방 후, 동척빌딩은 미국에 접수되었다. 그 후 미국 영사관, 미국 문화원 등으로 사용되었다. 1999년 미국 문화원이 폐쇄되고 한국에 반환되자, 부산시는 구 동척빌딩을 한국 정부에서 구입하여, 부산의 근대사를 전시하는 '부산 근대역사관'으로 활용하기로 한 것이다.

---

81 『조선을 아는 사전』

그림2-25 부산근대역사관
구동양척식회사 부산지점을 활용하여 2003년 7월에 부산근대역사관으로 개관하였다. 용두산 공원 서북쪽에 있다(저자 촬영).

이런 계획에 대하여 국제시장을 곁에 둔 구 미국 문화원 주변의 상공인들은 식민지 지배를 상징하는 건물을 보존하기보다는, 이곳에 고층의 업무용 빌딩을 세워야 한다는 반론을 제기했지만, 시는 2001년 3월말에 문화재 위원회를 열어, 구 동양척식회사 부산 지점의 건물을 '시 지정 기념물 제 49호'로 결정하고 건물을 보존하고 활용할 계획에는 흔들림이 없다고 표명했다.[82]

내부 개장공사를 마치고 2003년 7월에 개관한 이 근대 역사관은 '부산의 근대 개항' '일제의 부산 수탈', '동양척식회사의 역사' '한미관계' '부산의 비전' 등, 테마 별로 구획을 설치하여 각각의 관계자료와 사진을 함께 전시해 놓았다. 전 부산 시장이었던 안상영 씨는 근대 역사관의 개관 인사말

---

82 『부산일보』, 2001년 4월 25일 기사 외

에서 다음과 같이 말하고 있다.

> 70여년이 지난 세월 속에서 동양 척식회사 부산 지점이 미 문화원(미국 센터)으로 이름이 바뀌고, 부산 속에서 이국적인 풍경으로 남아 있던 이 건물은 외세에 의한 한국 지배를 상징하는 한국 근대사의 중요한 역사적 건축물이라 말할 수 있습니다. 부산 근대역사관은 단지 자료만이 전시 되어있는 곳은 아닙니다. '시대의 정신'이 살아 숨쉬는 장소로서 시간과 공간을 초월한 과거와 현재, 그리고 미래가 서로 대화하고 호흡하고 있는 역사의 현장이며, 한 시대를 풍미한 역사적인 인물들의 숨결을 느끼고 역사의 교훈을 생각하는 곳입니다(『부산 근대 역사관』, 2003년 한국어).

구 동척 빌딩은 부산의 근현대사를 상징적으로 말해 주는 건물이다. 이 때문에 이곳을 방문한 사람들은 '역사의 현장'에서 부산의 역사를 더 깊이 체감하고 이해할 수 있을 것이다. 일본이 세운 건축물을 어떻게 보존하고 활용할 것인가라는 어려운 문제에 대해 부산시는 부산 근대역사관의 개관이라는 형태로 하나의 답을 제시했다고 할 수 있다. 일본 사회도 한국의 이러한 보존 활용 계획에 대하여 자신의 문제처럼 협력할 방법을 모색할 시기가 되었다고 생각한다.

4. 조선인과 동래온천

조선인이 경영하는 온천여관

지금까지 살펴본 부산 개항 이후의 동래온천의 역사에 대한 기술은 주로 일본어 자료를 바탕으로 한 것이다. 즉 일본인들에게 동래온천은 자신들의 '역사'라는 성격이 강하다. 그렇다면 당시의 조선인들은 동래온천과 어떤 관계를 갖고 있었을까.

1910년 대한제국 합병을 전후로 일본인들이 집중적으로 동래온천에 진출했는데 조선인들도 손을 놓고 보고만 있었던 것은 아니었다. 일본어 신문인 『부산일보』의 기사이지만 '조선인 온천 여관 계획'이라는 표제로 다음과 같은 짧은 기사가 있다.

> 동래군 내의 조선인 양반들, 8일 동래온천장 대지여관에 모여, 자본금 15만 엔의 회사조직으로 조선인 여관을 설립한다는 합의를 했다(『부산일보』, 1916년 10월 9일).

동래군 내에 있는 양반 출신의 조선인 유력자들이 출자해서 동래온천에 민족계 온천 여관을 설립하려는 준비를 시작한 것이다. 마침 전년도인 1915년 10월에는 부산과 동래온천을 철도로 연결하였고, 이와 동시에 조선가스 전기회사도 대욕장을 개업하였다. 온천 개발에 불이 붙은 시기였다.

이 조선인 자본으로 여관이 설립되었는지는 확인할 수 없지만 1923년에 동래온천의 지질 조사를 실시한 조선 총독부 지질조사소朝鮮總督府地質調査所의 보고서, 『조선지질조사요보朝鮮地質調査要報 제 2권 동래온천 조사보문』(1924년 발행, 이하 『동래온천조사보문東萊溫泉調査報文』에는 일본인이 경영하는 여관과 섞여 조선인이 경영하는 여관인 '계산관', '일신관', '침천관'의 이름이 보인다.

다음에 이것도 짧은 기사이지만 조선어 신문인 『동아일보』에 실린 기사 내용이다. '동래온천장 연예회'라고 표제 된 기사다.

> … 이번에 동 온천장 여관조합(조선인에 한함)에서는 가을을 맞이하는 동시에 동 온천장의 발전 번영의 꽃을 피우기 위해, 동 온천장의 동강토(동래천 제방)에서 대대적으로 연예장을 만들고 우리 조선인 일류 구락계(연예인, 기생)를 불러와 음력 8월 15일에서 30일까지 15일간에 걸쳐 매일 저녁 연예회를 열기로 하였다(『동아일보』, 1921년 9월 20일).

선조에 제사를 지내는 중요한 민족행사인 '추석' 기간에 맞추어 '동래온천장 여관조합'이 조선의 전통 예능을 자랑하는 연예회를 개최한다는 공지 기사다. 그런데 기사 속의 '동 온천장 여관조합(조선인에 한함)'이란 문구에 눈길이 멈춘다. 일본인 여관 업자 단체와는 달리 이때가 되어 조선인 여관업자들만의 단체를 조직하였고, 조합이 독자적으로 온천장 내에서 모임을 기획하고 운영할 역량을 갖고 있었던 것이다.

동래를 방문하는 온천객은 『동래온천 조사보문』에 의하면 1923년에, 1일 평균 458명 중 일본인이 225명, 조선인이 233명으로 조선인 수가 일본인 수를 웃돌았다(단, 민족별 인구비로 볼 때 일본인 이용객의 비율이 훨씬 높다). 또 온천장에 거주하는 일본인은 372명, 조선인은 448명이었다.

거의 10년 후에 진행된 경상남도 경무부의 조사(조선총독부, 『조선의 취락朝鮮の聚落, 중편』, 1933년)에 의하면 동래온천에서 영업하고 있는 여관

그림2-26 동래면 욕장(공중욕장) 동래구청 제공
조선시대부터 있었던 욕장을 허물고 1923년에 신축하였다. 현재의 '제일탕' 부근에 있었다.

은 일본인이 경영하는 것으로 봉래관, 나루토鳴戶여관, 아라이荒井여관, 요코이橫井여관, 동래호텔, 와키야脇屋, 시즈노야靜乃屋, 마츠바야松葉屋, 야마구치야山口屋로 9곳이고, 조선인이 경영하는 여관은 4곳으로 금천관, 계산관, 일신관, 명월관이다. 온천장에 거주하는 일본인은 381명(82가구), 조선인은 1,418명(297가구)이다. 10년 전 자료 『동래온천조사보문』과 비교해 보면 일본인 거주자의 수는 거의 변하지 않았다.

한편 조선인 거주자 수는 3배 이상 증가하였다. 이 큰 변화는 온천가가 발달함에 따라 일본여관을 시작해 온천관련 사업에서 노동 수요도 급증하고 조선인들을 많이 고용했다는 것을 알 수 있다. 예를 들어 일본인이 경영하던 와키야脇屋의 경우, 종업원 중에서 부장(2명)과 종업원(8명)은 일본인이었지만, 요리사(5명)와 호객꾼, 욕장의 잡일꾼(3명) 등은 모두 조선인이었다고 한다(와키야 여관 관계자의 에도우 미치코江藤美智子 씨의 담화, 1930년).

그림2-27 동래면 욕장의 내부(남탕)
욕실에 마주보이는 탈의실에는 한복을 입은 부자지간처럼 보이는 사람들의 모습이 보인다.

여관의 숙박요금(1박 2식)은, 일본 여관은 특등 7엔, 1등 5.5엔, 2등 4.5엔, 3등 3엔이었다. 조선 여관은 특등 2.4엔, 1등 2엔, 2등 1.6엔, 3등 1.2엔, 4등 0.8엔이었다. 일본 여관과 조선 여관의 숙박요금에 꽤 차이가 있다는 것을 알 수 있는데 그것은 일본인과 조선인의 소득 격차, 즉 식민지 지배하에서 취업이나 임금의 차별 실태를 반영한 것이기도 하다. '동래온천 조사보문'에 의하면, 1923년 당시, 동래온천에서 온천을 소유한 사람과 사용자는 다음과 같다(숫자는 용출구의 수).

> 만철회사(조선 가스 전기주식회사의 후신) 10곳, 토요타 후쿠타로豊田福太郎(봉래관) 18곳, 아라이荒井 여관 5곳, 타카세 마사타로高瀨政太郎(무역사업과 농장 경영으로 성공한 부호의 별장) 1곳, 니혼테이日本亭(요정) 1곳, 동래면(면영 공중욕장) 4곳, 이토 유기伊藤祐義(나루토 여관 뒤편) 4곳.

이 43정 중에서 입욕용으로 사용된 것은 33정, 그 외에는 용출력이 없거나 온천의 온도가 낮아 입욕용으로 사용할 수 없는 것이었기 때문에 버린다든지 음용 또는 잡용수로 사용하였다. 온천의 용출력은 온천에 따라 큰 차이가 있었다. 만철 소유의 7호정이 '하루에 160석(약 29kℓ)'를 용출하여 최대 규모였다. 이들 온천원에서 도관導管을 깔아서 다음과 같은 욕장으로 온천수를 공급하였다.

> 만철주식회사의 공동탕, 봉래관의 공동탕·가족탕, 육군 전지요양소 욕장(봉래관 부지 내에 소재), 아라이 여관의 공동탕·가족탕, 면욕장, 코요오칸, 타카세 저택, 니혼테이日本亭(앞의 책).

이상의 자료를 보면 적어도 1923년의 시점에서 동래온천에서 온천을 소유하거나, 또 온천을 욕장으로 끌어올 수 있는 곳은 면욕장(동래면이 경영)을 제외하면 전부 일본인이 운영하는 여관이나 요정, 혹은 개인주택이었다는 말이 된다. 즉 온천의 이용권은 거의 일본인들이 독점하고 있었다. 조선인 여관은 동래온천에 진출하던 초기에 온천원에서 온천을 거의 끌어올 수가 없었던 것이다.

그렇다면 치료를 목적으로 탕을 이용하려는 조선인들은 어디서 입욕을 했던 것일까. 『부산 온천에 관한 연구』의 저자인 김용욱 씨나 그의 친구인 박홍기 씨의 말에 따르면 부산에서 상공업을 하던 조선인이나 경상남도 지방의 조선인 지주의 일부는 조선인이 운영하는 여관이 아닌 일본인 여관을 이용했다고 한다. 1930년대 말경에 동래에 살고 있었던 박홍기 씨는 게타(일본식 슬리퍼)를 신고 욕의를 걸친 채 온천가를 산책하는 조선인 부유층의 모습을 흔히 볼 수 있었다고 한다. 박홍기 씨는 그 조선인들은 허세를 부리고 있는 것 같아 보여 어처구니가 없었으며 또 슬프게 생각되었다고 한다. 이들은 없어져야 할 '팁'을 듬뿍 쥐어주었기 때문에 일본 여관에서는 일본인 온천객보다 더 환영받는 경우도 있었다고 한다.

한편 조선인 서민들은 대부분 당일치기 손님으로 숙박객이라 하더라도 동래면이 경영하는 공중욕장(면욕장)을 이용했다. 이 욕장은 조선시대부터 개수를 계속하여 사용하고 있었다. '구욕장'의 욕사를 허물고 1923년 6월에 전면적으로 다시 건축한 것이다(그림2-26 참조). 욕장에는 남녀별로 2개의 탕, 가족탕이 2개 있었다. 일본인들은 이 욕장을 이용하는 일이 거의 없었기 때문에 면욕장은 조선인 전용이나 마찬가지였다. 그리고 철도탕(만철이 개설한 욕장. 후에는 철도국에서 동래읍이 관리를 인계받음)을 이용하는 사람들도 많았다고 한다.

온천장에 있던 독립운동 아지트

3·1독립운동 직후에 독립운동과 관련된 '산해관山海館'이란 여관이 동래온천에 있었던 것으로 알려져 있다.

마침 같은 시기, 부산에 백산상회라는 무역상사가 있었다. 이 회사명은 대표자인 안희제(1885~1943년)의 호 '백산'에서 비롯된 것이었다. '백산'이라는 단어는 조선민족의 혼을 나타내는 '백'과 조선민족의 건국신화가 깃든 '백두산'에서 따온 것이다.[83] 백산 안희제는 양정의숙養正義塾을 졸업한 후, 1907년에 출신지인 경상남도 의령군에 의신학교를, 또 동래군 구포(현 부산시 북구)에 구명학교를 설립하여 국권 회복을 위한 민족교육을 추진했다. 1911년 러시아로 망명한 후, 중국에서 활동하던 독립운동 단체와 접촉하면서 국외의 독립운동에 자금을 제공했다. 그리고 내외의 연락망을 만들 목적으로 1914년에 귀국했다. 귀국 한 뒤 고향의 논밭을 판 자금을 밑천으로 하여 동지들과 함께 곡물, 면포, 해산물을 매매하는 무역회사인 백산상회를 일본인 거리의 중심지인 혼마치 3초메本町3丁目에 설립했다(현 부산시 중구 동광동). 그 후 경영을 확대하여 1919년 2월에 백산상회는 자본금 1백만

83 '백산상회 안희제', 『부산일보』, 1981년 6월 1일

엔의 '백산무역 주식회사'로 성장했다. 주주들은 주로 경상도 지방의 조선인 지주들이었다.

특히 3 · 1독립운동 후에는 조선민족의 경제력(민족자본)을 신장시키고, 민족계 언론기관이나 교육기관을 설립하여 독립에 기여할 인재를 육성하는 실력 양성운동이 제창되었다. 그리하여 '동아일보', '조선일보'가 1920년에 창간되었고 조선인을 위한 대학 설립 운동도 이 시기에 전개되었다. 백산무역회사의 설립도 그러한 민족의 힘을 기르려는 운동의 일환이었고, 상해에 수립된 대한민국 임시정부(1919년 4월 수립)에 자금을 원조하고, 또 임시정부의 기관지인 '독립신문'을 국내에서 보급하는 창구가 되기도 했다. 안희제는 1933년에 '만주'로 피신하여 동경성東京城에서 동포들을 위한 발해농장을 개설하는 등 혼신을 다했다. 그러나 1942년 11월에 독립운동을 탄압하는 일본의 목단강牡丹江 경찰에 체포되었고 출옥 직후인 1943년 8월에 사망했다.

1995년 부산시 중구는 '광복 50주년'을 기념하여 백산상회가 위치했던 장소에 안희제 관련 자료를 전시하는 '백산기념관'을 개관했다.[84]

이 백산상회와 관련을 갖고 있던 것이 동래온천의 여관 겸 요릿집이었던 '산해관'이었다. 경영자는 백산상회의 주주이기도 했던 정재완(1881~ 1964년)으로, 경상남도 하동군 금양면 출신의 자산가였다. 3 · 1독립운동과도 관련된 유학자인 아버지의 영향으로 어렸을 때부터 민족의식에 눈을 떴다. 그는 고향에서 사립 현산학교(현 금양초등학교의 전신)를 운영하다가 1920년경에 고향의 논밭을 처분하고 산해관을 개업했다.

산해관이 상해 임시정부 등에 독립운동 자금을 제공한 것은 백산상회와 마찬가지였지만, 동시에 부산이나 경상남도의 지역 유지, 활동가들의 연락 장소기도 했다. 유흥을 가장하여 독립운동에 관한 방침을 둘러싼 논의를

---

84 이동언 「백산 안희제 연구」, 『한국 독립 운동사 연구 제 8집』, 1994년 한국

그림2-28 백산기념관
예전에 백산상회가 있던 장소에 백산기념관이 있다(부산시 중구 동광동). 백산기념관은 현재의 부산 관광호텔 앞길과 마주하고 있으며, 바로 앞에 '하자마 본점'이 있었다(2002년 촬영).

하였던 것이다. 안희제도 산해관에 출입하는 사람들 중의 한 사람이었다. 산해관을 아는 사람도 이곳이 독립 운동가들의 '아지트'였다는 사실은 전혀 눈치채지 못했다고 한다.[85]

1921년의 '동아일보'에 '동래 산해여관 발전'이란 표제로 산해관에 관한 기사가 게재되었다.

> 조선 남부 유일의 낙원이자 휴양지인 동래온천에는 유람객의 발길이 끊이지 않고 있지만, 조선인이 경영하는 여관으로서 체면을 유지하고 내방객의 기대에 부응할 수 있는 여관이 없었다는 것을 모두가 유감으로 생각하고 있었다. 정재완 씨가 9만여 엔을 투자하여 산해관을 신설한 것은 규모의 웅대함과 설비의 완전함에 있어서 이 사회의 대표적인 것이라고 해도 과언이 아니다(『동아일보』, 1921년 7월 18일).

85 부산 일보사, 『백산의 동지들』, 1998년 한국

이즈음 동래온천에는 조선인이 경영하는 여관은 몇 집 있었지만 산해관은 규모와 시설 면에서 뛰어났다는 말이다. 산해관은 그 후에도 영업을 계속했다(1927년에 신간회 부산 지부의 간부인 김홍권이 산해관에서 일을 했다는 기록이 있다). 그러나 1924년에 발행된 '동래온천 조사보문'의 부록인 온천가도(135쪽, 그림2-9)에는 어찌된 일인지 산해관에 대한 내용을 엿볼 수 없다. 산해관은 현재 고층주택 '반도맨션아파트'의 2동이 우뚝 솟은 주변에 있다고 하는데(앞의 책 『백산의 동지들』), 그렇다면 당시 동래온천을 대표하던 '나루토 여관'과 아주 가까운 곳에 위치하고 있었다는 말이 된다.

온천지의 경영권을 둘러싼 토착민들의 반발

1910년대에 동래온천을 대규모로 개발하고 온천장 일대의 토지를 소유하고 있었던 조선 가스 전기회사가 그 권리를 남만주 철도주식회사(만철)에 매각한 것은 1922년이었다. 그런데 만철이 1924년에 조선 철도 경영권을 총독부 철도국에 또 다시 반환했기 때문에, 그 후 동래온천 전체의 개발경영은 철도국의 손에 맡겨지게 되었다. 그러나 철도국은 동래온천의 경영에 큰 관심을 나타내지 않았다. 이런 상황 속에서 1930년대 초 동래온천에서는 온천 사업자 각자가 사용하는 온천원에서 온천의 용출량을 늘리려고 온천정을 굴착함으로써, 다른 사업자의 온천원을 고갈시키는 등, 온천원에 대한 통제를 둘러싸고 큰 혼란이 발생했다. 결국 온천지 전체의 온천 공급량이 부족한 사태가 벌어졌다. '부산일보'의 기사에는 다음과 같은 내용이 있다.

> '읍과 철도국과의 동래온천 경영문제, 결국 어떻게 해결이 날까?'
> 동래온천의 번영은 먼저 한계 상태에 있는 탕원(천원)에 대한 통제를 하고, 기존에 있는 용출탕의 사용 배급을 경제화하여 지금의 난국을 타개하고 나서야 공중욕장,

오락장, 공원 등의 시설을 실행하여 대동래온천의 건설에 매진해야 한다. 그러나 이 책임을 완수할 사람은 개인이어서는 안 되며 관청인 철도국이어도 안 된다. 사리사욕을 떠나 직접적인 관계를 갖고 있는 공공단체인 동래읍이 실행하는 것이 매우 합리적이라고 읍대회는 결의했다. 이렇게 만장일치로 온천 경영을 가결하여 지금은 읍당국이 온천정의 굴착 및 번영시설에 대한 준비를 서두르고 있다….(『부산일보』, 1931년 9월 4일)

그렇다면 위의 기사는 동래온천의 경영을 둘러싼 '철도국'과 그 고장 '동래읍'이 대립하고 있다는 문제를 전한 것이다. 그러나 정확하게 그 문제의 본질은 '총독부' 철도국과 동래읍 '조선인들'과의 대립이었다. 일본어 신문의 광고주는 일본계 회사나 상점이었고, 독자들도 일본인들이 중심이었기 때문에 '부산일보'는 '일본' 대 '조선'이라는 구도로 기사를 내 보내기 쉽지 않았을 것이다. 게다가 기사 내용에 있는 '동래읍'은 1931년에 읍면제가 시행되어 동래는 면 중에서도 인구가 많아서 '동래읍'이 된 것이다.

다음에 일본어 신문인 '부산일보'가 전한 동일한 문제를 조선어 신문인 '조선일보'는 어떻게 보도했는지 비교해 보자.

'동래 주민 대 만철, 온천의 굴착권을 둘러싼 쟁탈전, 쌍방의 쟁탈전이 최고조화, 주목되는 당국의 태도'
동래온천은 지금까지 개개의 자본가인 일본인이 운영하는 여관과 만철(총독부 철도국의 오류임)의 독점적 소유로 되어 있었기 때문에, 일반 민중은 이 대자연의 혜택을 접할 수 없었다. 그러나 마침내 참는 것도 한도를 넘어 작년부터 동래온천의 탕원의 통일을 강하게 요구하게 되었다. 그리고 그 사이에 동일한 문제가 서서히 구체화되어감에 따라, 8일(8월의 착오인 듯함)에는 이 문제로 동래 읍민대회가 개최되어, 재벌의 독점적인 탕수 배급의 불공평함을 철저하게 배제하기 위해 '동래온천의 굴착권을 동래읍이 갖고 그 통일과 공평을 꾀하다'라는 내용을 만장일치로 가결한 것은 이미 보도한 대로다(『조선일보』, 1931년 9월 21일).

무엇이 문제인지 명백하게 알 수 없는 일본어 신문의 애매한 서술과 비교하여 조선어 신문이 기사를 내 보낸 '동래 주민 대 만철, 온천의 굴착권을 둘러싼 쟁탈전'이란 표제어는 문제의 핵심을 잘 찌르고 있다. 이 철도국 경영안에 반대하는 '동래주민'의 움직임은 그때까지 동래온천 전체의 경영에서 배제되고 있던 동래읍의 압도적 다수파인 조선인들이, 온천지에 여관을 세우겠다던 종래의 단계를 넘어 온천정을 굴착하는 권리를 획득하고, 더 적극적으로 온천지의 경영에 참여하려는 운동으로도 볼 수 있다. 이 고장 주민들의 이런 움직임에 자극을 받아 동래온천의 일본인 여관 경영자들이 중심이 된 '동래 번영회'는 임시총회를 열었다.

> 동래 번영회에서는 본 문제(새로운 온천 굴착과 배탕 문제)에 대한 최종안을 결정해야 하고 (9월) 6일 오후 8시부터 동래원에서 임시총회를 개최하였다. 총회에서는 철도국 또는 동래읍 어느 쪽에서 경영을 하든 그것을 타당하게 보고 희망하는 건에 관해서 장시간 협의를 한 결과, 많은 이견이 속출하였지만 출석자 51명의 가부 투표에 따라 결정했다. 그 결과 철도국이 굴착하는 것을 희망한다는 투표 47표, 읍에서 경영하는 것을 희망한다는 것 3표, 외에 기권 1표였다. 나루토 번영회장(나루토 여관의 경영자), 오오하라 부회장 외 2명은 다음의 결의서를 갖고 지난 7일 오후 와타나베 도지사를 방문했다(『부산일보』, 1931년 9월 8일).

나루토 여관을 비롯하여 일본인 여관 경영자들을 중심으로 구성된 동래 번영회는 철도국에 과대하게 기대하지 않았다. 그러나 적어도 동래온천의 경영권이 철도국에서 읍으로 완전히 이관되는 사태만은 어떻게든 피하고 싶었던 것이다. 읍이 경영하게 되면 지금까지 일본인들이 손에 넣었던 기득권이 위협을 받을 위험이 있었기 때문이다. 읍 측(조선인 측)의 움직임을 견제하기 위한 결의는 압도적인 다수로 가결되었다. 읍측의 경영을 희망했던 '3표', '기권 1표'가 누구의 것인지, 어떤 이유에서 비롯된 것인지가 궁금하지만 유감스럽게도 더 이상은 알 수가 없다.

이렇게 동래읍 대회에서 결의된 읍 경영안을 저지하려는 움직임도 활발해졌다. 이 때문에 동래 읍민들은 9월 19일에 다시 읍민대회를 개최했다. 정각 오후 2시, 회의장인 동래 유치원은 읍민 100명으로 가득했다. 개회사에 이어 읍회 의원을 대표하여 김병규가 지금까지의 교섭 경위를 보고했다. 김병규는 국권을 회복하기 위한 애국 계몽 운동단체인 '대한자강회 동래지부'에서 활동한 후, 민족계 은행인 '동래은행'의 지배인이 되었다(중역 전원이 조선인). 한편 그는 1927년에서 1933년까지 경상남도 도회 의원을 역임한 이 고장의 유력자였다.[86] 이 김병규의 보고를 듣는 회장의 열기를 '동아일보'의 기사 '온천읍 운영안 때문에 다시 읍민대회'에서는 다음과 같이 전하고 있다.

> …장내와 장외에서 철도국의 이치에 맞지 않는 '자가이욕自家利慾'에 대한 군중의 비난의 소리가 있고, 온천장에 대한 일본인 번영회의 읍민대회 결의에 대한 반동적 행위를 철저하게 응징 규탄하기 위해, 민중의 의분이 일치하여 동래온천의 읍 운영안의 실현을 단호하게 촉구하기로 한다. 위원 15명을 선출함과 동시에 아래와 같이 만장일치로 결의를 가결하고, 총감, 감독, 내무국장(이상, 조선 총독부), 경남 도지사에 각각 전보를 보냈다(『동아일보』, 1931년 9월 22일).

선출된 위원 15명 중에는 '히로나카 나오루廣中治, 도리이 요시쿠라鳥居吉藏, 오이시 타이지로大石泰四郞, 츠치무라 나오미辻村直三' 등 4명의 일본인의 이름도 보인다. 일본 통치기에 있어서 '조선인 대 일본인'이란 사회구도는 대세에 있어서 흔들림이 없었지만 개개인의 차원에서는 조선인들과 이해를 함께 하며 행동한 일본인들도 있었던 것이다. 읍 대회의 결의문은 다음과 같다.

86 부산 일보사, 『백산의 동지들』, 1998년 한국

동래 읍회에서 결의한 온천장 탕원 통제와 읍의 경영 계획에 대한 지지를 부탁하고 고장 읍민들의 총의와 배치되는 준동은 철저히 배척할 것을 결의한다(9월 19일 제 2회 동래읍민대회).

읍민 대회가 종료된 후 동래읍을 대표하여 김병규, 박길호(경상남도 도회 의원), 아오야마 후미미츠青山文三(위원으로 선출된 츠치무라와 함께 읍회 의원)는 총독부에 진정서를 직접 전달하기 위해 결의문을 들고 밤 열차를 타고 서울로 향했다.

그 후 읍 경영을 요구하는 주민들의 강력한 요구에 철도국도 양보할 수밖에 없었다. 철도국은 이를 받아들여 10월 6일, 경상남도 지사는 동래온천장의 온천 굴착권을 동래읍으로 이관한다.[87] 이렇게 해서 동래온천에 조선인 자본이 본격적으로 진출하는 제도적 기반이 마련된다. 그러나 일본인들보다 약 20년이나 뒤늦었으며, 실력 양성운동을 거친 1930년대에 들어서서 겨우 획득하게 되었다. 이 때를 같이 하여 조선 각지에서는 사회주의자들의 지도를 받은 조선인들에 의해 일본 자본을 배척하는 노동농민운동이 격렬하게 전개되었다.

굴착권의 인가를 받은 동래읍은 바로 새로운 온천의 굴착을 개시하고 풍부한 용출량의 원천을 찾아낼 수 있었다. 1933년 1월에 동래읍회는 신온천의 급탕요금을 결정하고, 여인숙(간이여관), 요릿집, 탕옥업湯屋業(온천을 사용하지 않던 욕장), 임대업자 등 온천수의 사용을 희망하는 사람들에게 일정한 요금을 받고 배탕하기로 했다. 동시에 읍은 철도국이 경영하던 '철도탕'(만철이 개설한 입욕시설)을 매입하여 경영하기로 결정했다(동아일보, 1933년 1월 22일). 이로써 조선 가스 전기주식회사에 의한 동래온천장의 대규모 개발 이래(1916년), 만철을 거쳐 총독부 철도국으로 이관되어 온 온천지 전체의 개발 경영권은 그 고장 동래읍으로 이관되었다.

87 『동아일보』, 1931년 10월 8일

3부

한국의 온천을 찾아서

조선반도의 온천

조선시대 지리서인 『동국여지승람東國輿地勝覽』에는 조선 전국에 걸쳐 34곳의 온천이 있다고 나온다. 그렇다면 일본 통치기에 조선의 온천은 전체적으로 어떤 상황이었을까?

한편 월간지인 『조선』(조선 총독부 발행)의 1926년 1월호와 2월호에는, 동래온천을 시작으로 조선 각지의 온천의 지질 조사에 관여한 '조선 총독부 지질조사소'의 기사인 코마다 이쿠오駒田亥久雄가 「조선의 온천」이라는 제목으로 조선 전체의 온천에 대해 해설해 둔 문장이 있다. 코마다의 글에는 지질학적인 관점에서 조선 온천의 특징을 설명한 부분이 많다. 따라서 이 '조선의 온천'을 기초로 하여 조선반도 전체의 온천에 대한 개요를 살펴보자.

코마다는 조선 총독부 경무 총감부 위생과가 정리한 『조선광천요기朝鮮鉱泉要記』(1918년)에 올라있는 자료(온천 48곳, 냉천 15곳)를 기초로 하여 '지질조사소에서 조사검정을 마친', '섭씨 20도'를 넘어 온천으로 확인된 (코마다의 정의) 51곳을 예로 들고 있다. 이것은 현재 상세한 내용을 확인하기가 어려운 북한 지역의 온천지까지 망라된 귀중한 사료다(이하, 이 자료를 '온천리스트'라고 함). 따라서 여기에 기재된 온천의 명칭과 모든 온천 소재지를 현재 북한의 온천지에 대해 해설된 자료와 함께 '부록'에 올려놓는다.

이 온천 리스트를 보면, 51곳의 온천 중에서 현재 북한 지역에는 38곳, 한국에는 13곳이 있다. 온천은 반도의 북반구에 많이 분포되어 있다. 코마다는 '북한에 많이 있는 이유는 지질이나 인류 역사가 시작되기 전에 있었던 지각변동과도 관계가 있다'고 말한다. 또한 단위 면적당 온천수를 일본, 대만과 비교해 보고, 조선의 온천수는 일본의 약 12분의 1, 대만의 약 3분의 1이라고 했다. 그리고 온천의 분포 밀도가 일본이나 대만과 차이가 큰 이유를 다음과 같이 설명하고 있다.

> 일본의 지질은 조선과 비교하면 훨씬 새로울 뿐 아니라, 일본 온천의 70퍼센트 전후는 지질학적으로 제 3기 이후의 대대적인 화산활동으로 만들어졌다. 이 때문에 온천으로서 연령도 젊고 발생하기도 쉬웠다고 추정할 수 있다. 그런데 조선의 온천 중에서 23곳을 제외하면, 모두가 제 3기 이전에 발생했고, 게다가 화산과 직접적으로 관계되어 발생한 것도 아주 드문 듯하다(『조선의 온천』).

여기서 말하는 '제 3기'란 '지질연대 중에서 신생대의 대부분, 약 6천 5백만 년부터 180만 년까지의 시대를 말한다. 이 시기에는 포유동물이나 쌍떡잎 식물이 자라고, 화산활동과 조산활동이 활발하여 알프스, 히말라야 등의 높은 산맥이 형성되었다. 현재 일본 열도의 모양은 이 시대에 만들어졌다'고 한다. 또 코마다는 다른 논문(동래온천 조사보문)에서 조선의 온천은 제 3기 이전의 화산암이나 화강암류와 밀접한 관계가 있고, 생성된 시대가 오래되었기 때문에 대체적으로 온천의 온도가 낮고, 온천의 질도 염류천 또는 알칼리성을 띠는 단순 온천이 많다고 한다. 단 '백두화산(백두산) 부근에는 한, 두개의 화산 온천이 있다는 말이 있지만 아직 확인되지는 않았다'고 덧붙이고 있다.

그런데 온천은 각종 지하수가 지구 내부의 열에 의해 데워져 지표 위로 용출한 것인데, 일본의 '온천법'(1948년 공포)에서는 다음과 같이 정의하고 있다.

> 이 법률에서 '온천'이란 땅속에서 용출하는 온수, 광천 및 수증기 기타 가스(탄화수소를 주성분으로 하는 천연가스를 제외)로 별표에 꼽은 온도 또는 물질을 함유하고 있는 것을 말한다.

별표에 의하면 온도가 25도 이상 된다고 하지만, 온도가 거기에 미치지 않아도 1kg 중에 용존 물질이 1,000mg 이상 되는지, 또는 정해진 19종의 물질(총 철 이온, 망간 이온, 수소 이온, 탄산수소나트륨 등) 중의 하나를 규정량 이상 포함하고 있으면 온천으로 인정받을 수 있다고 정해져 있다. 이들 물질은 지하수에 많이 함유되어 있기도 하며, 용출 과정에서 일정한 성분이 더해진 것들이다. 한국의 온천법(1981년 공포)에서도 온천의 정의는 '지하에서 용출하는 섭씨 25도 이상의 온수로, 그 성분이 인체에 해롭지 않은 것'이라고 되어 있다.

또한, 지하수를 따뜻하게 하는 열원이 화산의 마그마일 경우 화산성 온천, 그렇지 않은 것은 비화산성 온천이라 분류할 때도 있지만, 온천의 열원으로서 반드시 화산의 마그마가 연관되어야만 하는 것은 아니었다. 땅속의 온도는 지하 100m마다 지표 온도보다 약 3도씩 올라가기 때문에, 지하 1,000m의 온도는 지표 온도보다 약 30도가 높게 된다. 만약 지표 온도가 평균 20도라면 지하 1,000m에 있는 지하수의 온도는 50도가 되고, 한국과 일본의 온천법에 정의된 '25도'라는 조건을 충분히 충족시킬 수 있다.

앞의 '온천 리스트'에서 온천지명이 '──'라고 되어 있고, 명칭이 명기되어 있지 않는 것, 혹은 단지 '약수'라고 기록되어 있고, 고유명이 없는 온천지 이름도 몇 곳이 보인다. 약수라는 것은 문자 그대로 다양한 병에 치료 효과가 있는 일정한 화학성분을 함유한 광천수라는 의미다. 조선 전체에 있는 수많은 샘이나 우물을 말한다(온천 리스트 중에서의 약수는, 그 중에서 온천이 20도 이상인 것). 현재도 한국의 도시 교외의 뒷산 등에 있는 약수터에서는 일본에서 '명수'라고 말하는 것과 같은 솟아나는 물을 페트병이나 물통에 담아 집으로 가져가는 사람들의 모습을 볼 수 있다.

이마무라 토모今村鞆의 『역사민속조선만담歷史民俗朝鮮漫談』(1928년)에는 당시 조선 사람들이 약수를 어떻게 활용했는지에 대한 기록이 있다.

조선인은 약수를 마시면 각종 질병을 고치고 위생 강장에 도움이 된다고 믿고 있다. 특히 여름 3개월 동안에는 병자나 건강한 사람을 불문하고 7, 8리를 멀다하지 않고 그 장소에 운집한다. 그리하여 각자 나무 그늘 밑에서 쉬며 될 수 있는 한 많이 마시고, 빈병에 담아 가지고 돌아간다. 어떤 사람은 겸해서 목욕도 한다. 위장병 환자들은 단식을 하면서 종일 누워서 물을 마신다. 이것은 원시적 민간요법이지만 이치에 맞기 때문에 병을 치유하고 원기가 회복되어 돌아가는 사람도 있다.

그림3-1 영산약수
(경상남도 창녕군 영산면 교리)
'작약수'라고도 불리는 예부터 알려진 약수다. 물통을 몇 개씩 가져와 약수를 받는다. 거북이 모양을 뜬 용출구의 모양도 흥미롭다. 거북이는 도교적 세계관과 관련된 동물이며 장수의 상징이기도 하다. 용출구의 오른쪽에 산신에게 제사를 지낸 사당이 있다(2001년 촬영).

이렇게 사람들이 많이 모이는 약수터에는 소나기를 피할 수 있는 작은 움막이나 간단한 잡화상, 음식점 등이 생겼다. 또 욕객을 유치하려는 여성들까지 출현하기도 했고, 자연과 친숙해지려는 자유의 향연이 숲 속에서 전개되었다고 한다. 이어서 이마무라는 조선인들이 약수터에 가는 이유를 아픈 몸을 보양하려는 이유도 있지만 '일본인이 온천이나 해수욕장에 가는 것처럼 피서와 오락을 즐기려는 것이 본심이다'고 설명한다.

약수터를 '자유의 향연'으로 비유하고 있는 이 기록에서 하루의 노동을 마친 서민들의 여유로운 모습이나 상업화되기 이전의 온천 등에서 보았을 법한 광경을 연상하게 해 준다.

코마다는 조선의 '온천 리스트'에서 교통편, 풍광, 기후, 온천의 용출량, 수질, 성분, 그리고 숙박시설, 욕장의 설비 등을 고려하여 각 지방별로 대표적인 온천을 8개로 정리했다.

조선 남부지방	동래(경상남도) 해운대(경상남도)
조선 중부지방	유성(충청남도) 온양(충청남도)
조선 서부지방	신천(황해도) 용강(평안남도)
조선 동부지방	온정리(강원도)
조선 북부지방	주을(함경북도)

당시 철도성에서는 일본 전국의 온천을 소개한 『온천안내』라는 가이드북을 발간했다. 해외에 있는 유명한 온천(조선, 만주, 대만)들도 소개하고 있는데, 1931년 판에서는 조선의 온천으로 동래온천 · 해운대온천(경상남도), 유성온천 · 온양온천(충청남도), 신천온천 · 삼천온천 · 달천온천(황해도), 용강온천 · 양덕온천(평안남도), 온정리온천(강원도), 주을온천(함경북도)의 11곳이 소개되어 있다. 동래온천에서 온양온천까지는 현재의 한국에 있고, 나머지 7곳의 온천은 북한 지역에 있다. 코마다가 꼽은 8곳의 온천이 그대로 포함되어 있는 점으로 봐서도 이 11곳의 온천은 일본 통치기에 있어서의 조선의 대표적인 온천지라고 봐도 좋을 듯하다.

그렇다면 지금부터 한국의 대표적인 온천 중에서 필자가 실제로 방문했던 온천지 몇 곳의 역사를 소개하려고 한다. 예를 들어 온양온천은 조선왕조의 역대의 왕들이 자주 탕치(온천치료)를 하기 위해 방문했던 유서 깊은 온천이다. 해운대 온천은 일본 통치기에 개발된 온천이다. 그리고 부곡온천은 1980년대에 들어서 보양형 온천지로 개발된 온천이다. 이러한 다른 연혁을 가진 온천지를 살펴봄으로서 한국 온천지의 발전사나 현재 상황에 대하여 대략적으로 전망할 수 있을 것이다.

해운대 온천

해운대 온천의 소개부터 시작하자.

해운대는 부산 시내에서 북동쪽으로 약 15km, 동래에서는 동남쪽으로 약 10km 되는 곳에 위치해 있다. 지금은 온천지라기보다 메리어트 호텔, 파라다이스 호텔, 부산 해운대 그랜드 호텔, 웨스틴 조선 비치 호텔 등, 대형 호텔이 해변에 줄지어 서 있는 한국의 대표적인 리조트 지다. 여름에는 때에 따라 백만 명이 넘는 해수욕객이 전국에서 몰려오는 해수욕장으로 유명하다. 현재는 부산광역시에 편입되어(해운대구 중동, 우동) 배후의 구릉지대에도 고층주택가가 형성되어 있지만 온천이 개발되던 1900년경에는 시골내음이 풍기는 어촌이었다.

'해운대'가 처음부터 이 지역의 지명이었던 것은 아니다. 신라시대 말의 대학자 최치원(857~?)이 지금의 해운대 해안의 남단에 있는 동백섬에서 한가롭게 시간을 보내면서 절경에 감탄하여 정자를 지었다고 한다. 그런데 최치원의 '해운(고운이라고도 함)'이라는 자에서 '해운대'라는 이름이 붙여졌다고 전해진다.[88] 그리고 그 후에 동해를 바라보는 백사장과 푸른 소나무가 장관인 경치에 최치원의 연고가 더 해진 명승지가 되어, 동백섬의 해운대에 많은 문인들이 찾았다고 한다.

'해운' 최치원이 읊은 시에 다음과 같은 구절이 있다.

---

88 『신증동국여지승람(新增東國輿地勝覽)』

몸이 영화로우면 먼지에 물들기 쉽고
마음의 때는 물로 씻기 어려운 법
담박澹泊을 누구와 논할 것인가
이 세상은 단술만을 좋아하거늘
(「우흥寓興」, 5구에서 8구)

차주환은 이 시를 '명예와 이익에 사로잡혀 거기서 이탈할 수 없는 세상의 모습을 보고 자신은 은퇴해서 욕심을 부리지 않고 깨끗한 마음淡泊을 갖고 살 것이라는, 마음의 더러움을 털어내고 몸을 보전하려는 도가사상이 깃들어 있다'고 설명한다(조선의 도교). 또 정민도 이 '우흥'을 신선계를 지향한 '유선시遊仙詩'의 하나라 하고, 7구에 들어있는 '담박淡泊'이란 단어는 도연명의 '한정부閑情賦'의 서문에 나오는 단어라고 지적한다(초월사상).

중국 동진東晋의 시인인 도연명(365~427년)은 42세에 관직을 그만 두고 전원에 은둔했다. '자, 돌아가자! 고향의 전원이 지금도 그대로 인데 어째서 돌아가지 아니하고 있을 수 있겠는가'로 시작한다. 『귀거래사歸去來辭』와 이상향에의 그리움을 그린 『도화원기桃花源記』로 잘 알려져 있다.[89] 최치원도 이 도연명의 삶의 방식을 추구하는 듯, 난세를 등지며 관직을 버리고 각지를 돌아다닌 후 해인사에 들어가 여생을 보냈다. 동백도(해운대)에서 시간을 보낸 것은 해인사로 향하던 도중의 일이었다고 한다. 그런데, '운객雲客', '운차雲車', '운유雲遊'라는 말이 있다. 각각 '신선', '신선이 타는 구름마차', '구름처럼 자유롭게 노니는 것, 모든 나라를 방랑하는 것'의 의미다.[90] 손오공도 '근도운'을 타고 하늘을 날았다.[91]

이러한 신선세계나 자유의 표상이기도 했던 '구름'은 최치원의 '해운海雲', '고운孤雲'이란 글자에 깃들어 있는 '운雲'이기도 할 것이다. 그렇다면

89 마츠에 시게오(松枝茂生), 와다 타케시(和田武司) 역주, 『도연명 전집(하)』, 1990년
90 코칸 국어사전(廣漢和辭典)
91 서유기

그림3-2 해운대 해안의 옛모습

모래사장에서는 후릿 그물(지인망)을 던져 물고기를 잡기도 했던 평온한 어촌이었다. 사진 상부의 중앙에 '해운루'라는 대욕탕인 듯한 큰 건물이 있는 것으로 보아 1920년을 전후로 한 광경이라고 생각된다(최해군 '부산사 연구(2000년, 한국)).

그림3-3 해운대 해안의 현재 모습

해변에 호텔이 줄지어 늘어선 한국 유수의 리조트지다. 대형 호텔 내에는 온천 시설이 있다. 여름에는 몰려드는 해수욕객으로 붐빈다(2003년 촬영).

그림3-4 최치원의 동상
동백공원(구 동백도)에 해운대를 연고로 한 최치원의 동상이 있다. 맑은 날에는 대마도가 보인다고 한다(2003년 촬영).

동백섬의 언덕 '해운대'가 나중에 해수욕장과 온천지 전체가 해운대로 불리게 된 것은, 사람들이 하루의 일과에서 한 때를 잊고, 해수욕이나 온천욕으로 심신의 해방구를 찾는 현대판 '신선경神仙境'에 적합한 이름이라고 할 수 있을 것이다. 아니, 최치원이 관계된 '해운대'란 지명이야말로 그 후 해운대의 모습을 결정지었을지도 모른다.

고문헌에는 해운대 온천의 유래는 없지만 옛날 왕후나 고관들이 이곳의 온천을 자주 방문했기 때문에 그에 따른 부과賦課에 참을 수 없게 된 주민들이 용출구를 막아버렸다는 이야기가 있다. 그러나 실제로 오늘날 해운대 온천 개발은 개항기에 부산에 살고 있던 일본인 의사인 와다노 시게루和田野茂였다. 와다노는 1905~06년경에 해운대의 남새밭을 매수하고 거기에서 용출되는 온수를 이용하여 우물을 파서 욕탕을 만들었다. 와다노가 의사라는 사실을 염두에 두면 요양소 같은 시설을 염두에 둔 것은 아닐까 하고 생각된다.

와다노가 개발한 온천은 온도가 낮았고 당시에는 부산 시내까지의 교통편도 좋지 않았기 때문에 결국 그대로 방치된 형태로 남아 있었다. 그 후 이와나가 요네키치岩永米吉가 시추기를 이용하여, 지하 10m 정도 되는 곳까지 굴착하여 1911년 가을, 섭씨 52도 전후의 온천을 찾아내어 온천장을 개업했다. 1913년에 이와나가는 여관 '해운루'를 신설하고 이듬해 1914년에는 동래와 해운대를 잇는 도로를 개통하였다. 그리하여 하루에 4번 왕복하는 자동차 편과 부산에서 출발하는 조선 우편선(국내항로)을 이용할 수 있게 되었다. 이로써 해운대는 점점 온천지로 알려지기 시작했다. 해운루는 객실 20실의 2층 건물 여관으로(그림3-5 참조), 다른 동의 대욕장(1918년 신설)에는 상등, 보통으로 나누어진 남녀 각각의 욕조, 가족탕, 모래탕, 낙수탕 등이 있었다. 온천원에서 전기 모터로 끌어 올려 각 욕장에 공급했다.[92] 또 『조선의 취락』(1933년)에 따르면, 조선인이 경영하는 여관은 3곳으로 '추일관(와식 3조 4간, 온돌 6간)', '봉래관(온돌 4간)', '금순이여관(온돌 4간)'이다.

그 후 1931년에 철근 콘크리트 2층 건물로 근대적인 '해운대 온천관'을 개설한 아라이 하츠타로荒井初太郎(아라이구미 대표)가 다음 해에는 해운대 온천기업 회사를 설립하고(본점은 '경성'), 해운대 일대의 토지 약 30만평을 매수하여 부동산업 외 온천 풀장 등의 사업으로도 손을 뻗쳐 나아갔다. 또 1937년에는 부산에서 해운대를 거쳐 울산, 경주로 통하는 조선철도국의 동해남부선이 개통되면서 해운대를 방문하는 온천객의 수는 더욱 증가했다. 이즈음 부산에서 신라의 고도 경주를 방문하는 관광객들이 해운대에서 1박하는 것을 정해진 코스처럼 여기게 되었다.

조선 각지의 온천을 조사한 코마다 이쿠오는 1926년에 이미 해운대 온천의 장래성에 대하여 다음과 같이 높이 평가했다.

이 땅이 바다에 접하고 있어 바다와 육지의 경치를 겸비하고 아울러

92 『해운대 온천조사보문』, 1925년, 『동래 안내』, 1917년

천연의 오락을 여기저기서 즐길 수 있다는 의미에서 아마도 조선뿐만 아니라 동양에서도 굴지의 온천장이 되지 않을까 생각한다.[93]

코마다가 예상한대로 해방 후, 미국계 호텔 자본의 진출로 해운대는 해수욕장을 겸비한 국제적인 리조트 관광지로 발전했다. 현재는 이 지역이 단지 '해운대'라고 불리고 있기 때문에 해운대에 온천이 있다는 사실을 모르는 사람들도 상당히 많다고 한다.

2001년 여름 해운대를 방문했을 때 온천시설이나 풀장 등을 갖춘 대규모 호텔이 늘어선 해안에서 좀 벗어난 곳에 '온천탕 원탕元湯'이라고 간판을 내건 작은 공중욕탕이 영업하고 있는 곳을 우연히 지나가게 되었다(해운대구 중1동. 2003년에 '할매탕'이라 개칭). 시내에 있는 일반 공중욕탕과 별반 다를 게 없는 외관이었지만, 김이 나는 표시가 그려진 보일러용의 높은 굴뚝은 없었다. 당연히 온천이었기 때문이다. 마을 주민처럼 보이는 입욕객 여러명이 탈의실과 욕장 안에 있었다. 그리고 대여섯 명이 들어가면 꽉 찰 것 같은 작은 욕조가 있었다. 천천히 몸을 담가보니 동래온천에

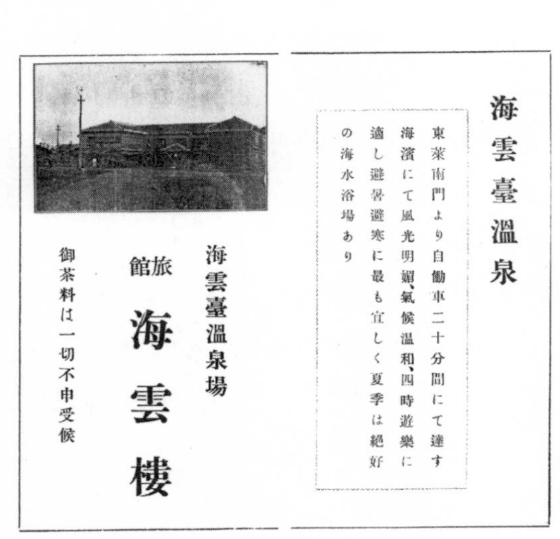

그림3-5 '해운루'의 광고 (1917년).

광고문에 있는 것처럼 전차역이 있는 동래와 해운대 사이에 자동차 정기편이 있었다. '돈은 일절 받지 않는다'는 것은 팁은 받지 않는다는 의미다(『동래안내』).

93 『조선의 온천』

그림3-6 '할매탕' 이전에는 '원탕元湯'이란 간판이 걸려 있었다.
고장에 친숙해진 작은 욕장이다(2003년 촬영).

비해 온도는 조금 낮았다. 용출구에 작은 바가지를 대고 온천수를 마시는 사람이 있어서 따라서 마셔보니 좀 짠 맛이 났다. 바다에 아주 가까운 온천이라 해수가 약간 스며들었을 것이다. 관리인의 말에 의하면 옛날에는 이 주변은 남새밭으로, 그 밭 안에 온천 여관이 있었다고 한다. '해운루'나 '해운대 온천관'도 현재의 해운대구청 주변 일대에 있었다는 이야기다.

해운대의 온천 사업자 단체인 한국 목욕업 중앙회 해운대구 지부의 김근종 씨는 '해운대에는 온천욕장이 몇 개 있습니다만 아무래도 동래온천이나 부곡온천만큼 명성이 높지 못합니다. 해수욕장은 많이 찾지만 온천에는 쉽사리 눈을 돌리지 않습니다'하고 말한다. 온천의 지명도를 높이기 위해 여름에 전국 각지에서 몰려드는 해수욕객들의 눈에 띄도록 해수욕장 도로변에 온천 안내판을 설치한다든지, 해안에서 애드벌룬(선전기구)을 올리는 등의 계획을 세우고 있다고 한다. 부산의 신도심인 서면에서 지하철 2호선이 해운대까지 연장되어 이전 보다 더욱 이동하기 쉬워진 점도 김근종 씨의 기대를 높이고 있었다.

♨ 해운대 온천

소재지	부산광역시 해운대구 중동, 우동
교통	부산 시내에서는 지하철 1호선을 이용, '서면'역에서 지하철 2호선으로 환승. '해운대'역 하차, 도보 10분
온천 시설	대형 호텔 내의 온천시설 외, 해운대구청 주변에 해운대 온천, 서울온천, 송도탕, 금호탕, 청풍탕, 할매탕 등
온천의 질	식염천
효능	위장병, 부인병, 피부염 등

부곡온천- 재일동포가 만든 '부곡 하와이'

2001년 여름, 부산에 사는 친구와 함께 부곡온천에 갔다. 부곡 서쪽의 창원에서 북쪽으로 올라가서 산속에 있는 마금산 온천(경상남도 창원시 북면)을 거쳐, 1시간 반 정도 걸려 부곡온천에 도착했다. 규모가 큰 관광호텔이 구획 정리된 길을 끼고 몇 개나 나란히 있다. 시가지의 길에는 벚꽃이 심어져 있었다. 4월에는 시 전체가 벚꽃으로 물든다고 한다.

부곡 온천의 발전은 신현택이 1972년 12월에 온천원을 굴착한 것에서 시작되었다. 각지에서 온천을 시굴하던 신현택은 창녕군 내에 '부곡', '온정'과 같은 온천이 있었다는 것을 짐작케 하는 지명을 토대로 1964년부터 그 일대를 시추하기 시작하여 8년 후에 지하 120m에서 드디어 온천맥을 발견했다. 온천수의 온도는 72도(한국내의 온천으로 최고온)이고 유황분을 포함한 양질의 온천으로 용출량도 많았다.

그리고 온천을 발견한 이듬해 1973년 5월에 대중욕장과 여관을 개업했다.[94] 그 후 1977년에는 국민 관광지로 지정되었고, 부곡 온천의 서쪽에 구마고속도로(대구와 마산 연결)가 개통되어 교통편도 매우 편리해졌으며

94 박현『한국의 온천』, 1980년 한국어

온천지로서 개발에 박차를 가했다. 그리고 1979년 재일동포가 경영하는 '부곡 하와이'가 개업하면서, 산간지의 조용하고 한가롭던 농촌, 부곡은 단번에 전국적으로 유명한 온천지로 변모했다.

우리는 일본의 관광 가이드북에도 소개된 적이 있고, 숙박시설, 유원지 등이 있는 대규모 온천 레저 시설인 부곡 하와이에 입장해 보았다(부지면적은 약 20만 평). 넓은 주차장은 관광버스와 자동차로 가득했다. 가족동반, 단체 젊은이들, 그리고 교사에게 인솔되어 온 유치원생이나 초등학생들의 모습도 눈에 띄었다. 한국의 전통 건축물을 모방해서 만든 창구에서 7천원의 입장료를 지불한다. 이로서 실내외에 있는 대형 풀(온천수를 사용), 대형 정글 온천 등을 이용할 수 있다(2001년 현재). 마침 여름이었기 때문에 입장객의 대부분은 수영복으로 갈아입고, 실내, 실외의 풀을 왔다 갔다 하며 온천욕을 즐기고 있었다.

우리들은 실내 풀에 인접한 정글 온천에 들어가기로 했다. 넓은 남탕의 탈의실에 있는 로커의 번호가 몇 번까지 있는지 보니 748번까지나 되었다. 대욕장은 철골로 짜인 천정까지 아무것도 가리는 것 없이 투명한 큰 지붕으로 여름 햇살이 쏟아지고 있었다. '정글 온천'이란 명칭에서 오는 느낌으로는 울창한 숲과 무성한 열대식물에 둘러싸인 욕조가 있을 법한데, 욕장 내에는 야자수가 몇 그루 있을 뿐이었다. 넓은 욕장 전체를 쭉 훑어보니, 크고 작은 7개 정도의 욕조가 있고, 인삼(고려인삼)탕, 녹차탕, 쑥 사우나 등도 있었다. 역시 '한국 온천답구나'하는 생각이 들었다. 부곡의 온천에는 유황분이 함유되어 있다고 하지만 냄새도 없고 투명한 탕이었다. 각각의 욕조를 한 번씩 다 들어가 본 다음 사무실을 방문했다.

부곡 하와이를 경영하는 '제일흥업 주식회사'의 정을조 이사에게 이야기를 들을 수 있었다. 부곡온천에는 연간 350~400만 명의 온천객이 방문한다고 한다. 그 중에서 부곡 하와이에 입장하는 관광객은 연간 약 90만 명에 달한다. 한국의 경제성장에 동반하여 전국 각지에서 온천 개발이 진척되고 있기 때문에 이전에 비교하면 입장객수는 줄어들고 있다는 것이다. 80년대에는 단체 관광객이 많았지만, 90년대에 들어서는 가족 동반이 늘어났다고 한다. 온천객의 70%는 부산, 대구, 울산 등 경상도 지역에서, 나머지는 서울을 비롯한 전국 각지에서 온다고 한다.

내가 부곡 하와이의 창업자에 대해서 알려달라고 묻자 정을조 씨는 '이것을 참고하면 좋습니다. 가져가세요!'하며 재일동포인 창업자 배종성의 일생을 엮어 만든 전기를 산더미 같은 자료들 속에서 꺼냈다. 『위대한 한국인 백농 배종성 전기』(1998년 '한국어', 백농은 호)라는 제목이 붙은 이 전기를 통해, 한 사람의 재일동포가 부곡 하와이를 창업으로 이끌게 된 길을 간략하게 살펴보기로 하자.

배종성은 1926년에 동래군 사상면 모라동(부산시 사상구 모라동)에서 태어났다. 아버지인 배복기의 출신지는 경상남도 창녕군 영산면(부곡 온천이 있는 부곡면의 북서쪽)이었지만, 손바닥만한 논밭으로는 생계를 이어갈 수가 없어 부인의 출신지인 모라동으로 이주했다. 그 후 아버지 배복기는 부산에서 공중욕장을 경영했지만 실패하고 단신으로 일본에 건너갔다. 배종성은 아버지가 고베에 살고 있다는 소식을 듣고 보통학교(초등학교)를 졸업한 1937년, 작은 어선을 타고 일본으로 향했다. 고베에서 부친과 재회하고 오사카로 와서 고학 끝에 1943년에 중학교를 졸업했다. 해방 후에도 배종성은 금의환향할 때까지는 고향에 돌아가지 않는다는 자세로 고베에 머물면서 고무, 비닐 제조공장을 경영했다. 그 후 1965년 파친코 기기의 개발과 설비공사를 사업내용으로 하는 회사를 도쿄에 설립했다. 사업은 순조롭게 발전하여 창업한 지 10여 년이 지났다.

새로운 사업을 해 보려고 생각하고 있었을 때, 아버지의 출신지인 영산 바로 옆인 부곡이 온천지로 개발되고 있다는 소식을 듣게 된다. 그리하여

그림3-7 부곡 하와이
한국풍의 건축물은 입장하는 곳이다. 그 왼쪽으로 보이는 건물이 호텔이다(2001년 촬영).

일본 후쿠시마현福島縣에 있는 '상반 하와이안 센터(1966년에 개업. 1990년 '수퍼 리조트 하와이안'으로 개칭)'를 모델로 하여 그 당시 한국에는 없었던 온천 관광유원지를 만들 계획을 세운다.

거기에 해외 출장 중에 모친이 사망하여 병이 나으면 함께 하와이에 가자고 했던 약속을 지키지 못한 것이 못내 마음에 걸리기도 했다. 이렇게 해서 온천시설에 '부곡 하와이'라는 명칭을 붙이게 된다. 1978년에 현지에 개발운영 회사를 설립하고, 다음 해인 1977년에 부곡 하와이를 개업한다. 한국 온천관광 업계에 온천 레저라는 새로운 바람을 불러일으킨 부곡 하와이의 창업자 배종성은 도쿄에서 1997년에 향년 71세로 생을 마쳤다.

우리들은 부곡에서 더 서쪽으로 있는 영산면으로 향했다. 일찍이 영산에도 온천이 있었다. 삼포시대에(15세기~16세기 초), 왜인들이 자주 찾았었다고 하는 온천이다(2부, 1장). 영산으로 향하는 고갯길에서 바라보면

그림3-8 부곡 하와이의 대 정글 온천
매우 넓고 밝다. 욕장 내에는 크고 작은 다양한 욕조, 약초 사우나 등이 있다(2001년 촬영).

부곡 온천의 시가지가 한 눈에 들어온다. 대규모로 개발된 온천지의 경관이 앞에 보이자, 일찍이 이 근처까지 내이포(제포), 현 진해시의 왜인들이 산을 몇 개나 넘어서 온천을 찾았다는 사실이 잘 상상이 되지 않았다. 그러나 이때부터 약 500년 후에 한 재일동포가 일본의 온천 경영법에 착안하고, 왜인이 관련된 이 땅에서 온천 관광업을 시작했다는 것에는 어떤 인연과도 같은 것을 느낄 수 있다. 영산으로 이어지는 도로변에는 빨간 백일홍 꽃이 한창이었다. 운전하는 친구에게 이 꽃은 한국어로 뭐라고 하냐고 묻자 '백일홍'이라고 했다. 한자로 쓰면 일본어와 같이 '百日紅'인데, 한국어의 '백일홍'이란 음감이 좋았다. 나는 몇 번이나 그 음을 입 속에서 되뇌면서, 아주 먼 옛날 '영산온천'을 방문하던 왜인들의 모습을 머릿속에 그려보았다.

♨ 부곡 온천

소재지	경상남도 창녕군 부곡면 거문리
교통	부산 서부시외 버스 터미널(부산시영 지하철 2호선 '사상'역과 연결)에서 1시간 간격으로 직행버스 운행. 약 1시간 반 소요
온천시설	부곡 파크 관광호텔, 부곡 하와이 외
온천의 질	알칼리성 유황천
효능	관절염, 신경통, 류마티스 등

온천에 '궁'이 있었던 온양온천

온양온천은 충청남도 아산에 있다. 서울에서 남쪽으로 약 70km 떨어져 있으며 옛날부터 유명한 온천으로 『동국여지승람』에는 다음과 같이 기재되어 있다.

> 온천. 군(온천군)의 서쪽 7리 되는 곳에 있음. 병을 치료하는 데 효과 있음. 태조, 세종, 세조가 순행하며 머물면서 입욕함. 어실 있음.

조선왕조를 세운 태조 왕조의 기반을 쌓은 세종을 비롯하여 역대의 왕들이 한성(서울)에서 치료의 목적으로 자주 방문했던 곳이 이 온양온천이다. '어실 있음'이라고 되어 있듯이 왕족이 머물러서 '온궁'이라고도 불렸던 행궁(임금이 이동할 때 묵던 별궁)이 있었다. 아산시 『온양행궁 학술조사와 복원 기본계획』(2001년, 한국어)에 의하면, 온양행궁의 규모는 동서, 남북이 약 160m 정도이고, 동서남북에 문을 낸 행궁에는 내정전, 외정전, 탕실(욕장), 종친부 등이 중심에 있고 그 주위에 승정원, 사동원, 또한 약방, 약고 등 30개가 넘는 크고 작은 건물이 있었다고 한다. 장기간에 걸쳐 탕치하는 동안에 왕들은 여기서 정치를 했던 것이다(209쪽, 그림3-9 참조).

앞의 『동국여지승람』의 이어지는 기술에서는 세조 10년(1465), 세조가 온궁에 체류하고 있을 때, 그 정원에서 홀연히 신천神泉이 솟아났기 때문에, 이것을 '신정神井'이라 칭하였다는 내용이 있다. 세조는 이것을 기록한 '신정비神井碑'를 이곳에 세웠는데, 비석은 현재도 온양 관광 호텔 부지내(원 온궁이 있었던 장소)에 보존되어 있다.

일본이 한국을 병합한 1910년 바로 전 해, 서울에 살고 있는 일본인 유지가 '온양온천 주식회사(자본금 10만 엔)'를 설립하고 왕가 소유의 욕장, 부대시설 등을 사들였다. 숙박시설로 개설된 온양관에는 일본식 여관 외에 온궁에서 인계한 해파정, 함양당이라 불리는 온돌방 시설도 있었다고 한다. 그런데 다음과 같은 기록만을 보면, 일본인 회사가 온궁의 시설을 사들였던 당시, 온궁의 구조를 그대로 남겨두지 않았던 것으로 추정된다.

> 조선왕조 말기는 국사다난으로 유유자적한 행락의 여유도 없이 유서 깊은 이 욕장도 완전히 황폐되었다…(다케이 유지로武井友次郎, 『조선온천순회』, 1925년).

회사가 경영하는 욕장에는 일본인용과 조선인용 2개가 있었다. 게다가 이것들은 특등탕, 보통탕으로 등급이 매겨져 있었고 남녀 별도로 되어있었다. 1924년에 행해진 온양 온천의 지질조사 보고서에는 '현존하는 조선욕장(조선인 욕장)은 태조의 건축미를 살려서 고故대원군이 개축한 것(1860년대에 개보수)이다. 지금 온양온천 주식회사가 이를 승계한다'고 기록되어 있다.[95]

따라서 일본인 욕장은 온양온천 회사가 왕가에서 인수한 욕장(조선인 욕장으로 이용)과는 별도로 신축한 것이었다. 그 후 1923년에 사철 경남철도가 개통되어 경부선의 천안역과 온양온천이 연결되면서 교통편이 좋아지고 방문하는 온천객도 크게 늘어났다. 온천지의 마을 규모도 1913년에는 69가구, 인구 249명(일본인 34가구, 109명)이었는데, 1933년의 기록에서는 가구 수가 361가구, 인구 1,681명(일본인 82가구, 371명)으로 늘어났다. '온천장을 중심으로 일본인 상점가, 여관 그 밖의 인가가 즐비'한 온천가로 발전했다.[96] 온양온천에는 일본인만이 아니라 조선인 욕객들도 많이 방문했었다.

---

95 『조선 지질조사요보 제 3권』, 1925년
96 『조선의 취락』

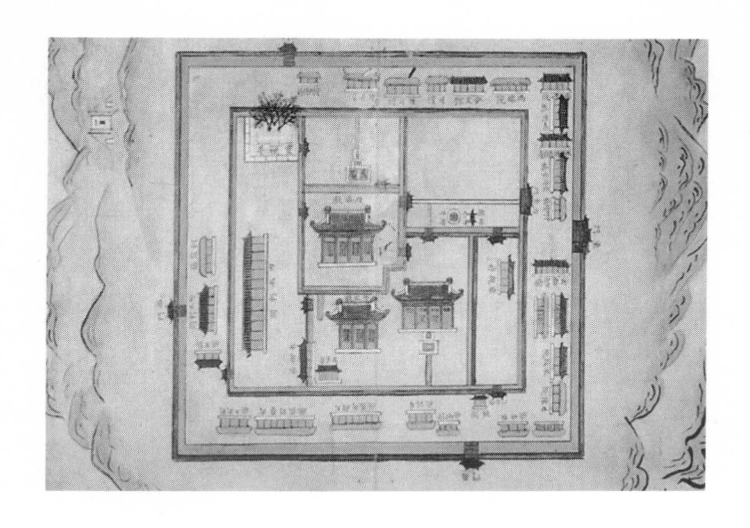

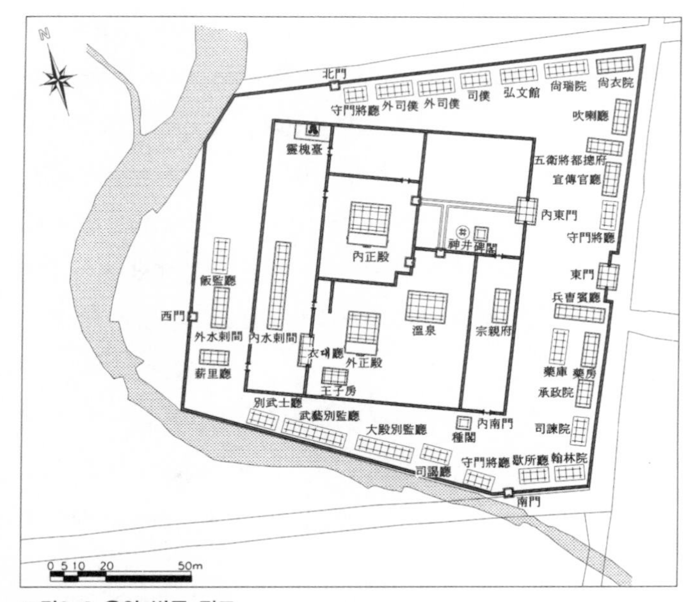

그림3-9 온양 별궁 전도

(상) '영괴점(1795년)'에 게재 된 그림. 오른쪽 중앙의 배수구가 나와 있는 건물이 욕장이다. '온천'이라고 기재되어 있다.

(하) 온궁 복원 작업을 위한 평면도. 망으로 되어져 있는 부분은 당시의 온천천. 아산시 '온양 행궁 학술조사와 복원 기본 계획'(2001년).

> 4, 5월의 농한기가 되면 욕장 부근은 흰 옷을 입은 사람(한복 복장의 조선인)으로 메워질 정도로 하루에 약 1,000명의 숫자를 셀 수 있다고 한다. 그들이 새벽부터 밀려들어 우리와 함께 신탕에 서로 들어가려고 경쟁하니 기세가 굉장하다. 그들은 특히 기차 운임을 절약해서라도 특등탕에 들어가려는 대온천 신앙자들이어서 회사의 입장에서는 정말로 신의 축복이었다(『조선온천순회』).

조선인들은 일본사람들 이상으로 '온천을 사랑하는' 민족이라고 본 타케이가 여기서 그들을 '대온천 신앙자'라고 기록하고 있는 것이 재미있다. '조선의 취락' 등의 자료를 봐도 조선반도 각지의 온천에는 조선 여관이 있고, 또 그 숙박객을 수용하는 숫자는 일본여관에 떨어지지 않는다. 또 조선어 신문 '매일신보(총독부의 어용신문)'에 조선인 독자들이 참여한 '조선 명승지 추천투표 결과 발표'라는 표제의 기사가 있는데(1930년 3월 12일), 여기에 의하면 '1위 250,687표 양덕온천(평남)', '2위 240,585표 온양온천(충남)'으로 되어 있다. 이렇게 양덕온천과 온양온천은 조선인에게 가장 인기 있는 '명승지'였고, '3위인 설악산 135,650표'를 크게 따돌리고 있다. 그리고 6위는 용강온천(평남), 9위는 해운대온천(경남), 10위는 송화온천(황해도)으로 되어 있다. 조선의 명승지 '베스트 10' 중에서 온천지가 5군데나 순위에 오른 것이다. 이런 투표 결과에서도 조선 사람들이 '온천을 사랑했다'는 것을 알 수 있다.

1926년에는 온양온천의 경영이 온양온천 회사에서 경남철도(조선 경남철도 주식회사)의 손으로 넘어갔다. 경남철도에서는 종래의 온천원을 폐쇄하고 50도의 온천원 2곳을 약 90m 파내어 새로운 온천 관련 시설을 개설할 계획을 세웠다.

그림3-10 온양관과 일본인 욕장

사진 오른쪽은 온양관. 왼쪽 건물이 일본인 욕장. 원래 왕실의 욕장과는 별도로 신축한 것으로 양식도 일본식이라는 것을 알 수 있다. 사진 왼쪽에는 신정비의 비각이 보인다. 비각의 더 왼쪽 방향에 왕실의 욕장을 인계 받은 조선인 욕장이 있었다(『사진으로 보는 근대한국』).

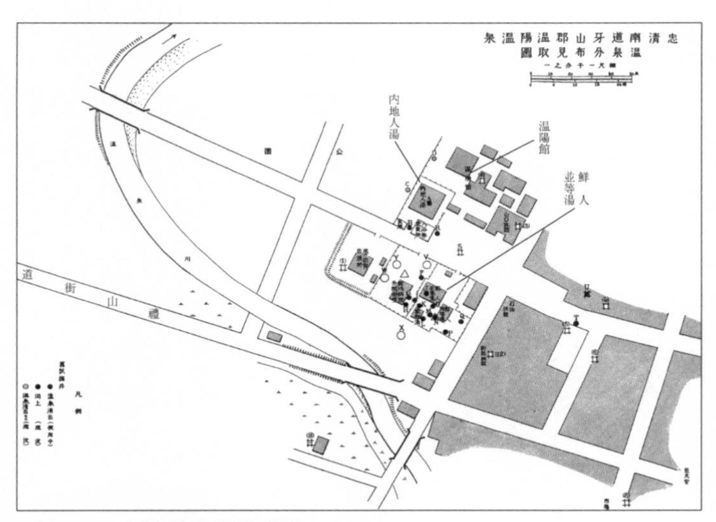

그림3-11 1928년경의 온양 온천

도면 밑의 좌우를 달리는 '예산가도'가 현재의 '온양대로'에 해당한다. 일본인 탕, 조선인 탕 등의 시설이 집중된 부분의 왼쪽에 휘어서 흐르는 '온천천'까지의 범위가 '온궁'의 부지였다(그림 3-8 참조). 현재의 '온양관광 호텔'의 부지와 일치한다(조선 총독부 지질 조사소, 『조선 지질 조사 요보(1928년)』.

다이쇼大正 15년(1926) 11월, 경남철도가 동 온천(온양온천회사)을 매수하며 그 설비를 일대 개선하고, 동사 지배인인 이노우에 켄타로井上賢太郎는 스스로 탕강자湯崗子, 오룡배五龍背(이상은 중국 동북부), 신천(황해도), 동래, 벳부, 타카라즈카, 메구로카마타 전철(현 토큐전철)의 타마가와엔多摩川園 등을 시찰하고, 그 장단점을 연구해 온 결과, 대체로 타카라즈카 온천처럼 소규모로 만들게 되었다…(가메오카 사카요시龜岡榮吉, 스나타 타츠이치砂田辰一 『조선 철도연선요람』, 1927년).

이처럼 경남철도는 만철이 직영하는 오룡배 온천이나 일본의 사철에 의한 교외형 유원지 등의 선진적인 경영 예를 넓게 참고하면서 '타카라즈카(신)온천'처럼 소규모의 온천 레저 시설인 '신정관神井館'을 1928년 12월에 개설한 것이다. '신정관'의 명칭은 『동국여지승람』에도 전해지는 '신정神井'에서 유래한 것이다.

나는 2002년 봄, 서울에서 철도를 이용해 온양온천에 가보기로 했다. 장항(충청남도 예천군 장항읍)행 무궁화호를 이용하면 온양온천까지 환승하지 않고 갈 수 있다. 열차는 서울 시가지를 빠져나와 천안에서 경부선과 분기하는 장항선으로 들어가 이윽고 온양 온천 역에 도착했다.

서울에서 1시간 반 정도 걸리는 곳이었다.

역사를 나오자 역전 광장에 온천 마크가 들어간 광고탑이 있었다. '밝고 청결한 온천 휴양지 아산에 어서 오십시오!'라고 쓰여 있었다. 역전의 관광 안내소에서 지도를 받고 온천시설이 어디에 있는지 물어보았다. 알려준 대로 역사를 좌우로 뻗어있는 '온양대로'를 따라서 서쪽 방향(역에서 바라보고 왼쪽)으로 계속 나아가다 보니, 일반 상업 빌딩에 섞여 '용문탕', '신천탕' 등 숙박 시설을 겸한 온천탕장이 있었다(온양대로의 외줄기(외길) 북쪽의 길에도 온천시설, 숙박시설이 있다).

그림3-12 신정관의 전경

조선 경남 철도에서는 여름 바캉스 시즌 전에 연선에 있는 온양온천과 대천 해수욕장(충청남도 보령시)의 광고를 잡지에 실었다. 광고에서는 온양온천의 신정관을 '한반도 최대의 온천관'으로 내세우고 있다. 사진에서만 보면 동서양의 양식이 섞인 건물이었던 것 같다(『조선』1936년 7월호).

온천대로를 앞으로 더 나아가니 전통 건축양식으로 지어진 '온양 관광 호텔'의 큰 정문이 눈에 들어왔다. 이 장소에 일찍이 조선왕조의 온궁이 놓이고, 또한 그 후에 온양관, 신정관이 세워진 것이다. 아산시에서 온양 관광 호텔의 넓은 부지와 주변의 토지를 사서(총면적 8,125평), 온양행궁을 복원하는 계획을 진행하고 있다고 한다.

호텔 부지의 지하에 일반객도 이용할 수 있는 '대온천장'이 있었다.

입장료 4,500원(2002년 현재)을 지불하고 온천장에 들어갔다. 일요일 아침이었지만 가족동반이나 젊은 사람들로 붐비고, 씻는 곳은 전부 가득 차 있다. 샤워 코너에서 일어서서 몸을 씻고 있는 사람도 몇 명 있다. 큰 욕조에 들어갔다. 물은 부드러운 감촉이었다. 욕장에서 나와 호텔 부지 안에 보존 되어 있는 신정비를 보러갔다. 옛날 온양온천을 찍은 사진에도 이 비석을 담은 비각이 찍혀 있는 것이 있는데(211쪽 그림3-10), 그것에 비해 현재 비각은 한 둘레 더 크게 만들어졌다. 비각 바로 옆에는 구불거리는 나무줄기를 가진 거목이 있었다. 나무줄기는 도중에서 잘린 것일까? 거기에서 가느다란 가지가 몇 개나 길게 자라 나왔다. 나무줄기의 뿌리를 보니, 먼 옛날부터 이 땅의 변천을 바라보면서 서 있던 나무일 것이다. 천안 방면행 열차의 출발 시각이 다가오고 있었다. 신정비 앞에서 사진을 찍고 온양대로에서 역 쪽으로 되돌아갔다.

♨ 온양 온천

소재지	충청남도 아산시 온천동
교통	서울역에서 '장항'행 무궁화호로 약 1시간 반, 한 시간 간격으로 운행, '온양온천'역 하차. 온천 욕장, 호텔은 역에서 도보권에 있다. 서울 강남고속 버스 터미널에서 아산행이 30분 간격으로 운행. 아산 버스터미널까지 약 1시간 반. 터미널에서 택시를 이용
온천시설	온양 관광호텔, 로얄 관광호텔, 용문탕 등
온천의 질	알칼리성 단순천
효능	관절염, 위장병, 부인병 등

아산시에는 온양온천 외에 아산온천, 도고온천이 있고, 아산 온천관광특구로 지정되어 있다.

명승지에 있는 동해 백암온천

2002년 여름, 부산에서 장거리 버스를 타고 백암온천(경상북도 울진군 온정면)에 가보기로 했다. 백암온천은 경상북도의 동해안에 있는 평해(울진군 평해읍)에서 산간으로 조금 들어간 곳에 있다. 먼저 부산에서 포항(경상북도 포항시)까지 가서 울진(경상북도 울진군 울진읍)행 버스로 갈아탔다. 버스는 그 후, 동해안을 따라 계속 북상해 어항이나 해수욕장이 보이는 해안선과 내륙을 달리기를 몇 번이나 반복했다. 꾸벅꾸벅 졸고 있는데 운전사가 평해平海에 도착했다고 알려주었다.

부산을 출발하여 3시간 반 정도가 지났다. 평해 버스 정류장의 건물은 아담했다. 의자에 앉아 한가로이 온정행 시내버스를 기다리고 있는 사람들이 몇 명 있었다. 버스 정류장 맞은편에 택시 2대가 세워져 있었다. 그날 중으로 다시 부산으로 돌아가야 했기 때문에 시간이 없어서 택시를 이용했다. 백암온천에서는 '백암온천 호텔 페닉스'의 회장인 황지성 씨를 만나기로 되어 있었다. 택시는 산간의 구불구불한 길을 온정천을 따라 달리며 몇 개의 작은 언덕을 넘어 15분 정도 걸려 백암온천가로 들어갔다.

먼저 온천가 중심부에 있는 한국 전통 건축양식의 고려 호텔의 웅장한 모습이 눈에 들어 왔다. 호텔은 절과 같은 건물 속에 대욕장과 숙박시설이 있었다. 자동차는 고려 호텔을 지나 언덕을 좀 올라가서 호텔 페닉스에 도착했다. 종업원에게 안내를 받아 먼저 사무실에서 황지성 씨에게 이야기를 듣기로 했다. 황지성 씨는 1938년 생으로 서울에서 대학을 졸업한 후, 부친이 경영하는 온천 여관의 일을 이어받아 백암온천 전체의 개발에 전력해 왔다고 한다. 현재 백암온천 관광협회 회장이며 또 한국 온천협회의 부회장을 맡고 있다.

백암온천의 유래는 신라시대로 거슬러 올라간다. 백암산의 산기슭에서 한 사냥꾼이 사슴을 쐈다. 사슴은 부상을 입고 산 속으로 도망쳤는데 사냥꾼이 계속 그 뒤를 따랐다. 그 사슴을 다시 발견했을 때는 상처가 다 나았는지 사슴은 날듯이 도망쳐서 사라져버렸다. 사냥꾼은 사슴의 상처가 너무 빨리 나은 것을 이상하게 여겨 사슴이 숨어 있던 주변을 살펴보았다. 그러자 거기에는 온천이 용출하고 있었다. 동래온천의 백록白鹿전설이나 백학白鶴 전설과도 비슷한 전설이다. 조선 온천 전체에 대한 설명이 나오는 『용재총화慵齋叢話』(15세기 후반)에는 다음과 같은 백암온천에 관한 기록이 있다.

> 평해군의 남쪽, 백암산 아래의 하천, 산허리의 높은 언덕에서 솟아남. 온천 온도도 적정하고 매우 청결하다. 스님들이 시설을 크게 만들고, 쌀과 곡식을 사고 팔고 왕래하는 입욕객에게 베풀었다. 지금에 이르러도 옛날 그대로다.

일본 통치기의 백암온천에 대해서는 『조선광천요기』(1918년), 『조선의 취락』(1933년)에 기록이 남아있다. 이들 기록에 의하면 당시 조선인이 경영하는 욕장(조선시대부터 욕장을 인계한 것)과 일본인이 경영하는 욕장이 한 채씩 있었다. 전자는 박재환이 관리하는 조선식의 목조 초가집의 건물로, 남녀 별 각 1평 반 정도의 욕조가 있었고 부지는 9평이었다. 후자는 야자키 오토사쿠矢崎音作가 관리하는 일본식 철판으로 된 건물로 남녀 별 욕조가 있었고, 건물 총평수는 30평, 욕조 평수는 3평이라고 기록되어 있다. 박재환이 경영하는 욕장이 좀 높은 곳에 위치해 있었기 때문에 조선인탕 쪽이 '윗탕', 일본인탕 쪽이 '아래탕'이라고 불리웠다.

황지성 씨의 말에 따르면, 야자키는 평해에 살았고 목재점, 막걸리 공장, 여관 등을 경영했다. 온천이 있다고 하여 백암에도 진출해서 여관을 시작한 것이 아닐까하고 말한다. 야자키의 목재점에서 일했던 황지성 씨의 부친은 일본이 패전한 직후, 일본으로 돌아가는 야자키에게 백암의 온천숙을 인계해 달라는 부탁을 받았다. 그 온천숙을 찍은 사진(그림3-14)을 황지성 씨는 크게 확대하여 액자에 넣어 사무실에 걸어놓았다. '야자키

그림3-13 백암온천의 중심가
조선 건축양식을 따라 지은 고려 호텔이 유달리 눈을 끈다. 원탕元湯지구는 사진의 좌측방향으로 올라간 곳에 있다(2002년 촬영).

씨의 온천여관입니다. 이 사진은 1930년대 것이라고 들었습니다만, 우리 호텔의 보물입니다!' 이 사진 속의 장소에 현재 호텔 페닉스가 세워져 있다. 사진에는 '평해를 거슬러 서쪽으로 약 3리'라고 쓰여 있다. 당시, 이런 산속까지 일본인들이 온천을 찾아 왔었다는 집념에 다시 한 번 놀란다. 『조선광천요기』에는 '욕객은 그 고장 사람뿐만 아니라 경북 각 지방에서 가장 많이 오고, 동해안을 통행하는 여행객들이 왕래하면서 입욕을 하는 것을 볼 수 있다'고 되어 있다. 이때(1910년대)는 평해에서 온천장까지 통하는 길이 정비되어 있지 않았기 때문에 평해에서 조선 말이나 가마를 의뢰하여 험한 산길을 넘지 않으면 안 되었다.

현재 백암온천에는 호텔이나 일반여관 외 대기업인 LG 그룹이나 포스코의 연수시설 등도 들어 서 있다. 온천객은 경상도를 비롯하여 서울이나

그림3-14 예전의 백암온천여관

일본인 야자키 오토사쿠矢崎音作가 건축한 일본 여관이다. '시타노유下の湯'라고 불렸고 1930년대에 촬영된 사진이라고 한다. 현재의 백암온천 호텔 페닉스가 있던 곳에 있었다(황지성 씨 제공).

경기도, 전라도, 충청도 방면에서도 많이 방문하며, 연간 약 150만 명이 방문하는데 그 중에서 80%가 단체손님이라고 한다. 1970년대 평해까지의 도로가 완전히 포장되고, 1979년에는 정부가 국민관광지로 지정한 것에 탄력을 받아 백암온천은 축복 받은 자연 환경과 더불어 보양 온천지로서 큰 발전을 이루었다. 1999년에는 관광특구로 지정되어 한국의 대표적인 온천지로서 위상이 높다.

황지성 씨에게 현재 백암온천이 어떤 문제를 안고 있는지를 물어보았다. '교통편이 좀 더 좋아져야 합니다. 지금 동해안 고속도로와 평해 공항의 건설을 추진 중입니다. 그리고 백암온천만의 문제가 아닙니다만 한국의 온천법의 규정도 문제입니다. 법률적으로 온도가 섭씨 25도 이상이 되면 온천으로 인정을 받습니다. 대도시의 중심에서도 여러 가지 조사를 한

다음 깊이 파보면 25도를 넘는 지하수를 발견할 수 있지만 그것이 과연 본래의 온천이라고 말할 수 있겠습니까?' 황지성 씨는 온천은 자연의 축복에서 비롯된 것이라고 생각하고 있지만 백암온천을 그런 보양형의 온천지로 발전시켜 나감에 있어서 일본 온천지의 개발사례 등에서도 많은 참고가 되었다고 말한다.

이야기가 한 단락 끝난 시점에서 2층 대욕장에서 입욕하라는 권유를 받았다. 무색무취한 조용한 탕이었다. 대낮이어서 입욕객도 적었고 산골짜기의 온천을 느긋한 기분으로 즐기고 백암온천을 뒤로 하였다. 평해로 향하는 도로 양측에는 백일홍이 끝없이 이어졌다. 꼭 1년 전에 보았던 부곡온천의 언덕길에 피어있던 백일홍이 떠올랐다. 그 때 외운 '백일홍'이란 발음이 이번에는 바로 튀어나왔다.

♨ 백암 온천

소재지	경상북도 울진군 온정면 온정리
교통	부산 종합 버스 터미널(부산시영 지하철 1호선 종점 '노포동'역에서 접속)에서 포항행 버스를 타고 도착한 포항 시외 버스 터미널에서 온정(백암온천)행으로 환승. 포항에서는 울진, 강릉(강원도)행 버스로 갈아타고 평해에서 하차, 온정행 버스로 갈아타는 방법도 있다. 부산에서 울진행 버스도 있지만 몇 편이 없다. 평해부터는 택시 이용도 가능. 부산에서 약 3시간 반 소요. 또 경주에서도 온정행 버스편이 있다. 서울에서는 동서울 종합 버스 터미널에서 광주를 경유한 백암온천행 일반 직통 버스를 이용(편수가 별로 없기에 확인 요망)할 수 있고, 약 4시간 15분 소요
온천시설	백암 페닉스 호텔, 백암 관광호텔, 성유 파크 관광호텔, 고려온천호텔 등
온천의 질	알칼리성 단순천
효능	관절염, 신경통, 동맥경화, 피부염, 부인병 등

대규모 온천지, 유성온천

대전은 서울 남동쪽으로 약 150km 떨어진 곳에 위치하고 있으며, 정부기관, 대규모 연구단지 등이 들어서 있는 인구 150만 명의 대도시다. 1911년에 전라도 방면을 연결하는 호남선(개통은 1914년)이 대전에서 경부선으로 이어진 이래 대전은 교통의 요충지로 발전했다.

2003년 여름, 나는 대전 역전의 택시 정류장에서 유성온천으로 향했다. 택시 운전사에게 유성까지의 소요시간을 묻자 '유성은 역에서 서북쪽으로 약 10km 떨어져 있으니 20분 정도면 도착합니다.'하고 대답한다. 택시는 역 방면의 구 시가지를 흐르는 대전천을 따라 얼마 동안 달렸을까, 정부기관과 시 청사가 있는 서구로 들어섰다. 구 시가지에 비해 높은 건물이 많이 보였다. 수많은 고층 아파트 단지를 지나 서구와 유성구를 나누는 갑천을 건너자 유성 온천가가 전방에 펼쳐졌다.

유성온천(대전시 유성구 봉명동)은 동서 약 1km에 걸친 '온천 문화거리'를 따라 유성 관광호텔, 리베라 호텔, 홍인 호텔 등 관광호텔이 11곳, 일반 호텔이 7곳, 그 밖에 숙박시설(여관, 모텔)이 약 90곳 있다. 연간 1천만 명의 관광객이 방문하는 대규모 온천지다.

유성관광특구 진흥협회 사무국장인 강양원 씨를 만나 이야기를 들어보았다.

말머리에 온천가임에도 불구하고 오피스가로 착각할 만큼 잘 정비된 시가지의 모습에 놀랐다고 하자 1960년대 말부터 1980년에 걸쳐 토지구획 정리 사업을 몇 번이나 행해 지금과 같은 넓은 도로가 형성되었다고 한다. '대전에는 정부기관이나 연구시설이 많아서 온천가의 도로변에는 관광호텔뿐만이 아니라 연구 관련 사업자를 위한 오피스텔이 여러 동 있습니다. 그런 빌딩들도 시가지의 첫인상을 만들어 주는지 모르겠네요!'

그림3-15 유성온천의 온천문화거리
온천 문화거리를 따라 호텔이 들어서 있다. 거리 서쪽 끝에 유성 관광호텔(우측)과 리베라 호텔(좌측)이 있다. 일찍이 '구온천'지구였다(2003년 촬영).

특히 1988년 서울 올림픽을 전후로 해서 눈부시게 발전했다고 한다. 철도와 마찬가지로 경부고속도로와 호남고속도로가 합류하는 지점으로 각 방면과의 교통편이 좋고, 또 백제왕조의 수도가 있었던 공주, 부여와도 가깝다. 이 때문에 유적 순회를 위한 관광의 거점 도시이기도 했다. 강양원 씨는 '일본인들은 일본과 연관이 깊은 백제 문화에 큰 관심이 있지요! 일본에서 오는 관광여행객이나 수학여행을 오는 단체손님도 아주 많습니다. 부여 등을 돌고 여기 유성에서 숙박하는 것이 코스처럼 되어 있지요!' 하고 덧붙였다.

그럼 여기서 일본 통치기의 상황도 포함해 유성온천의 역사를 거슬러 올라가 살펴보자. 『동국여지승람』에는 다음과 같이 기록되어 있다.

> 온천 유성현 동 3리에 있다. 우리 태조 계룡산에 터를 잡고 살고, 태종 임실현에서 '무예를 강습'할 때 여기서 입욕함.

조선왕조를 일으킨 태조 이성계는 처음 계룡산의 남쪽에 새로운 도시를 선정하여 공사에 들어갔다(1393년). 그런데 '풍수'의 좋고 나쁨을 둘러싸고 신도시 후보지는 두 번, 세 번 바뀌더니 태종 때에 들어와서는 현재의 서울로 결정되었다(1404년)는 이야기가 있다.[97] 『동국여지승람』의 기록은 태조가 새로운 도읍을 선정하기 위해 계룡산을 방문했을 때에도, 태종이 임실현(전라북도)에서 열병을 행했을 때에도 왕들이 유성온천에서 입욕을 했다고 한다. 이처럼 유성은 예로부터 온천이 용출되는 곳으로 알려져 있기는 했지만 그 후로 왕후들이 탕치를 위해 방문하는 일도 없어서 온천은 방류되고 있었다고 한다.

시대는 흘러 일본 통치기가 되자 유성에도 일본인들이 진출해 온천을 개발해서 욕장시설을 만든다. 『조선광천요기』(1918년), 「유성온천」(『조선』, 1923년 4월호 수록), 그리고 조선 총독부 지질 조사소 『조선 지질조사요보3』(1925년) 중에 있는 「유성 신온천조사보문」 등에 따르면 유성온천의 개발 흐름은 다음과 같다.

1914년, 대전에 주재하는 스즈키 마츠요시鈴木松吉를 중심으로 한 일본인 유지들이 '유성온천 주식회사'를 자본금 1만 5천 엔으로 설립하고 '보통욕장 1동, 욕조 4개(일본인 남녀 별도, 조선인 남녀 별도)와 특등욕실 1동, 욕조 2개(남녀 별도)를 건설'했다.[98] '유성온천 주식회사'는 공원으로 사용할 토지도 구입했지만 경영은 생각처럼 되지 않았다. 거기서 공주의 사업가인 김갑순 씨에게 권리의 대부분을 양도했다. 김갑순씨는 부여군수를 퇴직하고 공주를 중심으로 농업경영, 자동차 운송업경영 등에 종사했고, 충청남도 도회 의원을 오랜 기간 역임한 유력자였다.[99]

---

97 노자키 미츠히코(野崎充彦), 『한국의 풍수사들』 1994년

98 『조선광천요기』

99 『조선 공로자 명감』, 1935년

그림3-16 온천수 공원
유성 관광 호텔의 서쪽 옆에 있다. 유성온천의 '원점'이다. 공원 내에는 유성온천 개발에 공헌한 김갑순의 표창비도 있다. '유성온천 역사의 현장'이라 쓰여진 간판 저편 밑에 보이는 석조에는 지금도 원탕元湯에서 온천수가 뿜어져 나오고 있다(2003년 촬영).

동래온천의 경우와 달리 유성온천에서는 이렇게 개발의 당초부터 조선인이 온천 경영에 직접 관여했었다. 그 후 이 온천에서 좀 떨어진 곳에 새로운 온천이 개발되고 난 후부터는(1923년), 원래 있었던 온천은 '구온천', 새로운 온천은 '신온천'이라 불리게 되었다.

유성온천의 개발에 초기부터 관여한 한국인 김갑순 씨의 공로를 인정한 비가 현재 유성 관광호텔에 인접한 '온천수공원' 내에 세워져 있다. 또 공원에 놓인 욕조상의 석조에는 이곳이 원탕元湯이라는 것을 나타내는 표시로, 지하의 온천원에서 온천수가 지금도 펑펑 솟아나도록 해 두고 있다. 손을 넣어보면 온천수는 따뜻하고 감촉이 부드럽다.

일본 통치기에 유성온천에서 영업하던 여관으로 신온천 지구에 호메이칸鳳鳴舘(일본식), 평양관 · 정흥여관 · 박병기여관 · 만년여관(이상, 조선식)

이 있었다. 또 구온천 지구에는 승리관 · 상반관 · 스기야마杉山 여관(이상, 일본식), 온천여관 · 영천여관(이상, 조선식)이 있었다.[100] 그 중에서도 신온천의 호메이칸은 부지가 1만 5천 평으로 굉장히 넓었고, 여관 내의 욕실설비 외에 밖에 설치된 욕탕도 별도로 있었다. 타케이 유지로武井友次郎는 『조선온천순회』(조선, 1925년 1월호)'에서 이 호메이칸에 대하여 다음과 같이 기술하고 있다.

> 단자형의 총 2층 건물로 객실 21개를 보유하고 있는 당당하게 서 있는 건물이고, 온돌 4마를 가진 1층 집의 객실 등을 설치하고, 주변 1만 5천여 평의 정원에는 연못을 뚫어 언덕을 세우고, 종류별로 화훼와 과수원을 가꾸었다. 이름은 호메이칸으로 아침부터 끊임없이 자동차로 욕객을 맞이하고 배웅하고 있다.

호메이칸의 모든 시설은 당초 만철의 출자로 만들어진 것이었다. 만철이 조선의 철도 경영을 위탁 받았던 시기에(특히 1922년에서 23년에 걸쳐) 조선 각지에서 이루어진 온천지, 보양지 개발의 일환으로 호메이칸이 개업을 했던 것이다.

신온천은 갑천의 서쪽 해안에 있었다. 이 일대에 강물이 넘치면 바로 관수를 하여 옛날부터 자연적으로 용출되는 온천원이 있었다. 그러나 고장 사람들이 온천을 세탁용수로만 사용하는 등 온천원은 오랜 세월 동안 방치되어 있었다. 이 황무지에 1912년 대구에 사는 후지나와藤縄文順가 토지 5천 평을 매입한 뒤, 나중에 토지를 더 매수하여 온천원을 찾기 위해 시추를 반복했다. 그러다 마침내 1923년에 욕장을 경영하기에 충분한 온천원을 확보했다.[101]

---

100 『조선의 취락』, 1993년
101 유성온천, 「유성 신온천 조사보문」

그림3-17 호메이칸鳳鳴館

총 2층 건물의 본관 전경이다. 넓은 부지 내에는 공동욕장, 온돌 객실, 매점 등의 부대시설이 별도로 마련되어 있다. '호메이칸' 그림엽서 중의 한 장.

그림3-18 계룡 스파텔

이 장소에 그림 3-17의 호메이칸이 있었다. 넓은 부지가 옛날과 다름없어 보인다. 예전의 '신온천'지구(2003년 촬영)

…만철은 자랑할 만한 이 온천을 죽은 나무처럼 방치해 둔 것은 지방 개발상 대단히 한심하기 짝이 없는 일이다…. 만철이 자본주가 되고 후지나와 씨가 경영을 맡는 것으로 결정하고…, 여관 및 가족욕실과 10평의 공동욕장, 조선인 욕장, 만철 요양장 등을 건축하게 되었다(『조선과 건축』, 제 2집 제 1호, 1923년).

후지나와는 대구의 철도 병원장이었기 때문에 만철과의 연계를 모색했을지도 모른다. 유성온천의 관리방법에 대해 『조선의 취락』(1933년)에서 볼 수 있는 '신온천은 여관 영업자가 경영하고, 구 온천은 온천 주식회사의 경영으로 함'이라는 기록으로 미루어, 만철이 조선 철도의 위탁경영을 1925년에 취소하고 나서부터 호메이칸은 후지나와가 독립적으로 운영했다는 이야기가 된다.

아사카와 타쿠미淺川巧와 계룡산의 가마터

나는 유성온천에 가면 꼭 확인하고 싶었던 것으로 두 가지가 있었다. 하나는 봉명관鳳鳴舘(신온천)이 있었던 장소를 확인하는 것이고, 다른 하나는 계룡산 산자락에 있는 도자기 가마 흔적을 견학하는 일이었다.

강양원 씨에게 물어보자 '신온천이란 말은 오늘 처음 들었습니다! 나중에 한 번 물어보기로 합시다. 가마터라면 계룡산 산자락에 도예촌이 있습니다. 지금 가보시겠습니까?' 이렇게 안내를 받기로 했다.

계룡산의 가마터를 견학하고 싶었던 이유는 어떤 사람에게 아사카와 타쿠미가 계룡산의 가마터 흔적을 조사했을 때, 유성온천에 묵었다는 기록이 있다는 말을 들었기 때문이다. 실제로 아사카와가 걸었던 길을 나도 조금 더듬어 보고 싶었다.

아사카와 타쿠미(淺川巧, 1884~1931년)는 1914년, 23세로 조선에 건너가 근무처인 임업시험장에서 조선의 녹화사업에 힘썼다. 그런 한편 민예운동의 주창자였던 야나기 무네요시柳宗悅와 교류를 하면서 조선의 민예에 대한 연구를 통하여 조선을 내면에서부터 이해하려고 했던 인물로 알려진다. '아사카와 타쿠미의 죽음은 야나기와 같은 일본인뿐만이 아니라, 조선의 직장이나 지역 사람들도 애석해 했다고 한다. 타쿠미는 조선인들이 추도하며 공로비까지 세워준 예외적인 일본인이었다.[102]

아사카와는 연구를 통해 『조선의 선膳』(1929년), 『조선도자명고朝鮮陶磁名考』(1931년)를 남겼는데, 이들 저서는 한국에서 1996년 한국어 번역으로도 나왔다.[103]

아사카와 타쿠미는 1924년 연말부터 1925년 정월에 걸쳐 형인 노리타카伯教, 오오모리 시노부小森忍(둘 모두 조선 도자기 연구자)와 함께 계룡산, 강진(전라남도 강진군 대구면) 등에 있는 옛 가마터를 조사했다. '경성'에서 기차를 타고 대전에 도착한 일행은 유성온천까지 자동차로 가고 거기서 짐꾼을 고용해 '공주가도'를 따라 계룡산으로 향했다. 도중에 '사기소沙器所' 라는 마을에서 '삼도수(백유를 발라 구운 것으로 '분청사기'라고도 함)'나 백자 등 도자기의 파편을 다수 채집한 다음, 동학사 주변의 가마 흔적 등을 조사하고 유성으로 다시 돌아갔다.

> 그날 밤은 유성온천에 묵었습니다. 온천이라고는 해도 쓸쓸했습니다. 45일 동안 객이 한 명도 없었지만 도리어 우리는 행복했습니다. 탕이 따뜻해지기를 기다리며 여직원을 놀리기도 하면서 도움을 받아가면서 주워온 도자기 파편들을 정리했습니다. 여직원이 이런 말을 했습니다. 3명의 여직원 중에 2명은 최근 규슈의 벳푸에서 왔는데, 올 때 도움을 주던 사람에게 속아, 조선 제일의 유성온천에 가 보니, 너무나 경치가 멋지다고 하여, 적어도 벳푸의 반 정도는 될 거라고 생각하고 와 보니, 일본인 온천숙이 남새밭 속에 단 2채 밖에 없었다… . 여직원들은 집을 나올 때 형제들의 심한 반대를 무릅쓰고 뛰쳐나왔기 때문에, 어떻게 해서든 한

---

102 다카사키 무네시(高崎宗司), 『조선의 흙이 된 일본인 아사카와 타쿠미의 생애』, 1982년
103 아사카와 타쿠미, 『조선민예론집』(高崎宗司 편), 2003년

밑천 잡지 않으면 돌아갈 수 없는 사정이므로, 아무쪼록 대련(중국 동북부) 쪽에 적당한 일자리를 찾아주십시오, 라고 오오모리小森 씨에게 거듭 부탁했었습니다 (아사카와 「가마흔적 순회 여행을 끝내고」, 『아사카와 타쿠미 전집高崎宗司』수록, 1996년).

'일본인의 온천숙이 남새밭 가운데 세워진 2채'라고 되어 있듯이(실제로 신구 두 개의 온천을 합치면 그 이상이었지만), 당시의 유성온천은 지금으로는 상상할 수 없을 정도로 조용한 시골풍의 온천지였다. 유성에서 공주로 가는 국도를 달리는 차 안에서 강양원 씨가 '저 산이 바로 계룡산입니다' 하고 알려주었다. 능선의 군데군데 솟아나 있는 기암괴석이 주변의 산과는 확연히 다른 모습을 하고 있었다. 계룡산은 닭의 벼슬을 머리에 붙인 용이 가로로 누운 것처럼 보인다고 하여 그렇게 이름이 붙여졌다고 한다. '풍수'에서는 산을 용으로 보고 산맥을 '용맥'이라 부른다. 계룡산은 정상에서 그 용맥을 따라 '기'가 흐르는 형상을 하고 있으며 예로부터 무속신앙과 깊은 관련을 가진 영산으로 알려져 있다.

그림3-19 계룡산 도자 예술촌
산기슭의 조용한 마을(공주시 반포면 상신리)에 있는 공방(3-20과 함께 2003년에 촬영).

그림3-20 조선시대의 가마흔적
'공주 학봉리 도요지陶窯址'라고 기재된 설명판이 사적 지정비 옆에 세워져 있다(공주시 반포면). 아사카오 타쿠미 일행이 조사를 했던 곳이다.

자동차는 국도를 왼쪽으로 꺾어 산기슭의 좁은 길을 한동안 들어갔다. 길의 막다른 곳에 계룡산 도자예술촌이 있었다(공주시 반포면 상신리). 이 도자예술촌은 1992년에 '계룡산 분청'이라 불리는 철회鐵繪를 바른 분청사기(일본에서는 '계룡산'이라고만 부르기도 함)를 복원하기 위한 젊은 도예가들 18명이 모여 개촌하였다. 토요토미 히데요시의 조선 침략은 도공의 연행 등, 조선의 도자기 산업에 심각한 타격을 주었다. 그때 일본으로 끌려간 도공의 한 명인 아리타야키有田燒의 시조가 되는 이삼평李參平도 이곳 계룡산 가마의 출신자라고 한다.

마을의 중앙 광장을 둘러싼 것처럼 도예가들의 공방이나 전시 판매소가 있다. 어느 공방에서 일 손을 놓고 쉬고 있는 도예가에게 '옛날 이 근처에 일본인 도자기 연구가가 조사하러 왔었지요?'하고 물었더니, '아사카와 말이죠! 아사카와나 야나기의 저작에 대해서는 우리들도 잘 알고 있습니다.

그림3-21 분청철회(계룡산 분청)
조선시대 전기(15~16세기)에 계룡산 가마로 구워진 사발. 흰색의 유약 위에 철회로 물고기를 그려 넣었다(오사카 시립 동양 도자 미술관 소장).

옛날 가마터를 찾으시는 거라면 야영장 쪽에 잘 보존되어 있어요.'하며 밝은 얼굴로 가르쳐 주었다. '아사카와', '야나기'라는 이름이 계룡산의 도예가의 입에서 즉시 튀어나오는 것에 적잖이 놀랍기도 했지만, 아사카와가 남긴 업적이 지금 이곳에 살아있다는 것에 큰 의미를 느꼈다.

한국과 일본의 온천 교류

계룡산 기슭에 있는 가마터를 견학한 다음, 다시 유성으로 돌아가서 홍인 호텔의 창업자 민경용 회장을 만났다. 강양원 씨가 '민회장이라면 신온천의 일을 알지도 모른다'고 했기 때문에, 나는 즉시 '신온천이 있었던 곳은 어디입니까?'하고 물어보았다. 민회장은 '그곳은 현재, 계룡 스파텔이 있는 곳입니다. 계룡 스파텔은 이전에는 군인 휴양소라고 불렸습니다.

군인이나 그 가족이 온천보양으로 이용한 시설이지요! 지금도 부지는 상당히 넓습니다!'라고 알려주었다.

현재 온천 문화거리 서쪽 끝에 유성 관광호텔과 리베라 호텔이 있다. 그 주변이 일찍이 구 온천이라 불렸던 곳이다. '유성 신온천은 유성온천이라는 이름하에 사람들의 입에 회자되던 온천장(구 온천)의 동쪽 10여 마을의 땅'104이라는 기술에 부합하는 것처럼, 유성 관광호텔에서 동쪽으로 약 10km 사이를 두고 계룡 스파텔이 있다. 호메이칸(신온천)은 틀림없이 현 계룡 스파텔이 있는 장소에 있었던 것이다.

계속해서 민회장에게 해방 후의 유성온천의 상황은 어땠냐고 물어봤다. '알고 계실거라 생각하지만, 6·25전쟁 때 대전 주변에서 격전이 계속되어, 유성도 큰 피해를 입고 온천과 숙박시설이 파괴되었습니다. 그리고 그 후 구 온천 지구에 만년장(현 리베라 호텔의 전신, 1958년 개업), 유성 관광호텔(1966년 개업)이 개설되고, 또 신온천 지구에는 군인 휴양소가 개설되어 온천지로 서서히 발전해 나아갔던 것이지요!'

민경용 씨가 유성에서 온천업을 시작한 것은 1977년의 일이었다. 구 온천과 신온천의 거의 중간 지점에 해당되는 지구로, 십 수 년에 이르는 시추 끝에 충분한 온천원을 확보했다. 그 당시 한국 내에서 제일 컸던 홍인 온천욕장의 개업은 유성온천의 개발에 박차를 가하여 신·구 두 곳의 지구로 나눠져 있던 유성온천을 하나로 합치는 역할을 했다. 이듬해인 1978년에는 홍인 호텔의 전신인 홍인 여관이 개업을 했다. '홍인'이란 이름은 부모의 이름에서 한 글자씩 따서 붙인 것이라고 한다.

민경용 씨는 한국온천협회의 수석 부회장직도 겸하고 있다. 한국 온천과 일본 온천의 교류에 대해서 마지막으로 질문을 했다. 한국온천협회와 일본 온천협회는 1986년에 교류하기 시작했고, 1991년에는 우호적 제휴를 맺었

---

104 『유성 신온천 조사보문』

다고 한다. 한국과 일본은 서로 번갈아 가며 거의 매년 한일(일한)온천문화 협의회 합동 회의를 개최하고 있다. 실제로 온천지를 견학하면서 일본의 온천 경영자들과의 친목을 도모하는 한편 '온천 선진국'인 일본에서 다양한 지식을 배우는 좋은 기회라고 한다.

또 유성온천은 1997년에 일본의 게로下呂온천과 자매결연을 하였다. 각 지역의 중학생들이 번갈아 가며 홈스테이를 하는 등, 청소년 교류사업도 진전되고 있다. '한국의 온천지에서는 온천수의 고갈, 수자원의 낭비와 같은 환경문제도 제기되고 있습니다. 유럽의 온천지에는 설비가 잘 정비된 온천 치료시설이 있는데, 한국도 이제부터는 대량으로 온천수를 소비하는 목욕형 온천에서 건강유지를 주된 목적으로 하는 보양형 온천을 지향해야 한다고 생각합니다. 일본의 온천지와도 손을 잡고 동아시아의 문화를 알리는 보양 · 휴양 온천을 만들어 가고 싶습니다!' 하고 민경용 씨는 큰 꿈을 말했다.

♨ 유성 온천

소재지	대전시 유성구 봉명동
교통	부선 '대전역' 하차, 버스, 택시를 이용. 서울 강남 고속버스 터미널에서 유성행 버스가 30분 간격으로 발차. 약 2시간 소요
온천시설	유성관광호텔, 리베라호텔, 홍인호텔 등
온천의 질	알칼리성 단순천
효능	위장병, 신경통, 부인병, 피부염 등

맺음말

천하의 명산 금강산에…!

2002년 10월 나는 북조선에 있는 한반도를 대표하는 명승지 금강산을 방문했다. 산기슭에 있는 금강산 온천(온정리 온천)의 현재 상황을 눈으로 직접 확인하는 것도 큰 목적이었다.

한반도를 남북으로 길게 잇는 태백산맥은 북으로는 중국과의 국경에 있는 백두산에서 출발하여 반도의 동해안으로 남하한다. 이 장대한 산맥의 중앙부에 금강산의 수많은 봉우리가 위치하고 있다. 금강산이란 하나의 산의 명칭이 아닌 동서 약 40km, 남북 약 60km의 지역에 걸친 '1만 2천봉'이라고도 불리는 1,000m 급의 봉우리 전체를 말하는 호칭이다. 예로부터 영산으로 알려져 신라시대 이후에 여러 곳에 장안사, 표훈사, 신계사 등의 사원이 건립되었다(임진왜란 때 불타 후에 재건된 사원의 대부분은 다시 한국전쟁 때 소실되었다). 또한 고려시대, 조선시대를 통하여 문인묵객들이 다수 방문하는 등, 현재에도 한반도에 사는 사람들이 동경하는 '성스러운 명산'이다.

금강 연봉(줄지어선 봉우리)의 주요 능선의 바다 쪽을 '외금강', 내륙 쪽을 '내금강'이라 부른다. 또 금강산에서 조금 떨어진 남동 방향의 해안선에는 '해금강'이라고 불리는 바다에 툭 튀어나온 기암괴석군의 명승지가 있다. 현재 한국에서 관광객이 방문할 수 있는 곳은 외금강과 해금강 지구다.

금강산 관광은 1998년 2월에 탄생한 김대중 정권에서 남북 교류 사업의 하나로 같은 해 11월부터 시작되었다. 남북 분단 후 한국 사람들이 북측에 발을 내딛는 것은 상상할 수도 없었다. 그러나 이 금강산 지구에 한해서 관광을 할 수 있게 된 것이다. 현대 그룹이 북측에 거액의 사업자금을 지불하고 관광선이 접안할 수 있도록 항만시설과 숙박 · 관광시설 등을 건설했다. 관광 도로도 정비를 마쳐 현재는 육로 관광도 가능하다.

단, 이 관광사업은 남북 간이나 북미관계 등, 그때그때의 정치상황에 따라 영향을 받을 수 있기 때문에 한국 내에서도 대북협력사업을 둘러싼 찬반양론에 있어서 순풍에 돛을 단 것처럼 진행되고 있는 것은 아니다(2003년 8월에는 북조선에 불법 송금을 한 혐의로 기소된 정몽헌 현대 아산 회장이 투신자살을 했다). 그러나 금강산 관광이 시작되어 5년 3개월이 지난 2004년 2월에는 금강산을 방문한 누적 관광객 수가 60만 명을 넘어섰다. 그리고 2003년 가을부터는 군사경계선을 넘어 육로를 통한 금강산 관광도 시작되었으며(2003년 봄에 시작되었으나 금방 중단되었다가 다시 재개됨), 금강산 관광이 남북교류에 결코 적지 않은 영향을 미친 것도 사실이다.

관광객은 군사경계선에 아주 가까운 한국 동해안의 속초항에 현지 집합한다(육로관광은 강원도 고성군 현내면에 있는 금강산 콘도미니엄에 집합). 여기서 '출국 수속'을 마치고 약 4시간 동안 배를 타고 금강산이 눈앞에 다가오는 북조선의 고성항에 상륙한다. 고성항은 장전항이라고도 말하고, 19세기 말에는 조선반도의 동해 연안에서 고래를 포획하는 러시아의 포경기지가 설치되어 러일전쟁 후에 일본의 어업회사가 인계를 받았다. 고성만은 깨끗한 원 모양을 하고 있는데, 이 때문에 먼바다의 풍랑을 막고, 수심도 충분하게 깊어서 정박지로 좋은 조건을 갖추고 있다.

우리들 650명의 승객을 태운 설봉호는 속초항을 오후 1시 반에 출항했다. 2000년부터는 외국인도 이 관광여행에 참가할 수 있게 되었지만, 역시 승객의 대부분은 한국인들이었다. 직장이나 학교에서 가는 단체 관광객도 많았다. 속초에서 북조선의 고성까지는 지상거리로 따지면 겨우 60km 정도이지만, 연안의 어업구역을 우회하는 항로를 택하기 때문에, 거의 4시간 가깝게 걸린다. 오후 4시반 경, 배의 좌현 방향에 금강연봉이 보이기 시작하자, 설봉호가 침로針路를 천천히 바꾸며 고성항으로 들어섰다. 배 정면에는 깎아지른 듯한 봉우리들이 병풍을 펼쳐 놓은 것처럼 다가왔다. 산 덩어리가 통째로 바다에 떨어질 듯한 이 장대한 풍경은 보는 사람들을 압도한다.

그림4-1 고성(장전)항과 금강산의 봉우리들(외금강)
이 사진에는 '원산항에서 장전항까지는 배로 6시간 소요된다. 그림의 정면 중앙에 있는 산봉우리는 외금강의 옥녀봉으로, 온정리 온천은 정면 산마루의 반대쪽에 있다'는 설명이 붙어 있다. 철도가 개통되기 전에는 원산에서 배를 이용하여 이곳에 왔던 것이다(『금강산』(1992년)에서 인용)).

여행 가이드 대표자가 배에서 내리기 전에 북조선 '입국시'의 모든 주의사항에 대하여 설명을 했다. 배 위에서 항만이나 육상 방향을 촬영할 것, 또한 버스로 이동 중에 밖을 촬영하는 행위는 금지되어 있다는 것이다. 다음날 금강산 관광을 할 때에도 등산 코스 곳곳에 북조선의 '환경보호 순찰원'이 서 있으니, 이들에게 관광에 관한 것 이외의 정치적 · 경제적 화제는 주고받지 말 것, 그리고 북조선 사람들이 싫어하는 '북한'이라는 말(한국에서의 호칭)은 사용하지 말고, '북측'이라고 말하라는 등등의 지도가 있었다. 또 휴대전화를 소지한 한국인 관광객들은 그것을 가지고 들어갈 수 없기 때문에 배에 맡기는 수속도 이미 마쳤다.

고성항의 관광선전용 부두는 해군기지가 있는 고성 시내와 항을 끼고 반대측(남측)에 있다. 항구 내에는 북조선의 검은 경비정이 연기를 내뿜으며 정박해 있었다. 설봉호는 오후 5시가 지나 부두에 접안했다. 그리고 배 안에서 30인 정도로 편성된 조별로 '입국심사'를 마쳤다. 그 이후의 관광에서는 조별로 단체 행동에 들어간다. 숙박시설로는 설봉호, 부두에 인접해 있는 해상 호텔 '해금강', 그리고 금강산 관광기지인 '온정각'에 인접한 '금강산 빌리지'가 있었다(2002년 현재).

둘째 날에는 구룡연(구룡계곡)을 둘러보았다. 공교롭게도 아침부터 비가 내렸다. 금강산의 최고봉인 비로봉의 산기슭에 있는 구룡폭포를 목표로 하는 약 4km의 하이킹 코스 길을 올라갔다. 비로 인해 불어난 계곡의 물은 큰 바위에 물보라를 일으키고 부서지며 세차게 흐르고 있었다. 계곡의 나무들도 빨강, 노랑으로 선명하게 물들어 있었다. 계곡 끝에 치솟아 있을 금강연봉은 비로 인해 보이지 않았지만, 거대한 돌과 양측에 깎아지른 듯한 기암이 만드는 계곡의 아름다움은 비를 잊게 하기에 충분했다. 금강산은 봄, 여름, 가을, 겨울 계절별로 금강산, 봉래산, 풍악산, 개골산으로 이름이 달라지는데, 마치 가을의 '풍악산'이라는 명칭처럼 단풍이 아주

그림4-2 구룡폭포

구룡연 하이킹 코스의 종점에 있는 폭포다. 높이 74m로 외금강 지구에서 만물상과 견줄 수 있는 절경이다. 이곳을 방문한 조선시대의 문인들은 '폭포는 천장의 희고 부드러운 명주처럼 떨어지고, 많은 진주가 되어 부딪혀 흩어지다'라고 읊었다고 한다(2002년 촬영).

곱게 물들어 있었다.

하이킹을 끝내고 '온정각'으로 돌아왔다. 여기에 대 식당이나 토산품 매장 등의 관광시설이 집중해 있었다. 이들 시설에서 일하는 종업원들도 북조선 사람들이 아니었다. 일부 관리직인 한국인을 제외하면 주로 중국 동북부 출신의 조선족들이었다. 어떤 종업원에게 물어보니 길림성의 한 호텔에서 일했었는데 2년 계약으로 여기에 와서 일을 하고 있다고 한다. 곧 고향에 돌아갈 수 있어서 기다려진다고 한다. 늦은 점심을 먹고, 북조선의 곡예단(서커스) 공연을 구경한 후, 황혼 속을 걸으며 '금강산 온천장'으로 향했다.

온정각 주변에는 외부 출입을 금지하는 철망으로 둘러져 있었다. 특히 온정천을 끼고 건너편으로 보이는 온정리 방향 쪽에는 목제의 담이 세워져

그림4-3 온정각

금강산 관광의 '기지'다. 식당, 휴게소 등이 있다. 또 서커스를 공연하는 '금강문화회관', '현대'의 사원들이 머무는 현지 사무소도 같은 부지 내에 있다(2002년 촬영).

있었다. 그 담을 넘어 흘러들어 오는 마을의 불빛이 드문드문 보였고, 저녁밥을 짓고 있는지 연기가 여기저기서 피어오르고 있었다. 이동하는 버스의 불빛에 도로를 경비하는 젊은 병사들의 모습들도 가끔씩 보였다. 버스는 온정천을 건너 바로 '금강산 온천장'에 도착했다.

금강산 온천

금강산 온천(온정리 온천)은 신라시대에 발견되었다고 전해오는 아주 오래된 온천이다. 『고려사』, 『세종실록 지리지』에는 고성에 온천이 있다는 내용이 기록되어 있다. 또 『조선왕조실록』(세조11, 1466년)의 고성에 관리를 파견하여 '온정행궁을 고치고 지붕을 수리했다'는 기록이 있는데, 당시의 왕족이나 관리들이 이용하는 온천시설이 이미 있었다고 할 수 있다.

일본 통치기의 자료인 「조선의 취락」(1933년)에 따르면 그 당시 온정리에 거주하던 일본인은 24가구, 72명, 또 조선인은 64가구, 265명이었다. 온천장에는 온정리가 경영하는 공동욕장이 1곳(조선시대부터의 욕장을 새로 지은 것), 레이요우칸嶺陽館(일본식, 16실), 만류칸万龍館(일본식, 19실), 총독부 철도국이 경영하는 온정리 호텔(후에 '외금강 산장'이라 불린다. 양식, 9실)의 각 욕장 등 5개의 욕장이 있었다. 풍악여관(조선식, 8실) 등 조선인이 경영하는 여관도 몇 곳이 있었지만 그곳에는 욕장이 없었다.

1930년대 초에는 금강산에 철도를 이용해서 갈 수 있었다. 내금강에서 경원선 열차를 타고, 도중에 철원역에서 내금강까지 통하는 금강산 전기철도의 전차로 갈아탔다. 또 외금강에서 같은 경원선을 타고 원산에 거의 가까운 안변역에서 동해안을 따라 남쪽으로 내려가는 동해북부선으로 갈아타고 외금강역에서 하차하여, 온정리로 향하는 승합 버스를 이용한다. 금강산 관광객이 많은 계절의 일요일, 축일전야에는 어느 쪽에도 서울에서 직통 야간 침대열차 편이 있었다(현재, 경원선, 금강산 전기철도, 동해북부선 양쪽 모두 군사경계선 때문에 분단된 채로 있다).

금강산 전기 철도가 내금강까지 연장된 것은 1931년, 동해북부선이 외금강까지 연장된 것은 1933년으로, 이후 편리한 교통편에 힘입어 금강산을 방문하는 관광객 수는 급증했다. 금강산의 수려함은 일본사람들까지도 강하게 매료시켰다. 당시 조선철도국 참사였던 사토 사쿠로佐藤作郎는 '조선의 관광사업에 대해서'라는 글에서 금강산 관광개발에 대하여 다음과 같이 기술하고 있다.

> 금강산은 조선에서 유일한 국립공원 후보지이며, 동시에 규모가 크고, 경관이 우수하다는 점에서 실로 세계에서도 자부심을 가질 수 있을 것이라고 확신한다. 철도국은 다이쇼 2년(1913년) 경부터 자동차교통, 호텔의 설치, 내외로의 광고 등 많은 희생을 감수하고, 유람지로서의 시설을 확충하기 위해 노력해 왔다. 점차 각종 시설의 개선을 보고 최근에는 국립공원법 실시의 기운이 도래함과 함께 금강산 협회의 설립을 보면서 호텔, 캠프, 산중 여관 등의 숙박설비, 산 속을 돌며 구경하는 자동차 도로, 관광경로의 제정, 오락시설 그 외 모든 종류의 계획이 진행되고 있다(『조선』, 1931년 7월호).

윗글에 나오는 '금강산협회'는 금강산을 국립공원으로 제정하는 운동을 추진했는데, 이에 협력하여 현지조사를 실시한 우치다 케이이치로內田桂一郎(동경대 농학부)는 「국립공원과 금강산」이라는 문장(『조선』, 1935년 8월호)에서, '금강산은 아름다움에 있어서 스위스의 알프스, 미국의 록키산과 견주어도 전혀 손색이 없다'고 했다. 동시에 '금강산 관광객은 봄, 가을에 많은데, 단체 관광객이 3분의 1을 차지하고, 조선인이 일본인보다 많아 합계 4만명(1934년)이나 된다.'며 그 때의 상황에 대해서 보고하고 있다. 우치다에 의하면 일본의 국립공원인 운젠雲仙이나 일본 알프스보다 훨

그림4-4 온정리 온천의 옛모습

온정천을 따라 형성된 온천 마을. 그 건너편 산기슭에 있는 서양식 건물은 조선 철도국이 직영하는 온정리 호텔이다. (『금강산』(1922년)).

씬 더 많은 관광객이 금강산을 방문한다는 이야기가 된다(그 후 전쟁의 영향으로 국립공원화 운동은 갑자기 주춤한다).

이렇게 해서 1930년대부터 활성화된 금강산 관광의 기지가 된 곳이 바로 온정리다. 이곳은 금강산 등산뿐 아니라 해금강 쪽으로 가는 관광 거점이기도 하다. 그리고 겨울에는 외금강 스키장(외금강 역의 남쪽 약 1km)에 스키를 타러 오는 사람들의 숙박지도 되었다. 그런데 일본 통치기에 온정리의 전경을 찍은 한 장의 사진이 있다(그림4-4). 사진 바로 앞 쪽을 흐르는 온정천을 따라 일본식 온천 여관이 몇 채가 나란히 있고, 그곳에서 좀 떨어진 작고 높은 산기슭에 철도국이 직영하는 서양식 온정리 호텔이 보인다. 이 사진을 현재의 금강산 여관(금강산 호텔이라고도 함)이 찍혀

그림4-5 현재의 외금강 보양시설
북조선이 관리하는 금강산 여관을 중심으로 한 숙박 보양 시설. 위 사진과 이 사진을 각각의 배경에 있는 산(문필봉)의 능선에 맞게 합쳐 보면, 양쪽 모두 거의 같은 장소를 찍었다는 것을 알 수 있다. (한관수 『세계의 명승지 금강산』(2000년, 한국어).

있는 사진(그림4-5)과 겹쳐서 보면, 양쪽 사진의 배경에 같은 산의 능선이 보이는 것으로 보아, 예전의 온천지의 마을은 현재의 온정리에서 조금 서쪽으로 들어간 곳이다. 즉 현재의 금강산 여관의 주변 일대였다는 것을 확인할 수 있다.

덧붙여서 금강산 여관은 남북 적십자 회담과 이산가족 면회 등을 하는 북조선의 호텔이지만 현재 그것을 한국관광공사가 빌려 한국에서 온 관광객이 숙박할 수 있도록 시설을 보수하고 있다. 호텔 종업원으로는 북조선의 사람들을 고용할 예정이라고 한다.[105]

이 지역 일대는 외국인(한국인도)이 자유롭게 걸어 다닐 수 없기 때문에 현재의 온천장 전체의 모습은 정확하게 알 수 없다. 금강산 여관에 인접한 북조선이 관리하는 온천 욕장이 있다는 것 등을 보아도(그림4-6), 현재의 금강산 온천의 중심시설이 구온천과 겹쳐지는 금강산 여관 일대에 있다는

105 『한겨레신문』, 2003년 11월 27일

그림4-6 금강산 온천
북한이 관리하는 온천욕장으로 금강산여관에 인접하고 있으며, 한국 관광객은 이용할 수 없다 (『조선일보 보도사진집』(1990년)).

것은 거의 틀림없는 사실이다.[106] 또한 조선시대에 '온정행궁'이 있었던 '고성온정'은 일본 통치기에는 금강산의 관광 기지이기도 했던 '금강산 온천(온정리 온천)'이 되었다. 그리고 현재의 금강산 여관처럼 정비된 온천 휴양지로 발전한 것이다(단, 북조선의 일반 주민들이 얼마나 이용하는지는 알 수 없다).

한편, 현재 한국 관광객들이 이용하는 온천시설 '금강산 온천장'은 금강산 여관에서 보면 온정천을 따라 하류 방향(동쪽)에 있다. '금강산 온천장'이 개업한 것은 2000년 11월. 지상 2층, 지하 1층 건물의 유리로 된 건물(총 건평 1,900평)로 대욕장, 습식, 건식 사우나, 노천탕, 가족탕 등이 있고 한 번에 천명을 수용할 수 있다. 온천은 1.8km 떨어진 곳에 있는 지하 200m의 원천에서 배급되고 있고(금강산 여관 방면일 것이다), 무색무취의

106 『금강산 1만 2천 봉』, 노리마키 · 후토마키

중탄산나트륨을 주성분으로 하는 알칼리 온천이다. 소화기 질환, 관절염, 피부병 등에 효능이 있고 또 미용에도 좋다고 한다.

온천장 카운터에서는 1회 12달러의 입욕권과 2회분 20달러의 통행권을 판매하고 있다. 금강산 관광 지구에 있는 시설에서는 식당, 토산품 점을 모두 포함해 미국 달러로 지불하게 되어 있다. 나는 카운터의 왼쪽에 있는 남탕 입구에서 담당자에게 열쇠를 받고 옷장에 의류를 넣고 욕장으로 들어갔다. 입구 옆에 쌓여 있는 타올을 집자, 담당자가 그것은 목욕이 끝나고 몸을 닦을 때 사용하는 것이라며, 욕탕 내에서는 이태리 타올을 사용하라고 했다. 드넓은 욕장 중앙에는 큰 욕조가 있고 한글로 '옥석온탕'이라 표시되어 있다. 빨간 이태리 타올을 머리에 감고 탕에 들어가 있는 사람도 몇 명 있다. '게르마늄탕'이라 표시된 다른 욕조에도 들어갔다가 가랑비가 내리는 가운데 건물 밖으로 나가 노천탕에 들어갔다.

날씨가 좋았다면 해가 저물 듯 하면서도 저물지 않은 저편으로 바라볼 수 있었을 금강연봉의 실루엣을 머릿속에 그리며 욕조에 천천히 몸을 담궜다. 맞은편에는 우리 조를 인솔하는 가이드 정태영 씨의 모습도 보인다. 동료와 함께 물 속에서 담소를 나누고 있었다. 속초항으로 돌아가는 배 안에서 정태영 씨는 나에게 금강산 관광 가이드를 직업으로 선택한 이유에 대해, '남쪽 사람들과 북쪽 사람들이 만나는 장에서 남북교류의 가교 역할을 하고 싶다'고 말한다. 그래서 서울에 있는 여행사를 그만 두고 금강산 관광 가이드가 되었다고 한다.

또 "이렇게 빈번하게 '북측'에 갈 수 있는 일은 이것 외에는 없잖아요!" 하고 웃으면서 말한다. 우리들을 속초까지 데려다주고, 다음날 다시 단체 관광객을 인솔해서 금강산으로 갈 예정이다. 가이드 일뿐만 아니라 금강산에서 개최되는 남북 이산가족 면회행사에도 한국 측에서 준비해야 하는 일 등을 맡아서 하고 있었다. 정태영 씨와 같은 젊은 한국인들이 여기

금강산에서 '남북교류의 가교'가 되어 일하는 것은 이미 현실화되고 있었다.

동아시아가 이어지는 꿈

나는 금강산 온천의 노천탕에 몸을 담그면서 동래온천의 허심청에서 시작된 조선과 일본의 목욕 교류의 역사를 더듬는 3년간의 여행을 되돌아보았다.

조선에는 옛날부터 각지에 온천이 있었고 한증이란 전통적인 목욕법도 있다. 일본인들이 들여온 공중욕장도 조선반도 전체에 퍼져 정착되었다. 온천지도 이전의 '탕치장'에서 모양이 바뀌어 더 대중적이고 상업적인 '온천지'로 발전했다. 그러한 조선과 일본의 기나긴 목욕 교류가 거듭되었기 때문에 나는 지금 여기 금강산 온천에 있는 것이라고 생각한다.

일본 통치기에는 일본인들이 온천원을 독점하기도 했고, 입욕을 둘러싸고 민족적 차별도 있었다. 또 당시 조선에 살고 있던 대부분의 일본인 가정에서는 조선인 아주머니나 소녀를 가정부로 고용하고 있었는데, 일본인 가족이 목욕탕에 들어갈 때 그들이 아궁이에서 불을 지폈다는 이야기도 있다. 그러한 식민지의 현실을 알게 되었고, 다른 한편으로 일본인들 이상으로 조선인들도 온천과 목욕탕을 즐겼다는 사실을 알 수 있었다.

생활 풍습은 달라도 사람들이 스스로 심신을 달래고 위로하며 건강을 기원하는 마음에 큰 차이는 없었던 것이다. 자연 친화적인 신체관이나 우주관이 조선과 일본의 목욕 풍습의 배경에 공통적으로 있었기 때문에 일본 통치하에서도 지배하는 언어와는 다른 차원에서, 일본의 입욕문화는 '일본'이라는 단어에 거부감을 느끼지 않고 조선의 입욕 문화와 섞여서 받아들여졌다고 생각한다.

또한 남북 쌍방의 '화해'로 가는 노력으로 '작은 문'이 열려서 나는 지금 한국 사람들과 함께 금강산 온천에 있는 것이다. 물론 온정리 주민들이 눈, 코앞에 있는 이 '금강산 온천장'을 이용할 수 없는 현실에서 볼 수 있듯이 남북 사이에는 사회체제의 모습에 엄연한 차이도 있고 제약도 다르다. 그러나 그래도 남북 사람들이 서로 상대방의 모습을 직접 자신의 눈으로 봄으로 인해 작은 '오해'의 몇 가지라도 풀 수 있었을지도 모른다.

관광버스에서는 도로변의 경작지에서 농작업을 하고 있는 북한 사람들의 모습, 학교에 다니는 아이들의 모습도 손에 잡힐 듯이 보인다. 아이들이 버스 쪽을 향해서 손을 흔든다. 노인들도 가끔 손을 흔든다. 관광객들도 그것에 대답하며 손을 흔들었다. 또 '온정각' 식당에서 관광객에게 나오는 신선한 야채는 그 고장 고성읍과 한국의 현대가 공동으로 운영하는 영농장에서 공급하고 있는 것이다. 농장을 방문했을 때 한국인 기자단의 보고에 의하면 농장의 넓이는 3만 평으로 야채 재배용의 온실(1만 2천 평) 외에 옥수수나 감자를 재배하는 농지가 있다고 한다. 수확물의 60%를 현대에 납품하고 나머지는 자유롭게 판매할 수 있다. 다른 농장에 비해 생산성도 높고 고수익을 올리고 있다고 한다.[107] 이렇게 공동 사업도 천천히 시작하고 있다.

나는 70년대 말, 군사정권 시절에 처음으로 서울을 방문했을 때의 일을 기억한다. 밤 12시가 넘자 일제히 시가지에서 사람들의 모습이 사라졌다. 그때는 남북이 군사적으로 긴장 관계에 있었기 때문에 야간통행 금지령을 내렸던 것이다. 대학에 '북한 스파이'가 침투해 있다고 해서 민주화를 외치는 학생운동도 엄하게 탄압을 했다. 내가 아는 어느 재일동포는 '모국'에서 검거될 것을 두려워 한 나머지 유학하던 대학에서 학업을 포기하고 일본으로 돌아온 사람도 있었다. 그러한 것을 생각할 때 이후 몇 번이고 원래 상태로 돌아가려고 한다 할지라도 남과 북은 이제 더 이상 되돌아갈 수 없는 길에 함께 발을 내딛었음을 이 땅에서 강하게 실감한다.

한반도의 평화와 안정은 동아시아 지역의 평화와 연결된다. 금강산에서

---

107 『파이넨셜 뉴스』, 2003년 11월 13일, 한국

시작된 남북한 사람들의 교류를 볼 때, 이 지역에 사는 사람들이 곧 '국가'나 '민족'의 틀을 뛰어 넘는 일을 할 수는 없다 하더라도, 상대에게 예절은 잃어버리지 않고 불신과 미움을 풀어나가는 방향으로 지혜를 발휘해 나가는 것이 중요하다고 느꼈다.

너무 이상적인 것도 문제이지만 미움이나 불신을 그대로 놔둔다든지, 그것을 더욱 증폭시키는 일은 그 이상으로 우리들의 미래에 있어서 비생산적인 일이 될 것이다. 동아시아에서는 지금 다양한 대립이나 갈등이 계속되고 있다. 그러나 그렇기 때문에 눈앞의 단편적인 이해나 감정에 이끌리지 않아야 한다. 먼 미래로 나아가는 꿈과 희망은 미래로 나아갈 시간의 길이만큼 이 지역의 장구한 역사라는 지층 속에 그 '뿌리'를 내려야 한다.

생각해 보면 과거 1세기 반이란 긴 세월에 걸쳐, 이 지역에서는 전쟁과 침략이 도대체 얼마나 반복되어 왔는가. 그리고 일본은 그 역사에 깊이 관련되어 있다. 그러나 그러한 시대에 있어서도 목욕 문화의 교류에서도 볼 수 있듯이 이 지역에는 근대의 산물인 '국가'나 '민족'의 틀을 넘어 공감할 수 있는 지층 또한 잠재되어 있다는 것을 역사가 가르쳐 준다. 동아시아에서 맨 먼저 정치체제의 변혁을 이룩해 근대국가의 틀을 다진 일본은 그런 이유 때문에 다시 동아시아를 '제국'으로서 침략했다.

그러나 그 후에도 일본사회의 무의식의 영역에는 그런 근대화에 결코 친숙하지 않은 동아시아적 신체가 여전히 숨 쉬고 있다. 예를 들어 '국가'는 사람들에게 서구의 근대화에서 비롯된 위생 건강 사상을 계몽했지만 그런 관념에 사람들의 몸 전체가 물든 것은 아니었다. 위생 관념을 받아들여 그것을 능숙하게 자기 것으로 소화하여 단지 위생관념만으로는 말할 수 없던 온천과 입욕의 도락을 계속해 왔다. 또한 서구의 근대화나 일본의 근대화가 전면적으로 다가온 조선사회에서도 사람들은 그런 신체를 유지하고 있었을 것이다. 근대라는 시간보다도 훨씬 길고 깊은 동아시아의 역사적 신체의 기억은, 근대 정치 언어로는 도달할 수 없는 지층 속에 흐르며, 지금 한반도와 일본열도에 사는 우리들에게 서로 영향을 미치는 것은 아닐까 하고 생각해본다.

틀림없이 지금 눈앞에 있는 금강산 온천에 몸을 담그고 있는 사람들의 평온한 표정은 일본의 온천에서 '극락, 극락'이라고 중얼거리는 사람들의 표정과 같다. 이제는 흔해진 온천이든 공중목욕탕이든 온천탕 속은 고려의 문인 박효수가 '황홀한 꿈속의 이상향에서 노는 듯하구나'하고 노래한 것처럼, 잠깐 동안의 작은 유토피아인 것이다.

조선시대 말기에 쓰인 『청구야담靑邱野談』이란 한문설화집에 '도원의 얌전한 권생'이라고 제목이 붙은 유토피아에 관한 이야기가 나온다. 과거에 합격한 '권진사'는 관직에는 관심이 없고, 전국을 유람하는 생활을 하고 있었다. 춘천을 방문했을 때, 권진사는 심심풀이로 어느 사람의 초대에 소의 등을 타고 느긋하게 갔다. 그렇게 멀지 않은 곳이라고 했는데 '100리'를 가도 목적지에 좀처럼 도착할 수가 없었다. 해가 지려고 할 때쯤 언덕 저편에서 사람들의 소리가 들렸고, 이윽고 횃불을 손에 든 사람들이 나타났다. 이들의 안내를 받아 언덕을 넘자 산 속에서 큰 마을이 나타났다. 다음날 아침에 일어나 보니 200가구 정도의 집이 늘어서 있었고 논밭도 잘 손질된 아름다운 마을이었다. 그는 '이 세상에는 없는 무릉도원'이라고 생각했다. 젊은이들은 낮에 논밭에서 경작을 하고, 밤에는 글을 읽었다. 권진사는 안내를 해 준 사람에게 '당신은 신선입니까?'하고 물었다. 그는 놀라면서 나는 그런 사람이 아닙니다. 선조가 일족을 이끌고 이 땅에 왔고 대대로 평화롭게 살고 있을 뿐이라고 대답했다. 도원의 고을을 떠나는 날, 권진사는 언젠가 다시 가족을 데리고 다시 오고 싶다고 생각했다. 그 후 권진사는 '속세의 일'에 허덕이다가 늙어서 이 도원향에 다시 돌아갈 수 없는 신세를 한탄했다는 이야기다.

거의 같은 시기에 세상에 나왔던 설화집 『동야휘집』에도 '강생, 산을 유람하면서 도원을 방문하다'라는 아주 유사한 이야기가 있다. 양쪽 모두 그 표제나 내용이 명확한 것처럼 유토피아 이야기인 도연명의 '도화원기'를 번안한 단편이다.

또한, 고려시대부터 도연명의 '도화원기'에서 인용하여 지리산에 있다고 여겨지는 이상향 '청학동'을 노래한 시구들도 많이 지어졌다. 박미자朴美子는 고려 중기에 문인들 사이에서 '이렇게 도원향에 관심이 깊었던 것은 무신정권이란 엄한 현실 하에서 권세가들의 착취가 민중의 심신을 지치게 했기 때문'이라고 설명한다.[108]

사람들 앞에 놓인 그런 엄한 현실이야말로 거기서 받은 정신적인 상처를 치유하기 위해 이러한 유토피아를 추구하며 계속 이야기했을 것이다.

한편, 일본문학 중에도 우라시마浦島설화와 같이 유토피아에 관한 이야기가 있다. '일본서기(720년에 성립)'에 있는 우라시마 설화에 따르면 배를 타고 낚시를 하던 우라시마가 큰 거북이를 낚았을 때 거북이는 여자로 변신한다.

> 이에 우라시마노코는 마음이 홍분되어 바다로 들어갔다. 봉래산에 도착하여 신선을 바라보다.(사카모토 타로 외 주해, 『일본서기』, 1967년)

선녀의 화신이었던 거북을 아내로 맞은 '우라시마노코浦島子'는 여자와 함께 불노불사의 이상향이자 신선의 세계인 봉래산으로 향한 것이다. 또한 무로마치 시대 이후에 성립되었다는 토기조시伽草子의 '우라시마타로'에서는 비밀 상자를 연 우라시마는 졸지에 노인이 되어버리지만(현재의 어린이들 동화책은 여기서 끝난다), 그 후 우라시마는 학으로 변하여 하늘로 날아가고, 선녀인 거북과 함께 봉래산에서 오래 살았다는 결말을 짓는다.

---

108 박미자, 『한국 고려시대에 있어서 도연명 관』, 2000년

이처럼 우라시마浦島설화도 분명 신선의 세계와 깊이 관련된 이야기라고 할 수 있다.

미우라 유조三浦佑助는 『단후풍토기丹後風土記』의 「우라시마노코浦島子」 설화에 나오는 이상향인 '봉래산'에 대해, '나라 시대의 귀족이나 지식인들 사이에서 대유행했던 신선을 무대로 한 연애소설 『유선굴遊仙窟』이 묘사하는 유토피아도 그런 여인 세계이며 남자의 그림자는 어디에도 보이지 않는다'고 설명한다.[109] 이렇게 우라시마浦島 설화와 중국 당시대의 전기연애소설인 『유선굴』의 유사성이 언급되었다. 『유선굴』은 나라 시대에 일본에 전해져 『만엽집万葉集』 이후의 작품에 큰 영향을 미쳤다고 하는데 『유선굴』은 또한 같은 시대에 신라에도 전해져 『주이전殊異伝』이란 설화집이 성립되었다.[110]

이처럼 먼 옛날부터 동아시아에서는 사람들은 삶에 지치고 뜻대로 되지 않는 하루의 일과 속에서 유토피아나 신선 세계의 이야기를 서로 주고받으면서 각자의 꿈을 이어나갔다고 할 수 있다. 이 때문에 물 속에서 우리들이 동아시아의 역사적 몸으로서 공진할 때, 꿈을 꾸는 이야기는 달라도 우리들의 꿈의 형태는 어디선가 겹쳐서 서로에게 영향을 미치고 있는 것이다.

시키테이 산바式亭三馬가 『우키요부로浮世風呂』의 한 구절에서 '때와 번뇌를 깨끗이 씻어내고 헹굼탕에서 다시 씻으면 남편이든 하인이든 다 똑같은 나체'라고 절묘하게 표현했다.[111] 이처럼 의복을 벗어버린 탕 속에서는 '나'라는 경직됨은 자연스럽게 느슨해지고, 현세의 지위나 재력의 차이 등은 아무런 의미가 없게 된다. 목욕이 갖는 이러한 해방성, 평등성에 의해 우리는 한 때나마 유토피아의 감촉을 느껴보려고 하는 것일지도

---

109 미우라 유스케(三浦佑助), 『우라시마타로의 문학사』, 1989년

110 박은미, 『유선굴(遊仙窟)과 『최치원전과의 비교연구』, 1998년

111 나카무라(中村通夫), 『우키요부로』

모른다.

냉전 후에도 결코 '국가'나 '민족'의 문턱이 낮아진 것은 아니지만, 대만, 일본, 한국, 중국을 느슨하게 연결하는 '동아시아의 온천 벨트' 위를 이전보다 더 왕래하게 된 움직임을 엿볼 수 있다. 예를 들면 타이페이 교외의 페이토우北投 온천에 일본 관광객들이 방문하고, 또 큐슈의 벳푸別府 온천에 한국과 대만의 관광객들이 방문하는 것은 이미 일상적인 광경이 되었다. 그리고 금강산에서도 한국인들이 온천욕을 즐길 수 있게 되었다. 오늘도 미용 에스테틱을 강조하는 서울의 한증막에서는 예전에 부산의 일본인 거류지인 탕집에서 조선인 젊은이가 처음으로 일본식 목욕을 체험해 봤을 때와 같은 호기심을 갖고 일본인 여성들이 한국식의 목욕을 즐기기 위해 한국행을 하고 있다.

문화적인 차이를 즐기면서 이런 일상생활 차원의 다양한 경험을 국경을 넘어서 서로 나누고 신체적 공감대를 형성해 나가는 것은, 국가나 민족의 틀을 벗어나 새로운 언어로 그것을 노래할 수 있는 토대가 될 것이다.

다시 만납시다

금강산 관광 3일 째에는 마지막 볼거리인 삼일포를 방문했다. 삼일포는 온정리에서 동쪽으로 약 20km 떨어진 곳에 있는 석호다. 좀 더 동쪽으로 가면 해안 근처의 바다에 기암괴석이 들어서 있는 명승지 해금강이 나온다. 호수의 둘레는 약 8km로 조용한 호수의 수면을 둘러싼 봉우리들에 서식하는 소나무가 무척 아름다웠다. 호수 중간 정도에 있는 와우섬에서 좀 떨어진 곳에는 호수 위로 솟은 바위가 있고 그 위에 작은 정자가 있다. 사선정四仙停이라고 한다. '사선'이란 신라의 전설에 나오는 영랑永郎, 술랑述郎, 남랑南郎, 안상安詳이라는 신선을 일컫는다. 이 '사선'으로 상징되는 '신라의 선풍仙風'

에 관하여 차주환은 '조선의 도교'라는 저서를 통해 다음과 같이 설명한다.

> 신라의 선풍이란 결국 속사(속세의 자질구레한 일)에 악착하고 집착하지 않으며 깨끗하게 살아가는 신선과 같은 생활 태도를 좋아하고, 그런 생활의 모델을 세워 그것을 토대로 하여 그런 기풍을 고무하고, 그 실현을 목표로 하는 것을 의미했다고 생각된다.

전설에 의하면 '신라 사선'은 강원도의 동해안을 따라 있는 통천의 총석정, 사선봉, 고성의 삼일포, 간성의 선유담, 영랑호, 강릉의 한송정, 경포대, 평해의 월송정 등, 경승지를 돌아다녔다고 한다.[112] 삼일포라는 이름도 사선이 이곳에서 즐겁게 시간을 보내면서 이곳의 아름다움에 취해 결국 3일간이나 머물고 말았다는 구전에서 비롯된 명칭이다. 신라시대뿐 아니라 고려시대, 조선시대에도 많은 문인들이 사선의 기풍을 사모하여 이곳을 방문한 다음 시를 읊었다. 삼일포에서 한 때를 보낸 고려시대의 학자 이곡(1298~1351년)의 시 한 구절은 다음과 같다.

> 삼일포
>
> 이곡
>
> 이곳에는 세상의 아름다움이 집대성되어 있다
> 이 호수는 백이의 맑음과 아주 닮아 있다
> …
> 세월의 흐름을 느끼게 하는 월하의 옥소 소리
> …
> 신선들에 대하여 속세를 말하기가 참으로 부끄럽구나
> (신증 동국여지승람, 고성군 부분)

---

112 『신증 동국여지승람』

해석하자면 다음과 같은 뜻이 될 것이다. '삼일포의 경치는 이 세상의 아름다움을 다 모아둔 것처럼 멋지다. 호수는 저 백이伯夷의 청렴한 마음처럼 깨끗하고 맑다. 달밤에 사선들이 연주하는 옥소 소리가 어디선가 들려온다. 사선들이 무심하게 놀았다는 이곳에서, 속세에 집착하는 심정을 토로하는 나는 창피할 따름이다.'

또 강릉의 경포대를 읊은 조선시대의 문관이었던 이의건(1533~ 1621년)의 시 한 구절에도 '사선의 유적, 해중의 산 … 퉁소소리, 백운 사이에 있다'는 내용이 있다. 차주환의 말처럼 '사선은 죽지 않고 지금도 악기를 연주하며 명승지를 마음이 가는 대로 돌아다니고 있다고 민간인들은 믿고 있었던 것(앞의 책)'이다.

현재 사선四仙과 연관된 이들 땅은 휴전선 때문에 남북으로 분단되어 있지만, 지금도 사선이 이 땅을 자유롭게 왕래하며 무욕 무심으로 즐기는

그림4-7 삼일포 호수를 한 눈에 볼 수 있는 '봉래대蓬萊臺'
이곳을 방문했던 조선의 문인 양사언楊士彦의 호에서 유래한다. 관광객들이 호수를 배경으로 기념사진을 찍고 있다. 호수의 가운데에 사선정四仙亭이 보인다.

모습을 상상해 본다. 삼일포의 저편에는 동해가 저 멀리 희미하게 보인다. 물 위에서 놀기도 한다는 사선들은 때로는 그 바다를 멀리 건너기도 했을지 모른다.

삼일포 구경이 끝나자 우리는 관광버스를 타고 고성항의 부두로 자리를 옮겼다. 버스 트렁크에서 내린 짐을 손에 들고 부두에 설치된 '통행검사소'로 향할 때 어디선가 노래가 흘러나왔다.

백두에서 한라로 우리는 하나의 겨레
헤어져서 얼마나 눈물 또한 얼마였던가
잘 있으라 다시 만나요
잘 가시라 다시 만나요
목메어 소리 칩니다
안녕히 다시 만나요
(제목 : 다시 만납시다, 작사: 이정술, 작곡: 황진영)

분단의 아픔과 통일의 염원을 담은 북조선의 노래였다. 이산가족의 상봉, 스포츠 행사 등, 남북교류의 장에서 많이 부르며, 한국 사람들 사이에서도 잘 알려진 노래다. 이 '다시 만납시다!'라는 노래가 흐르는 속에서 조선족 운전사들은 쭉 몇 대나 늘어선 버스 앞에서 정렬하고 배웅하면서 손을 흔들었다. 관광객들도 크게 손을 흔들며 화답했다. 노래가 가끔씩 스쳐 지나가는 바다 바람에 사라질 듯한 순간, 나에게는 사선들이 연주하는 '옥소 소리'가 바닷바람에 겹쳐져 들려오는 것 같았다.

후기를 대신하여

신들이 결혼식을 올려 각각 반려자가 결정되었을 때, 전쟁(포레모스)은 다른이보다 늦게 추첨하는 곳에 도착했다. 그러나 한 명밖에 남지 않았기 때문에 오만(휴브리스)을 아내로 맞아 들였는데, 전해지는 말에 의하면, 아내를 연모할 뿐 아니라, 가는 곳 어디라도 좇아가는 것이다. 그렇다고 해서 오만이 민중에게 미소를 흩뿌리면서, 모든 국민, 모든 도시에 방문하는 일은 없기를 바란다. 그렇게 되면 순식간에 전쟁이 일어나기 때문에…

'전쟁과 오만(『이솝 우화집』, 나카츠카사 테츠로中務哲郎 역)'.

조사나 취재를 하고 책으로 정리하는 동안, 야스미츠 츠보네安光局, 오츠키 켄大月健, 사유리 에이지河合英次, 김선미金善美, 고쿠보 노리카즈小久保則和, 스기이 카즈오미杉井一臣, 다니카와 류이치谷川龍一, 히라타 쇼平田匠, 마치다 하루코町田春子, 유키에 케이로幸重敬郎 외 많은 친구, 지인들에게 많은 도움을 받았다. 또한 본문에서 이름을 언급한 사람들 외에 이상길(동래구청), 이수현(부산대학교), 최정혜(부산근대역사관), 허동현(경희대학교), 홍관식(한국온천협회), 홍연진(부산광역시 시사편찬실) 씨에게도 감사를 드린다. '카와이 문화교육연구소', '일한 문화교류연구회', '일한 학생교류 활동', '김밥 모임'의 모든 분들께도 깊은 감사의 마음을 전하고 싶다. 그리고 출판 편집에 도움을 주신 이와나미 출판사의 히라타 겐이치平田賢一 씨,

원고에 조언을 해 주신 가미자키神崎宣武(여행 문화연구소), 다카사키 무네시高崎宗司(츠다주쿠대학), 미즈노 나오키水野直樹(교토대학) 씨에게 깊은 감사를 드린다.

2004년 1월 17일

다케쿠니 토모야스

역자 후기

이 책을 번역하고 출판을 결정한 것은 저자의 한국에 대한 깊은 애정을 접하고 부터다.

이 책의 제목에서 알 수 있듯이 독자들은 한국과 일본의 국가와 민족이라는 틀에 얽매인 정치 · 역사적인 화두보다는 '온천탕'이라는 창을 통해 양국 사람들의 문화와 생활의 교류사를 담은 한편의 다큐멘터리를 만날 수 있을 것이다.

저자는 한국 유수의 온천에서 동네에 있는 작은 온천(목욕탕)까지도 두루 다니며 체험한 기록을 사진과 함께 복원하고 있다. 이 여정은 3년이나 걸렸고 금강산 온천을 방문하는 것으로 끝이 난다. 그는 부산 동래 온천을 시작으로 한국의 입욕 풍습, 일본과 관련이 있는 온천지의 역사에 점점 흥미를 키워가며 한일 목욕 문화의 교류의 현장의 뿌리를 찾는 작업을 시도한다.

식민지조선 부산 동래에 욕장을 건설한 일본인들은 온천원을 독점하기도 하고, 입욕을 둘러싸고 민족 차별이 있기도 했다. 그런 가운데 일본인들 이상으로 조선인들도 온천과 목욕탕을 즐겼다. 일본 통치기에 형성된 일본의 문화였지만, 조선인들이 거부감 없이 받아들이고 즐길 수 있었던 이유는 자연과 친화적인 신체관이나 우주관이 조선과 일본의 목욕 풍습과의 자연스러운 만남이 있었으리라.

저자는 한국과 일본의 목욕 문화사 연구를 위해 삶의 역사를 찾아 오늘과 내일을 말하고자 한다. 열정적이고 실천적인 연구에 경의를 표한다.

이 책의 출판은 저자의 관심과 격려 그리고 부산의 안광국 선생님, 이와나미출판사의 모리가와 히로미상의 도움이 컸다.

논형 편집부 최주연 님의 특별한 애정, 제작의 모든 일에 헌신적인 박병철, 윤영화님에게 심심한 사의를 표한다.

끝으로 든든한 후원자인 형님, 형수님 그리고 나의 아내에게 감사한다.

부록

1. 일본 통치기의 조선 '온천 리스트'

고마다駒田亥久雄의 기고문 「조선의 온천 1」(『조선』, 1926년 1월호)에 의함. 단, 현재 경상북도 울진군에 소재하는 백암온천은 일본 통치기에는 울진군이 강원도에 속해 있었기 때문에, 온천명, 소재지의 행정구분, 지명은 당시의 것임.

현재 한국소재 온천지

온천명	소재지
동래	경상남도 동래군 동래면 온천리
해운대	경상남도 동래군 남면우리
유성	충청남도 대전군 유성면 봉명리
덕산	충청남도 예산군 덕산면 신평리
온양	충청남도 아산군 온양면 온천리
수안보	충청북도 괴산군 상모면 온천리

현재 북한소재 온천지

온천명	소재지
금성	황해도 연백군 온정면 금성리
평산 또는 온정원	황해도 평산군 적암면 온정리
마산	황해도 옹진군 마산면 온천리(현 옹진온천)
송화	황해도 송화군 연정면 탕수리
신천	황해도 신천군 온천면 온천리
온정동	황해도 신천군 궁흥면 용천리
달천	황해도 신천군 초리면 달천리
삼천동	황해도 신천군 궁흥면 삼천리
안악	황해도 안악군 은홍면 온정리
용강	평안남도 용강군 해운면 온정리
용택	평안남도 성천군 영천면 용택리
녕원	평안남도 녕원군 온화면 온탕리
——	평안남도 맹산군 애전면 함온리
석탕지	평안남도 양덕군 온천면 온정리(현 석탕온천)
사탕지	평안남도 양덕군 온천면 온정리
평탕지	평안남도 양덕군 온천면 평암리
대양동	평안남도 양덕군 구룡면 용계리(양덕온천)
소양동	평안남도 양덕군 구룡면 용계리
——	평안북도 희천군 장동면 원흥동
——	평안북도 희천군 신릉면 온화점
——	평안북도 운산군 위연면 답하동(현 운산온천)
——	평안북도 삭주군 삭주면 온풍동
갈산	강원도 이천군 방문면 구당리

온정리	강원도 고성군 신북면 온정리
백암	강원도 울진군 온정면 온정리 (이하 현재 한국)
상덕구	강원도 울진군 북면 덕구리(현 덕구온천)
온천	강원도 양양군 서면 오색리(현 오색온천)
약수	강원도 양양군 서면 오색리
약수	강원도 양양군 서면 약수리
약수	강원도 양양군 서면 갈천리
약수	강원도 양양군 서면 조개리
탕자평	함경북도 성진군 학상면 송흥리 (이하 현재 북한)
온수평	함경북도 길주군 영북면 온수평
상고온수평	함경북도 명천군 상고면 온수평
주을	함경북도 경성군 주을온면 중향동
온수평	함경북도 경성군 주을온면 용교동
탕지수 또는 성정	함경북도 경성군 주을온면 보암동
—	함경북도 경성군 주남면 삼포동
—	함경북도 경성군 주남면 신운동
온천동	함경북도 부녕군 하무산면 마리동
—	함경북도 무산군 어하면 온천동
청계동	함경남도 덕원군 풍하면 청계리
녹각덕리	함경남도 장진군 북면 장동리
약수포	함경남도 안변군 위익면 삼방리
명화동	함경남도 갑산군 보혜면 내곡리

2. 현재 북한의 온천

『통일정보신문』(1998년 12월 31일, 한국어)에 북한의 온천에 대한 자세한 기사가 있다. 그것을 번역한 것이다.

북한 지역에는 150여 곳에 234개의 온천과 약수가 있다고 알려져 있다. 그 중에서도 온천이 50도 이상인 열탕 온천이 60여 곳, 10도 이내의 냉약수가 50여 곳에 이른다. 천온이 가장 높은 온천은 옹진 온천으로 104도나 되며, 용출량이 많은 곳은 석탕 온천으로 하루 당 약 5,000톤에 달한다.

온천을 성분별로 보면 규소, 리튬, 유황온천이 주류를 이루고 있다. 현재, 개발하고 있는 온천지는 54곳으로 함경북도 지역이 가장 많아서 19곳, 황해남도가 13곳, 평안남도가 6곳, 평안북도가 5곳, 황해도, 자강도가 각각 2곳 그리고 양강도와 함경남도가 각각 1곳이다.

주요 온천은 용강, 양덕, 운산, 신천, 달천, 주을온보, 옹진, 외금강 등으로 그 중에서도 주을 온천은 약 400년 전부터 이용되어 온 아주 오래된 온천이다.

주을(온보)온천

명승지 18호로 지정되어 있으며 가장 오래된 온천이다. 원래 함경북도 경성군이었는데 현재는 행정구역 상 청진시에 속한다. 용출량은 1일당 약수 천톤, 천온은 53도에서 57에 이른다. 라듐과 알칼리 성분을 많이 함유하여 관절염, 외상후유증, 고혈압, 만성위염, 십이지장궤양 등에 효과가 있다. 주을 지방에는 전부 25개의 온천이 있다.

석탕온천

평안남도 양덕군 양덕읍에서 동으로 약 24km 떨어진 온정리에 있는 유황천이다(코마다의 '온천리스트' 중에 있는 '석탕지'이며 '양덕온천'이 있는 마을에 있다). 북한에서 용출량이 최대인 온천으로 온도는 61도에서 84도로 매우 뜨겁다. 습진, 피부질환, 외상, 관절염, 신경통, 부인병 등에 효능이 있다.

백두온천

백두산 주봉인 장군봉 아래에 위치한 온천으로 1984년 1월에 북한의 '백두산 탐험대'가 발견하였다. 온천은 73도, 광물질이 1ℓ 당 23㎎ 함유되어 있어서 성분상으로는 중탄산나트륨 온천이다. 북한은 1991년 9월에 백두산 천지의 호수와 백두온천의 온천수를 정상까지 퍼 올려 음료로 사용할 수 있는 시설을 완공했고, 산 정상에 온천 욕장을 건설 중이다.

세천온천

함경북도 금책시 세천리에 위치하며(『조선의 취락』(1933년)에 의하면, 업억온천(세천온천)으로 게재되어있다), 북한 지역 최고의 방사능 천으로 라돈의 함유량이 풍부하다. 심장혈관과 신경계통의 기능 조절과 내분비선의 면역계 등에 뛰어난 효과가 있다.

외금강온천(금강산온천)

강원도 고성군 온정리의 금강산 등산로 입구에 위치한 알칼리 온천이다. 온천은 41도에서 43도로 온천욕에 적합하고 중간 정도의 라돈을 함유하는 단순 규토 온천이다. 신경계통과 운동기 계통의 기능을 강화한다. 금강산관광과 온천을 중심으로 즐길 수 있는 명소로 유명하다.

저자주

먼저 이 기사에서 주요 온천지로 꼽히고 있는 '용강, 양덕, 운산, 신천, 달천, 주을온보, 옹진, 외금강' 등 8개의 온천 중에서 운산, 옹진을 제외한 6개가 그대로 겹친다. 그리고 온천 가이드북 『온천안내』(1931년판)에 소개되었던 현재 북한 지역의 7개 온천 중에서 6개가 겹친다. 또 '운산'은 코마다의 '온천 리스트'에서 '평안북도 운산군'이라는 소재가 확인된 것으로 '조선의 취락'에서는 '온정온천'으로 소개되어 있다. 한편, '옹진'은 코마다의 '온천 리스트'에도 '조선의 취락'에도 기재되어 있는 '황해도 옹진군' 소재의 '마산온천'으로 생각된다. 이렇게 볼 때 8개의 주요 온천 모두가 일본 통치기부터 잘 알려진 온천이다.

'통일정보신문'에서는 자료를 조회했다는 기사의 근거는 명기되지 않았지만 자료의 신빙성은 인정된다. 코마다의 '온천 리스트'에서는 현재 북한 지역에 있는 온천이 38곳인데, 이 기사에서는 온천지의 수가 '54곳'이라고 되어 있다. 북한에서도 각지의 온천은 한국의 경우처럼(사회 체제의 차이도 있어 운영 형태는 다르지만) 일본 통치기의 온천지를 계승하기도 하고, 재개발하기도 하며 독자적인 전개를 하고 있는 것으로 볼 수 있다.

연표(조선시대부터 일본 통치기까지)

▌목욕, 온천관련 사항

연도	사건
1400년대 초부터	(온양온천)세종, 세조 등 역대 왕들이 탕치
1437년	(동래온천)'왜인'이 입욕한다(초출기록)
1617년	(동래온천) 석학 정술, 탕치('한강寒岡 선생의 봉산욕행록')
1671년	(동래온천) 대마도 영주인 스에 효고노스케津江兵庫助가 입욕을 강행
1776년	(동래온천) 동래부, 공중욕장을 개건(온정개건비)
1882년	부산 일본인 거류지에'탕집 단속가규칙'공표
〃	(동래온천)거류민회, 동래부가 관리하는 온천시설을 빌림
1895년	부산 일본인 거류지에서 영업하는 탕집은 5곳
1898년	(동래온천) 최초의 일본인 여관 '야토지八頭司 여관'개업
1904년	서울 종로에 조선인 상대 공중욕장 '혜천탕' 개업
1905년경	(해운대온천) 와다 노무和田野茂가 해운대 온천을 시굴
1907년	(동래온천) 일본인 여관 '봉래관' 개업
1909년	(온양온천) 온양온천 주식회사(일본자본), 조선왕가의 욕장을 매수
1910년	(동래온천) 조선 가스 전기 주식회사 동래, 부산진 간의 경변철도를 개통
1913년	(해운대온천) 이와나가 요네기치岩永米吉, '해운루'를 개업
1914년	(유성온천) 유성온천주식회사 욕장을 개설 후, 김갑순이 사장이 되어 신욕장을 개업
1915년	(동래온천) 동래선, 전화
1916년	(동래온천) 조선 가스 전기회사 대욕장을 개업
1920년경	(동래온천) 정재완, 산해관을 개업

1921년	평양부, 공중욕장(조선인 대상)을 개설
1922년	(동래온천) 남만주 철도주식회사, 조선 가스 전기주식회사에서 온천지 경영권을 매수
1923년	(유성온천) 후지나와藤縄文順가 '봉명관'을 개업
〃	같은 시기 만철은 동래, 유성, 주을(이상, 온천), 인천(조탕), 원산(해수욕), 금강산(숙박시설) 등을 개발
1926년	(온양온천) 조선 경남 철도주식회사가 온천 경영권을 매수
1927년	(온양온천) 조선 경남 철도주식회사, '신정관'을 개업
1931년	(동래온천) 온천지 경영을 둘러싸고, 동래읍과 총독부 철도국이 대립, 동래읍에 굴착 허가권 이양
1933년	(동래온천) 동래읍이 경영

조일 관계사 관련사항

연도	사건
1407년	무역 창구를 부산포, 내이포로 제한(1410년, 염포를 추가)
1510년	삼포의 난
1592년	1597년 조선 침략(임진왜란 정유재란)
1607년	두모포 왜관(고관) 개설
1609년	기유약조에 의해 일본과의 교통재개
1673년	왜관, 초량 이전이 결정(초량 왜관 준공은 1678년)
1876년	일조수호조약(부산항 개항, 일본인 거류지의 형성)
1894년	갑오농민전쟁
1894~95년	청일전쟁
1904~05년	러일전쟁

1905년	제 2차 한일조약에 의해 한국을 보호국화, 조선에의 일본인 도항자 급증
1910년	한국합병, 조선 총독부를 설치
1919년	3 · 1독립운동
1920년	조선어신문 '동아일보', '조선일보' 창간, 30년에 걸쳐 조선 각지에서 노동 농민운동이 고양
1931년	류조호사건(만주사변)
1937년	중일전쟁
1940년	창씨개명, '동아일보', '조선일보' 강제 폐간
1941년	태평양전쟁 시작
1945년	조선 해방(일본 패전)

참고문헌

본서 전체를 통해 참조, 인용한 것만 올린다.

■ 조선 총독부 지질조사소『조선 지질조사요보』

■「동래온천 조사보문」(『조선 지질조사요보』제 2권, 1924년)

■「해운대 · 유성(신) · 온양 · 신천 · 안악 · 용강온천 조사보문」
(『조선 지질조사요보』 제 3권, 1925년)

■「온정리 · 주을 · 하주을 · 평산온천 조사보문」
(『조선 지질조사요보』 제 7권, 1926년)

■「온양 · 운산 · 수안보 · 마산온천 조사보문」
(『조선 지질조사요보』 제 8권, 1928년)
조선 각지의 온천지의 지질을 조사한 개별보고서. 지질조사, 온천원 시추조사 자료가 중심이 되어있지만, 온천지의 연혁이나 조사 시의 온천지의 현황을 기록한 지도 등도 첨부되어 있다.

■ 조선 총독부 경무총감부 위생과『조선광천요기』, 1918년

■ 조선 총독부『조선의 취락, 중편』(생활 상태 조사기 6)중의 제 5장
「온천부락」1933년
위쪽의 두 자료는 조선 전체의 온천지를 총람한 것. 각 온천지를 관할하는 헌병대, 경찰서가 조사한 자료를 토대로 총독부가 정리했다. 각 온천의 질, 온도, 용출량을 비롯하여 입욕객에 대한 현황이나 입욕시설, 숙박시설에 대해서도 상세하게 기재되어 있다.

■『조선 총독부 월보』(1911년 6월~1915년 2월)

■『조선휘보』(1915년 3월~1920년 6월)

■ 『조선』(1920년 7월~1944년 12월)
■ 한국 내무국 『온천지』, 1983년(한국어)
한국 정부가 전국의 온천지를 조사한 것. 한국어 문헌에서 기초자료 발췌. 해방 후의 한국 온천지의 전체상을 알 수 있다. 각 온천지의 유래 등에 관한 조선 고문헌의 원문(한문)이 부록으로 게재되어 있다.

■ 『동국여지승람』, 조선 고서 간행회편, '조선군서대계', 1912년
■ 『신증 동국여지승람』, 조선사학회편, 1930년
■ 『조선왕조실록』, 학습원대학 동양문화연구소, 1953년~67년

■ 제길우 · 김용욱, 『부산 온천에 관한 연구』, 친학사, 1964년(한국어)
동래온천의 역사에 대한 기본문헌.

■ 동래 관광 호텔 편집, 『동래온천소지』, 1991년(한국어)
동래 기생 역사에 대한 서술이 상세함

■ 도갑현경 편, 『부산부사 원고(전6권)』, 부산부, 1937년
러일전쟁기까지의 부산 역사를 서술. 외교문서, 행정문서 등도 상세하게 기록되어 있고, 부산의 역사에 관한 기본문헌의 하나. 부산 광역시립 시민도서관 소장.

■ 『조선시보』(1914년 11월~1940년 8월)
■ 『부산일보』(1915년 1월~1944년 3월)
일본 통치기에 부산에서 발행되었던 일본어 신문. 빠져있는 연도, 달도 있지만 원본, 마이크로 필름과 함께 부산 광역시립 시민도서관에서 관람할 수 있다. 일본 통치기의 동래온천에 관한 서술의 대부분은 이들 자료에 의한 것이다.

■ 『동아일보』(1920년 4월~40년 8월)
■ 『조선일보』(1920년 3월~40년 8월)
개항기, 일본 통치기에 발행된 신문이나 모든 출판물의 상당수가 한국 국립 중앙도서관의 '원문 데이터 베이스'에 수록되어 있다. 한국 각지의 공공 도서관 등에서 이들의

자료를 컴퓨터로 열람할 수 있다.

한국의 온천지 가이드북으로 다음 2종이 있다. 한국이나 일본에서 이와 유사한 책은 찾아볼 수 없는 듯하다.

■ 박현, 『한국의 온천』, 철도여행문화사, 1980년(한국어)
■ 후지모토 겐유키藤本憲幸 외, 『한국 온천의 의미』, 정보 센터 출판국, 1987년

일본 입욕 문화의 역사 등에 대해서는 다음을 참고했다.

■ 나카기리 가쿠타로中桐確太郎, 「목욕」(『일본 풍속사강좌』)', 1929년(복각판 제10권, 1973년)
■ 후지로 코이치藤浪剛一, 『동서목욕사화』, 1931년
■ 다케다武田勝藏, 『목욕과 탕 이야기』, 1967년
■ 전국 공중 욕장업 환경 위생 동업조합 연합회, 『공중욕장사』, 1972년

조선의 도교나 유선문학에 대해서는 주로 다음을 참고했다.

■ 차주환, 『조선의 도교』(미우라 구니오三浦國男 · 노자키野崎充彦 역), 1990년
■ 정민, 『초월의 상상』, 2002년(한국어)

조선사, 조선사회에 관한 사항에 대해서는 다음을 참조, 인용했다.

■ 조선사 연구회 편, 『조선의 역사 신판』, 1995년
■ 『조선을 아는 사전』, 1986년
■ 와다 하루키和田春樹 · 이시자카 코이치石坂浩一 편, 『이와나미 소사전; 현대 한국 · 조선』, 2002년

찾아보기

ㄱ

ㄴ

ㄷ

ㄹ

ㅁ

ㅇ

ㅈ

ㅊ

ㅋ

ㅌ

ㅍ

ㅎ

▌박람회 — 근대의 시선 ▌

지은이 요시미 순야吉見俊哉 **옮긴이** 이태문
페이지 340쪽 **판 형** A5신
ISBN 89-90618-02-9 03910 **정 가** 18,000원
발행일 2004년 2월 9일
분 류 인문>근대도시·문화연구·도시민속학·도시건축사
경영>상업유통사·광고·마케팅·소비·디자인

책소개

박람회는 그 성립 초기부터 국가와 자본에 의해 연출되어, 사람들을 동원하고 수용하는 방식의 방향이 이미 결정된 제도로서 존재하였던 것이다. 따라서 박람회를 상연되는 문화적 텍스트라고 가정할 때, 사람들은 이 텍스트에 자유롭게 스스로의 의식을 투영하는 이야기의 작가로서 참가하고 있는 것이 아니다. 이 텍스트는 이미 전혀 종류가 다른 손에 의해 구조화되고 그 상연되는 방식까지도 조건이 붙어있다. 이때의 필자란 물론 먼저 근대국가 그 자체이지만 동시에 다수의 기업가와 흥행사들, 매스 미디어와 여행대리점까지도 포함된 복합적인 편성체이다. 그렇다고 해서 박람회의 경험 구조는 이들 연출가들에 의해 일방적으로 결정되지도 않는다. 박람회라는 공간에 스스로 신체를 가지고 참가하는 사람들이 이 경험의 최종적인 연기자로서 역시 존재하고 있는 것이다.

차례

논형학술총서 24

▎왜관 — 조선은 왜 일본인들을 가두었을까 ▎

지은이 다시로 가즈이田代和生 **옮긴이** 정성일
페이지 368쪽 **판 형** A5신
ISBN 89-90618-26-6 94910 **정 가** 18,000원
발행일 2005년 12월 25일
분 류 역사>근세사>한일관계사

책소개

이 책은 한국의 독자들에게 중요한 메시지를 던지고 있다. 또한 저자의 뛰어나면서도 치밀한 역사사료의 분석으로 독자들은 한일관계의 역사를 바라보는 안목을 더욱 넓힐 수 있을 것이다. 조선 사회와 격리된 공간으로서 닫혀 있기를 바랐지만, 실제로는 조선 정부의 기대와 달리, '왜관'은 두 나라의 사람과 재화 그리고 문화와 정보가 교차되고 교류하는 열린 공간으로서 기능하기도 했다. 이처럼 좀 더 다양한 시각과 자료가 동원된다면, '왜관'의 역사는 더욱 새로운 모습으로 우리 곁에 나타나게 된다. 130년 전까지 부산 일대에 실제로 존재했던 '왜관'의 생생한 역사를 통해서, 우리는 지금의 한일관계, 더 나아가 미래의 양국관계의 모습을 그려볼 수 있는 '재미'를 덤으로 얻을 수도 있을 것이다.

차례